国家出版基金项目
NATIONAL PUBLICATION FOUNDATION

国家"十二五"重点图书

# 世界主要政党规章制度文献

丛书主编：俞可平
执行主编：陈家刚

## 葡萄牙、西班牙

主编：李 军 朱昔群

# 中央编译局文库编辑委员会

主 任：贾高建

副 主 任：魏海生 柴方国 季正聚 崔友平

委 员（按姓氏笔画排序）：

冯 雷 牟建君 杨雪冬 沈红文 张凤宝

陈家刚 胡长栓 郝卫东 葛海彦

# 总　序

近代的政党，是基于一定的阶级或阶层之上，为了夺取和巩固国家的政治权力，从而维护特定利益的政治组织。与其他政治组织相比，政党最明显的特征，就是它有着明确的政治目标，即夺取政权和维护政权。除了执掌国家政权这一基本职能外，政党也是现代社会中最重要的利益表达和利益综合机构，是连结政府与民众的政治桥梁。政党还是国家政治生活的最重要组织者，是公民参与国家政治生活的重要平台，它履行着政治动员、公共参与和政治教育等重要的政治职能。因此，从权力的角度看，在所有政治组织中，政党是最重要的政治组织，它对近代国家的政治生活有着极为重要的影响。实际上，近代政治就是政党政治。国家权力主要由政党掌握，并且通过政党运行。

由于政党在国家公共政治生活中起着如此关键性的决定作用，规范政党组织本身及其成员的行为和活动，就变得极其重要。从国家的角度看，宪法及相应的专门法律，通常要对政党参与国家政权的方式、途径、范围等作出原则性规定，从而形成了不同的政党制度，如多党制、两党制、一党制、一党主导或一党独大制、多党合作制等。从政党自身的角度看，每个政党都必须有一整套政治纲领和规章制度，明确宣示政党的性质、使命、目标、任务和政策倡议，详细规定党员的资格、条件、义务、责任、权利，以及党的组织形式、选举制度、领导机制、决策程序和纪律约束等。广义上说，政党制度既包括政党的外部制度，也包括政党的内部制度，它们一起构成国家政治制度的重要组成部分。

如果说主权国家是国际政治舞台的主角，那么政党便是国内政治舞台的主角。除了少数小国之外，世界上绝大多数国家的政权实际上都掌握在执政党手中。一个个政党的产生、发展、壮大、掌权、下台、消亡，以及各个政党之间的竞争、合作、争斗、兼并、分化、组合，构成了现实政治生活一幅五彩斑斓的图景。要真正了解当代世界，就要了解世界各国的政治图景，那就不能不了解主演这些政治图景的各个政党。世界的丰富多彩，不仅体现在文化传统、生活方式和乡土风情上，也体现在社会结构、发展模式和政治体制上。进而言之，要真正了解一个国家，就要了解这个国家的政治体制；而要了解一个国家的政治体制，就不能不了解这个国家的政党制度。

中国共产党是按照马列主义原则建立起来的一个革命政党，在夺取国家政权后，特别是在改革开放后，它逐渐从一个革命党转变为执政党。党的根本宗旨没有改变，但党的群众基础、指导思想、组织结构、领导机制和执政方式等，都发生了重大的变化。坚持人民主体地位，发展人民民主已经成为中共执政的基本政治目标；民主、自由、平等、公正、法治、和谐，已经成为中共追求的核心政治价值；民主执政、依法执政和科学执政，已经成为中共的基本执政方式；建设中国特色的社会主义法治国家，推进国家治理现代化，已经成为中共全面深化改革的总目标。所有这些都表明，中国共产党自身正处于现代化的转型之中，实现治理的现代化，不仅是党执政治国的目标，也是党自身建设的目标。政党治理的现代化，是世界各国主要政党共同面临的时代课题。一些政党在推进治理现代化方面，取得了成功的经验，得以继续在本国的政坛叱咤风云；而另一些政党则付出了惨重的代价，直至失去了政权。学习和借鉴国外政党的成功经验，汲取它们的失败教训，对于中国共产党实现治理现代化，有着重要的现实意义。

1998年，我曾经主编过当时国内唯一的《当代各国政治体制》丛书，总共有16册之多，内容包括了世界各主要国家。那套丛书比较客观地介绍了各国主要政治体制，为读者全面了解当代世界的各种政治制度提供了翔实的资料，从而广受好评。此后，我一直想编纂一套介绍世界各主要政党制度的丛书，可惜终未如愿。巧的是，前几年中央为了加强党内法规建设，需要了解和借鉴国外政党的经验做法，有关部门便委托我局编译国外主要政党的规章制度。我认为，这些党内规章制度，虽不能在整体上等同于政党制度，但却在很大程度上体现了党的组织制度、领导制度、决策制度和纪检制度，因而，编译这些国外政党的法规制度，不仅对于我们加强党内法规建设有其借鉴意义，而且将这些材料正式汇编出版，也可以在一定程度上起到帮助读者了解世界各国政党制度，从而更全面地了解世界各国政治制度的作用。

《世界主要政党规章制度文献》丛书，总共有20卷，收录了当今世界绝大多数重要政党的代表性规章制度。在收集、编选和翻译这套丛书的过程中，我们得到了社会各界的大力支持。例如，一些从事世界政党研究的专家学者提出了很好的编纂建议，一些驻外使领馆人员为我们提供了所在国主要政党的最新材料，一些译者放弃休息时间，努力按照要求完成翻译任务；国家出版基金给予了专项出版资助。在此，我代表编者向所有为本丛书出版作出过贡献的朋友们表示衷心的感谢。参与本丛书的许多译者，是年轻的博士后和博士生，他们积极性高，责任心强，但尚缺乏足够的翻译经验，错讹之处还望读者谅解并不吝批评。

俞可平

2015年1月13日于方圆阁

# 目 录

导　言 …………………………………………………………… 1

**第一部分　葡萄牙主要政党规章制度** ……………………… 1
　葡萄牙共和国宪法 ……………………………………………… 3
　葡萄牙政党管理法 …………………………………………… 101
　葡萄牙社会党党章 …………………………………………… 111
　葡萄牙社会民主党章程 ……………………………………… 159

**第二部分　西班牙主要政党规章制度** …………………… 187
　西班牙王国宪法 ……………………………………………… 189
　西班牙政党法 ………………………………………………… 239
　西班牙工人社会党章程 ……………………………………… 258
　西班牙人民党章程 …………………………………………… 295

后　记 ………………………………………………………… 341

# 导　言

葡萄牙、西班牙两国皆处于欧洲大陆西南部的伊比利亚半岛上。长期以来，两国共同拥有半岛相近的自然环境、历史与文化。由此，两国的经济、社会与文化发展和流变也都有较多相同、相通的地方。综观近代以来两国政治发展的历史、民主化的进程，以及当下政治运作的过程和机制，人们更会心生二者实为"一树之花、并蒂之莲"的感想，此亦为我们在研究两国政党规范及法制化问题时最深切的感受。当然，两国社会还是存在着一定的差异，其公众、政府和政党致力于政党政治规范化、程序化的努力也是各具特色。不过很明显，在预防专制主义和极端主义，以及拱卫和深化来之不易的民主、维系社会团结及全面发展这些目的和出发点上，葡萄牙、西班牙两国始终是一致的。为此，我们将两国政党相关的规范性文件编译、整理并一起归放在本分册当中，希望能够方便读者比较直观地去感受和比较这么一种具有伊比利亚半岛地域特色的政党政治、政党规范的类型。有必要指出的是，由于葡萄牙、西班牙相对于大部分中国读者而言是属于相对陌生的地域和文化系统，日常所能接触到的信息、资料也比较少，因此，我们对两国政党规范、法制化情况的介绍就得先从这两个国家的历史与现实基本情况开始。

## 一、葡萄牙、西班牙两国的历史发展与现实状况

政党是经济社会发展特别是政治发展到特定历史阶段的产物。从发生学的角度看，政党、政党政治后天的运行及其基本特点、发展前景，应取决于此种政党、政党政治生成时所处的历史和文化情境。后者赋予政党、

政党政治特定的基因与目的，塑造政党、政党政治相对独特的自身特质，直接生成为或者间接化育出政党、政党政治后天运行和发展挥之不去、一以贯之的历史与逻辑主线。

**（一）欧洲古代文明的边陲**

伊比利亚半岛上的这两个国家同意大利、希腊等国一样，皆属于地理学意义上和历史文化意义上的南欧国家。现在看来，南欧国家多是西方发达世界中相对落后的国家。但若回溯到西方文明发展的早期，情形恰好相反——闻名世界的古希腊、古罗马文明，都是发祥于这一地区。古罗马文明极盛时，地中海几成帝国的内湖。伊比利亚半岛位于这个"内湖"的西岸，自然会被纳入这一文明系统之中，或是屡屡为后者所染指。

80万年前，伊比利亚半岛就有人居住。公元前3500年前后，半岛上有了现代人类——伊比利亚人。从约公元前3000年起，外来民族如凯尔特人开始大规模移民这个半岛。公元前11世纪，腓尼基人曾在其南方创建了加的斯城。公元前7世纪，希腊商人开始在该半岛的地中海沿岸定居。公元前6世纪以后，迦太基人先后同希腊、罗马争夺过半岛的控制权。从公元前218年起，罗马人用了将近200年时间入侵并最终控制了半岛。此后500年里，它成为罗马帝国的一个行省。罗马人与当地伊比利亚人、凯尔特人通婚，繁衍出有罗马血统的种族。在罗马影响下，半岛社会完成了"拉丁化"，其文化的四大基础——拉丁语、罗马法、市镇体制和基督教信仰也得以奠定。罗马帝国崩溃后，从公元5世纪开始，西哥特人统治半岛300年左右。此间，罗马人后裔与西哥特人互相通婚，文化融合，和平相处。公元710年，北非阿拉伯人（摩尔人）侵入后，又进行了近800年的伊斯兰统治并于公元10世纪达到鼎盛时期。

古代伊比利亚半岛这种远离古代欧洲文明的中心、身处不同地域的种族和文化争锋竞逐之下的历史和地理特点，决定了其既不同于产生古希腊文明的波罗奔尼撒半岛，也不同于养育古罗马文明的亚平宁半岛，它自身没有发展出另一种影响广泛的古代文明并成为该文明体系的地域中心，但也没有为上述文明所彻底、完全地征服、控制和同化——尽管它深受其影响。在最终整合形成葡萄牙、西班牙两个国家之前，伊比利亚半岛曾有十数个小国折冲割据，每个小国又都有自己的政治、经济系统，地域、文化特色，以及不尽相同的宗教倾向，这些都成为后来影响葡萄牙、西班牙两国政治发展和政党政治先天的历史和文化基础。

## （二）民族国家的形成

711年以后，伊比利亚半岛几乎全部沦为阿拉伯人的殖民地。逃亡的西哥特人在北部阿斯图里亚斯山集结抵抗力量并建立了阿斯图里亚斯王国，后者不断扩张，后来又逐步分化出莱昂、卡斯蒂利亚、纳瓦拉和阿拉贡等小国。15世纪，卡斯蒂利亚王国（占据伊比利亚半岛的北部和中部地区）和阿拉贡王国（占据半岛东北部地区）成为其中最强大的国家。1474年卡斯蒂利亚国王亨利四世去世，引发了一场争夺王位继承权的战争，其结果是卡斯蒂利亚国内贵族所支持的伊莎贝拉一世获胜，她与其丈夫——阿拉贡的斐迪南二世将两个王国合并实行共治。伊莎贝拉和斐迪南被教皇亚历山大六世授予"基督教君主"头衔，以圣战名义领导了伊比利亚半岛上由来已久的收复失地运动的最后阶段，最终将穆斯林和犹太人逐出了西班牙，并最终建立了统一的西班牙王国。

葡萄牙早期历史与西班牙一致，也曾是西班牙的一部分。9世纪，阿斯图里亚斯王国的杜罗河流域出现了波尔多卡莱（Portucale）伯爵地。11世纪，统治西班牙的莱昂和卡斯蒂利亚国王阿方索六世得到这块土地，将其作为女儿特里萨公主的陪嫁赏赐给女婿勃艮第的恩里克，称葡萄牙伯爵。特里萨生子阿方索·亨利克斯。1128年，16岁的阿方索亲政，因争夺西班牙王位不成而放逐其曾任摄政的生母，在罗马教廷帮助下击败卡斯蒂利亚军队，开始了独立进程。1143年，他与卡斯蒂利亚王国签订《萨莫拉条约》，正式独立。1147年，阿方索收复里斯本，从此建都于此。1279年国王迪尼斯一世继位，他极力排斥西班牙语、推广葡萄牙语。公元1297年，葡、西两国签订《奥卡尼塞许条约》，明确了国界。此后，除1580—1640年间一度为西班牙吞并、1808—1815年间一度被法国占领外，葡萄牙长期保持了国家的独立。

### （三）从专制独裁转向现代民主

葡、西两国所处的伊比利亚半岛南控西出地中海之咽喉，直指北部和西部非洲；同时西邻太平洋，与英、法等西欧大国接壤或相望。所以，它们不仅历来都是兵家必争之地，而且也在早期欧洲商业和贸易交流中举足轻重。这样得天独厚的地缘环境，决定了葡、西两国在相继完成独立、建政进程后首先就把眼光投放到海洋立国的战略上。早在收复失地的战争期间，两国政府就已经开始资助获利前景丰厚的海洋冒险事业。及至整个16世纪，随着航海大发现以及美洲和远东航线的打通，两国海外殖民扩张的事业逐渐走向顶峰。

透过殖民掠夺源源不断运回的海外财富，既给两国王室和上层社会带来可以不必过分劫掠本国民众即可穷奢极欲的条件，也给两国历史发展带来意想不到的其他后果：首先，不同于英国有工业革命支撑的海外殖民模式，海外掠夺可以轻松获取大量财富反倒抑制了两国迅速发展近代工商业的意愿；其次，海外掠夺无形中补贴了国内民众的压力，国内矛盾因此较之同时期的主要欧洲国家要相对和缓得多，这也成为葡萄牙和西班牙新教传播、社会革命力道先天不足的基本原因。总之，这样一种并非立足于厚积根本之上的财富的积聚只能是一时的辉煌，它在客观上起到了巩固专制统治基础、延续封建社会秩序的作用。没有先进的生产力的支撑和先进的制度保障，短期内积聚的大量财富和耀眼的繁荣总是无法维持长久。16世纪后期，葡、西两国因错过了工业革命和资产阶级革命的合适窗口而逐渐沦为待宰的肥牛。1588年，因无敌舰队在与英国海军交战中遭到覆灭性打击，西班牙被彻底打回原形、失去海洋主宰地位并从此一蹶不振。云烟过后，葡萄牙、西班牙本土所剩下的，只有相对落后的生产力水平、越发暴虐的封建专制和十分保守的天主教文化。此后的数百年间，两国在各方面皆未能重温引领潮流的旧梦，反而因其他欧洲国家的迅猛发展而日趋萎靡。

17世纪的葡萄牙因西班牙占领、大量移民巴西原本就在走向下坡路。此后，18世纪的天灾人祸、1807年拿破仑军队占领、1822年巴西的独立更是雪上加霜。葡萄牙君主统治勉强维持到1910年，最终被第一共和国所取代。1926年5月，共和国发生军事政变，卡尔莫纳元帅建立起军事独裁政府。1931年，军政府的财政部长、曾任科英布拉大学经济学教授的安东尼奥·萨拉查组建了"国民同盟"。1932年，他因应对经济危机的时势而获取总理权位并于次年制定新宪法，建立起法西斯独裁的国家体制（葡萄牙史上的"第二共和国"）。萨拉查1970年去世。1974年4月25日，一批中下级军官组成的"武装部队运动"发起康乃馨革命，推翻了持续42年的极右政权，开始了民主化的进程。及至1986年，马里奥·苏亚雷斯成为葡萄牙60年来的第一位文人总统，这意味着该国政治民主化进程已基本完成。

尽管自19世纪初，由于受法国大革命影响，西班牙国内自由主义力量兴起并绵延不绝，尽管西班牙国内也相继出现立宪与共和的尝试，但民主力量每每还是难敌封建专制的强力反扑。1939年，佛朗哥最终推翻了1931年4月市政选举组成的共和派第二共和政府，建立起自己的独裁统治。佛朗哥执政的大部分时期里，西班牙在经济和文化上基本与外部世界隔绝，政治上则是深受国内外自由民主力量的挑战。1975年11月，佛朗哥去世，自其统治后期即已开始的有限的经济和政治自由化进程迅速推进，在国王卡胡安·洛斯一世及其所任命的首相阿道弗·苏亚雷斯的主导下，西班牙很快完成了民主化进程并经受住了保守军人企图发动政变的考验。此后，西班牙逐渐成为一个比较稳定的民主社会。

## （四）相对落后的发达国家

相对独特的地缘环境和历史际遇，决定了伊比利亚半岛上这两个国家相对独特的政治文化和政治发展进程。由于近现代以来长期深受专制独裁统治之苦，葡萄牙、西班牙两国在经济、社会、政治和文化等各方面全方位融入欧洲发达社会的路还很长，它们同其他欧洲发达国家在各方面的差距也还很多、很大。长期以来就流行这么一种说法，叫做"比利牛斯（法国、西班牙两国之间的界山）以南是非洲"——这是对两国落后状况的历史和现实的写照。尽管葡、西两国在民主化以后相机都加入欧共体并积极参与各方面一体化的进程，但在目前看来，较低的生产力水平和经济发展质量、较低的政府治理水平和政策效力和相对保守的政治文化彼此勾连，使两国似乎仍然难逃徘徊在发达国家边缘、欧洲边缘的命运。

## 二、葡萄牙、西班牙两国政党政治概况

政党规范、法制化同政党、政党政治是毛与皮的关系。讨论葡、西两国政党规范和法制化的问题，还有必要预先了解两国政党、政党政治的基本情形。

### （一）葡萄牙政体及政党概况

葡萄牙是实施单一制的共和国家，依据1976年制定的宪法（后经1982、1989、1992、1997、2001和2004年数次修改）实施国家治理。葡萄牙宪法在序言中阐明立宪的目的在于："保卫国家独立，捍卫公民基本权利，确立民主制度的根本原则，确保法治在民主国家中的最高地位，开辟走向社会主义社会的道路，以尊重人民的意志，建设一个更为自由、更加公正和更多友爱的国家。"葡萄牙宣称自己是致力于法治的民主国家，国家的一切主权属于人民，国家服从宪法、服从相关国际法的基本原则。葡萄牙目前实行偏向内阁制的半总统制的政治体制。总统按照法国式的两轮多数决胜制由公民直选产生。总统在其咨询机构国务委员会的襄助下履职，负有一定的行政权责，可以否决议会法案和政府法令，可以解散议会且不向议会负责，但总统大部分职权的行使还是要经过总理或政府部长建议和副署。葡萄牙议会采行一院制。葡萄牙宪法规定，议员代表全国而非选区，皆采用比例代表制（顿特计票法）选举产生，并且明文规定不得采用得票比率门槛限制小党进入共和国议会。议会享有广泛的立法权力，并且拥有监督总统和政府的权力，拥有遴选宪法法院、最高法院、监察专员和共和国监察总署检察官等司法机构成员的权力。政府总理由总统根据选举结果并与在议会拥有议席的各党协商的基础上任命，一般会组成多数党执政的政府。政府得向总统和议会负责，但对总统职权的行使形成广泛的

牵制。葡萄牙国家公共权力系统中还包括由监察专员、检察署、宪法法院、最高法院、审计法院、上诉法院等组成的比较绵密的司法体系，它们虽经议会遴选、总统任命组织而成，但因司法独立和享有司法审查权力的关系，也会对立法和行政系统形成有效的监督。此外，葡萄牙宪法还规定了公民创制和复决的权利，此种权利既构成公共权力的积极补充，又对其形成有效的牵制。

因为采用比例代表制和不设得票比率门槛限制的关系，理论上葡萄牙应属于实施多党制的国家。但在实际的权力运作过程中，由于最大的两个党——社会党和社会民主党在大部分时期里控制着绝大部分的选票和议席，所以葡萄牙在国家层面上（葡萄牙政党法要求政党具有国家属性因而不允许组建地方性政党）又是一个比较典型的两党制国家。三十多年来，葡萄牙政府基本上都是比较稳定的社会党或社会民主党一党主导的多数政府。

葡萄牙社会党（Partido Socialista；PS）是葡萄牙奉行社会民主主义的政党，其前身是流亡西德的部分反独裁人士于1973年4月19日成立的葡萄牙社会主义行动。1974年康乃馨革命恢复了民主制度后，社会党秘书长马里奥·苏亚雷斯从法国返回葡萄牙并担任外交部长。1975年4月，社会党赢得革命后的首次选举，此后又赢得1976年选举，但在1979年败给中偏右的民主联盟。1983年社会党赢得大选，与社会民主党组成"中央集团"联合执政，随即开始推动葡萄牙加入欧共体的入会谈判。1985年，"中央集团"垮台，社会党在大选中败北并在野10年之久。1995、1999年，社会党两次赢得政权。2002年，社会党在大选中以微弱差距败给社民党，但在3年后又重返执政，由若瑟·苏格拉底任总理。2009年，社会党在欧洲议会选举中败给社民党，但仍赢得当年议会选举。2011年金融危机重创葡萄牙。当年3月23日，所有反对党均对执政内阁投下不信任票，苏格拉底辞去总理职务并提前大选，结果大败，得票率仅余28.1%。葡萄牙社会党是欧洲社会党和社会党国际的成员，在欧洲议会有7席议员，属于社会民主进步联盟党团。

社会民主党（Partido Social Democrata：PPD/PSD）。社会民主党原名为民主人民党，成立于1974年康乃馨革命后两周。1979年，该党与其他中间偏右政党组成民主联盟，赢得当年议会选举。1983年议会选举后，社民党与对手社会党组成大联合政府。阿尼巴尔·卡瓦科·席尔瓦率领该党赢得1985年议会选举。席尔瓦就任总理长达10年，推动经济自由化并两度在选举中取得压倒性胜利。他下台后，社民党在1995年议会选举中落败。2002年议会选举，社民党在若泽·曼努埃尔·巴罗佐领导下再次胜选，但在2005年议会选举中再次落败。此后，佩德罗·帕索斯·科埃略在2010年3月26日就任党魁并于一年后当选总理至今。社会民主党虽然名称带有社会民主字样，但它目前实际上是一个意识形态和政治立场上中偏右的政党。该党最初一度是中偏左的社会民主主义政党，但在1980年代席尔瓦的主导下奉行"大帐篷"的政党策略，成为吸纳和兼容自由民主主义派、基督教民主主义派、新保守主义派、新自由主义派和农本主义派等十数个派系的大党，并且整体上趋向于一个去意识形态化和权力实用主义的中偏右政党。社会民主党为欧洲人民党和国际中间派民主联盟成员，在1996年以前为欧洲自由民主改革党与国际自由联盟成员。

目前，在共和国议会中拥有席位的政党还有人民党、民主团结联盟和左翼集团。人民党全称是社会民主中心—人民党（Centro Democrático e Social-Partido Popular：CDS–PP），是一个奉行保守主义和基督教民主主义的政党，成立于1979年7月19日，历史上曾先后同社会党、社会民主党结成政治联盟，目前是葡萄牙议会第三大党。民主团结联盟（Coligação Democrática Unitária：CDU）是葡萄牙共产党和葡萄牙绿党自1987年以来一直保持稳定的政党联盟，共产党在联盟中起主体作用，但两党都各自保持了组织的独立并在议会中分别组建自己的党团。该联盟目前在议会中拥有数量排名第四的席位。左翼集团（Bloco de Esquerda：B.E.）成立于1999年，由部分来自人民民主联盟、社会主义革命党和21世纪政治党的党员和独立政治人士组建而成，是欧洲反资本主义左翼组织的创始会员党和欧洲左翼党联盟的会员党，其当选议员一半为妇女，在国内积极推进反暴力、反种族主义的立法和政治活动，反排外、反歧视，支持同性恋婚姻，在社会上的影响始终稳步增长，但在2011年大选中遇挫，沦为议会中席位最少的党。

此外，在葡萄牙公众中有一定影响但在议会中没有席位的政党还有葡萄牙工人共产党（PCTP/MRPP）、动物和生态党（PAN）、土地党（MPT）、希望运动（MEP）、国家革新党（PNR）和工党（PTP）等十数个小党。

(二) 西班牙政体及政党概况

西班牙自我定位为君主立宪的社会民主国家。依据1978年制定的现行宪法，西班牙王国政体运作合乎议会内阁制的原则和特征。西班牙王位由波旁王朝后人胡安·卡洛斯及其后代世袭。宪法赋予国王的权利大多必须结合议会行使，因此国王实际上是处于统而不治的地位。宪法规定，西班牙国家主权属于人民，后者以自由、平等、直接、秘密的普选方式（比例代表制）选举产生代表人民的众议院，以大多数普选和少量任命相结合的方式产生代表地方的参议院，两者一起组成总议会，行使立法权，成为公权力运行的中枢。每次议会选举后，国王得先与有议会席位的政治党团所指定的代表进行磋商，并通过众议院议长提名政府（内阁）首相的候选人。政府依据其在议会的绝对或相对优势地位主导议会立法和和政府行政。政府向议会负责，但必要时可以解散议会。国王的命令必须由政府总理或部长副署方为有效。西班牙奉行司法独立，最高法院法官由选任法官以及由议会提名、国王任命的法官组成，拥有司法审查权；检察官则由国王在政府提名和司法委员会评议的基础上予以任命，监督政府和法院。从国家构成上看，西班牙地方一般皆享有宪法和法律赋予的高度自治权，带有比较松散的联邦制的特点，一些地区地方独立倾向明显，以致西班牙国家也长期处于或松或紧的国家分裂与统一的考验之中。

依据宪法，政党在西班牙是政治多元主义的象征，是人民政治参与和意见表达的工具和形式。同葡萄牙相似，西班牙承认多党制但其实际运作中的政党体制为两党制。此种政党体制在20世纪80年代后期以来显得越发明显和稳定。西班牙轮流执政的两个全国性大党分别是工人社会党和人民党。西班牙政府一般由议会多数党来组织和控制。近年来随着民主政治的深化，西班牙已经较少出现政党联合执政的情况。在此情形下，即便没有政党能够在议会中获得绝对多数，它也可以凭借相对多数组成少数政府。当然，其条件是，该政党政府必须依宪法规定赢得议会的信任。

西班牙目前的执政党为人民党（Partido Popular：PP）。人民党系由其创党主席、佛朗哥独裁时期的内务和旅游部长 D. 曼努尔·弗拉加·伊瑞巴尔尼于 1989 年重建而成的，其前身是一个意识形态取向比较保守的右翼政党——人民联盟（AP）。人民联盟早期笃信佛朗哥主义和渐进民主改革的理念，因不合西班牙人民对民主改革的激进要求而无缘执政。1979 年，该党支持率跌到谷底，在议会中只剩下 9 个席位。于是，该党开始致力于寻求扩大党的社会基础。1980 年弗拉加重执党权，在人民联盟原有的亲商立场上进一步强调、突出法律和秩序的理念，同时强化和推进了与民主民众党、自由党的合作，实力有所增强。但在缺乏全国政治实践经验的安东尼奥·赫尔曼德兹·曼查 1987 年当选党主席后，该党又开始走下坡路并出现了分裂的状况。弗拉加又一次收拾残局，在合并了几个趋向基督教民主和自由主义的小党后将党改组为人民党。1989 年，约瑟·马瑞亚·阿兹那尔当选党主席，他引领人民党赢得 1996 年、2000 年的组阁权，连续执政至 2004 年。当年，人民党因为拒绝进一步放权地方、拒绝同巴斯克 ETA 组织政治谈判并直接导致马德里爆炸案而输掉选举。2011 年，在执政的工人社会党治理经济危机一筹莫展之际，人民党在党首拉霍伊的带领下重返执政舞台。人民党现在为中偏右的政党，是欧洲人民党的会员、国际民主联盟（the International Democrat Union）和中间派民主国际（Centrist Democrat International）的成员。

工人社会党（Partido Socialista Obrero Español：PSOE）是当前西班牙最大的反对党。该党成立于 1879 年 5 月 2 日，创始人是 P. 伊格莱西亚斯·波塞。该党曾一度加入第二国际。1918 年召开的第十一次代表大会通过反对武装干涉苏俄的决议。1920 年 6 月，党内发生分裂，一部分党员参加西班牙共产党。1936—1939 年西班牙内战期间，工人社会党曾与共和党、共产党一起组织共和派联合政府。佛朗哥实行独裁后，该党被迫转入地下，其主要领导人大都流亡国外。1974 年 10 月，以 F. 冈萨雷斯·马克斯为首的"更新派"在法国召开的代表大会上战胜了"历史派"，取得党的领导权。1976 年 4 月，伴随西班牙民主化进程的开启，工人社会党在国内获得合法地位。1977 年 6 月，该党在众议院选举中获 124 席，成为国内最大的反对党。1978 年同人民社会党合并。在 1982 年 10 月的大选中，该党在总书记冈萨雷斯带领下获得众议院 350 席中的 202 席，开始成为执政党并于 1986 年、1989 年和 1993 年三次大选中蝉联执政。2004 年 4 月，工社党在大选中获胜，再次上台执政直至 2011 年底。工人社会党在国内主张实行多元化的社会主义，采取务实温和的改良路线，强调发挥市场经济的作用，主张联邦共和制但接受现行君主制；对外主张和平、安全、合作，开展以欧洲为重点的全面外交。西班牙工人社会党在政治光谱上属于中偏左，它是欧洲社会党和社会党国际的成员，在欧洲议会社会民主党团中拥有自己的代表。

除两大政党外，西班牙还有七八十个政党，其中目前在总议会拥有议席的政党共 16 个，只是在地方议会拥有席位的政党也有十数个。此外，西班牙还有少数被宣告为非法的政党如巴斯克民族行动党、巴斯克人民团结党（西班牙武装暴力集团 ETA 的政治分支）等。这些政党中，除由共产党、人道主义党等组成的联合左翼党同人民党、工人社会党相似是比较纯粹全国性政党而外，其他绝大多数政党都带有地域性或地方性政党的色彩。地域性政党加泰罗尼亚的统一联合党（Convergència i Unió，CiU）在全国范围内活动，地方性政党如巴斯克民族主义党以及社会党等在地方活动，两者多少都带有某种地方主义或分离主义倾向，因而都会对西班牙政治产生重要影响。这么多持此等立场的政党的存在，之所以未导致西班牙国家的解体，原因一方面在于西班牙宪法体制和地方自治制度得到了比较充分的实施，另一方面也在于西班牙地方自治系统中各政党事实上形成了彼此牵制的关系、因而很少有政党愿意主导分离且同时拥有能够通过相关提案的绝对多数。这就使西班牙得以长期维持了一个统一——分裂的张力结构。

## 三、葡萄牙、西班牙宪法与政党法对政党政治的规范

政党是来自社会、主导或影响公权力系统运转继而实现其意见表达和代理公众权利等职能的政治组织。在从事政治活动时，政党可能会偏离其原本的使命和性质，因此就有对政党、政党政治加以约束和规范的必要。此种约束，除了政党之间的彼此牵制以外，总还是要依靠法治体系和相关的具有法律甚至宪法效力的政治惯例。总揽外国政党政治规范化、法制化的历史与现实，人们大致可以形成这么一种粗略的印象：政党政治发育较早、于今相对成熟和稳定的国家，其政党规范化一般更多地依靠政治惯例；反之，政党政治相对晚近、曾经走过弯路或是于今相对不够成熟的国家和地区，其政党规范化则往往要依靠制定法来予以支撑。据统计，当今世界大约有40多个国家和地区有政党法，有为数更多的国家在宪法中对政党政治做出各种侧重点不一而同的明确规定。由于历史原因，同时更多地也是基于现实的需要，葡萄牙、西班牙两国在其宪法中都对政党政治做出了明确的规范，同时也都有专门的政党法来具体体现宪法的相关精神。

### （一）葡萄牙宪法对政党政治的规范

葡萄牙宪法序言开宗明义地阐明了该宪法的渊源和使命，并且在紧接其后的基本原则部分里明确了葡萄牙国家的性质及其权力渊源：以公民权利为基础的民主、法治的共和国家，一切权力属于人民并且服务于社会、民众。其中，国家要致力于实现的基本政治任务是：保障国家的独立并为巩固这种独立创造政治、经济、社会与文化条件；保障基本权利与自由，尊重民主法治国家的原则；保障政治民主并鼓励公民民主参与国家问题的解决。这些都构成葡萄牙包括政党政治在内的公权力结构及其运行的政治基础。

# 导　言

葡萄牙宪法第十条的主题是普选和政党，共有两款内容，分别是：1. 人民通过普遍、平等、直接、秘密的定期选举、公民投票及宪法规定的其他方式，行使政治权力。2. 政党得助益于人民意志的形成和表达，并尊重民族独立、国家统一和政治民主的原则。很显然，这里是把政党界定为选举民主的工具和手段，是组织形成人民意见影响国家政治生活、驱动政治民主的中枢。宪法把政党定位为社团和政团，并在第五十一条中提出了总体的要求，确认人民有结党自由、不得同时参加不同的政党、不因是否参加政党而影响其权利、政党形式上不得与教会混同、不得组建地方性政党，以及必须遵循公开透明、民主组织和管理及党员全体参与的原则，必须遵守政党经费管理的法律规范。此外，除一般社团法人所享有的权利外，宪法还对政党的某些特别权利做出了规定，譬如第四十条规定了政党依照法律规定的标准、按其规模和代表比例与政府享有平等地占用广播时间的权利，以及竞选期间各候选人平等使用广播时间的权利；再譬如第一百一十四条则专门强调了政党及其反对的权利：政党依据其得票率获得公共职位及其权力地位；少数党享有民主反对的权利；在共和国议会、自治地区议会拥有席位但不参加政府的政党，特别享有政府向其定期、直接通报主要公共事务进展情况的权利，等等。这些规定，对于葡萄牙政党在本国政治领域中充分发挥作用并保持民主体制的正常运转，都是十分必要的。当然，这些规定也是合乎西方政党政治一般要求的。

除上述事关政党政治内容的实体性规定而外，葡萄牙宪法还有许多程序性的条文，对西班牙政党怎样在宪法体制内运作包括如何进行立法选举、怎样组织政党政府，以及政党的议会活动等，都给出了明确和可操作性的规定。

选举可以直观地体现民意，是选民和政党缔结权利委托和代理契约的互动过程，也是政党政府从中梳理、排定政治议程的重要环节，不同的选举制度对初始的民意进行不同的剪裁，因此会在很大程度上决定会塑造出怎样的政党体制和政党政治过程。关于这一方面，葡萄牙宪法首先在第一百一十三条做出规定，政党得依比例代表制的原则完成选票向议席的转换，而且在第一百五十二条特别强调法律不得规定全国性的最低选票百分率作为对按得票多少分配议席的限制条件。此种无门槛限制的比例代表制直接影响到葡萄牙议会中多党并存的局面。比例代表制被认为是最公平的选制，能够使民意得到最充分的表达，但一般容易造成多党林立的后果。但葡萄牙一院制议会能在不设比例门槛的条件下形成两大政党主导的格局，这不能不说是葡萄牙独特的政治生态使然。宪法规定，葡萄牙议员候选人由政党提名，政党可单独提名，也可以联合提出候选人名单，后者可以包括不是各该党成员的公民。选民投票给候选人名单会形成事实上的"选党不选人"，而这就意味着：没有政党支持，独立候选人就很难在夹缝中求得生存。此外，关于政党提名的规定还有：除非有全国性大选区，任何人不得同时登记为一个以上选区的候选人，亦不得同时列入一份以上的候选人名单。候选人不得同时出现在同一次选举的不同候选人名单上。原因是，这关乎候选人的政治操守问题，也关乎选举的公平。

议会是议员活动的主要场所，是政党间发生关系、政党与政府之间实现互动的关键场域。因此，宪法关于政党政治的程序性也主要体现在这一方面。葡萄牙宪法赋予议员及其党团广泛的立法和监督权力，以及为履行其职权所必需的特权。这些规定其实也可以被看作政党力量在议会以个体化、人格化之形式存在的方式和状态的写照。宪法规定，议员有义务出席议会全院会议及其所属的各议会委员会会议，有义务党团建议在议会中履行义务或担任指定的职务和参加投票。关于议会党团，第一百八十条做出了明确规定，没有对结成党团设立先决条件，同时赋予议会党团广泛的权力、提供必要的物质和技术支撑。议员及其党团和政府一样均有权影响议会议程，但党团和政府享有优先权，在排定议程时少数党和在野党的地位应得到保障和尊重。议会为便于工作得组织个专门委员会和议会常务委员会，葡萄牙宪法规定，各类委员会在组成上和委员会主席人选上皆得按照各政党议会席位的比率（党团的大小）来确定。这就在根本上确定了议会中政党的地位和关系的基本框架。

关于政党政府的组织，除前文述及的总理产生方式以外，葡萄牙宪法还规定，被任命为政府成员的议员唯有离开政府方能得以行使其议员职权，此间得依照相关规定予以替补（并不影响多数党在议会中的既定优势）。此种规定与不少国家政党政府成员本身即兼任议员的做法有所不同。究其目的，似乎是要将决策权和执行权相对区隔开来，以便同时减缓议会和政府的工作压力，使得政党执政变得更加具有专业性，更加权责明晰。葡萄牙宪法进一步规范了政治过程中政府与议会的关系。第一百七十七条规定，政府首长（可由国务秘书协助或替代）有权出席共和国议会全体会议，并依照议事规程的规定在会议上发言；得举行由政府成员出席并以口头或书面说明答复议员质询和要求的会议，此类会议得按议事规程所规定的最小间隔、在与政府商定的日期举行；政府成员可以要求参加各议会委员会的会议，并得应议会委员会要求出席其会议。这样一种互动的政治过程，既是政策和立法沟通的过程，同时也是议会监督的过程。议会除一般的立法监督外，还依宪法掌握着审议政府施政纲领以及与此存在某种关联的信任投票权力，该法第一百九十三条的政府要求信任投票的规定、第一百九十四条议会发动不信任投票的程序，以及第一百九十五条议会辩论、审议政府施政纲领的流程等，都体现了议会的权威。

葡萄牙宪法对司法权力及其行使的相关规定也有涉及政党政治的内容。该宪法指出，法院是独立的且只服从法律。葡萄牙设有宪法法院，专司违宪审查之责，宪法第一百七十七条就如何对相关政治活动、相关法令法案进行具体或抽象的违宪审查做出了详尽的程序性规定。违宪审查同政党政治关系密切的有如下方面，具体体现在该法第二百二十三条中：一是依据法律的规定审核政党与政治联盟的合法性，包括其名称及其简写，以及象征性标识的合法性，并且判令取缔相关政党和政治联盟；二是可终审裁定选举的正当性和有效性，并可预先审查全国性、地区性和地方性公民投票的合宪性与合法性；三是终审裁决有关选举争议以及各政党机构之间决议冲突的上诉案件。

最后，葡萄牙宪法在关于修宪限制的规定中明确列出14条不得碰触的政治原则，其中对政党政治影响最为关键的有这么两条，一是不得变更比例代表制的选制，二是不得取消多元民主、多党制以及民主反对的权利。这两条规定又一次确认了宪法序言中关于葡萄牙国家的民主性质，也从根本上保障了西班牙政党体制的稳定性。总的来看，葡萄牙宪法是一部比较民主的宪法，不仅从经济社会制度上而且从政治体制上突出了某些社会民主主义的基本原则和理念；不仅从实体领域明确了葡萄牙公民的各项权利而且以绵密的程序安排确保此种权利的实现、巩固和发展。在这样一部宪法的基础上，再加之政党法的有效辅成，使得政治实践中的葡萄牙政党制度不断地趋向稳健和成熟。

### （二）葡萄牙政党法对政党政治的规范

葡萄牙政党法以宪法第一百六十一条以及其他关乎政党政治的内容为法源基础，是一部组织法，具有普通法的效力。整部法律分作六章，简明扼要地就该政党政治所宜遵循的基本原则、政党的成立和终止、党员和政党的组织，以及政党组织的行为方式、法律的适用效力等做出了比较系统的规范。

葡萄牙人认为政党具有政治的和宪法的职能，没有政党、政党政治，则宪法所确立的民主体制无法正常运转，因此他们在政党法的第一条就明确地指明了这一点。紧接着，第二条罗列了政党所宜致力于其中的诸方面目标，其实是对政党的职能进行了比较全面的界定。具体内容包括意见表达、选举和提出或影响议程、政治训练等，其中比较合乎该国多党体制运转要求的一点，是确认了政党相对于公权力系统的合法反对权。因为要致力于如此广泛的目标，所以政党法赋予各政党可以无限期存在的法人地位，明确了组党自由原则，政党及其活动须得遵循的透明公开原则、合宪合法原则，并且对政党为实现其目标所应享有的各方面权利和便利做出了具体规定。

葡萄牙政党法把监管政党的权限交给宪法法院。新建政党必须到宪法法院登记注册方能获得相应的法人地位。政党登记注册和组党自由并不矛盾，政党法关于政党注册申请必须满足的某些要求的规定并非是出于特定的审批的目的，而是设置了某些准入性的标准，以确保政党不至在其后出现后续第十八条所规定的可能招致取缔的情况。在葡萄牙，政党从事武装活动、信奉法西斯主义和极端主义，长期不参加选举、组织领导情况隐秘和不接受法定的审计，将是严重的情形，可能招致检察署提请解散政党的报告。政党法规定，宪法法院可基于此等事实宣告取缔或解散政党，并就相关的程序特别是党产处置等进行了明确的界定。

葡萄牙政党法的第三部分对党员的自由、资格和限制条件做了界定。关于党员的自由，政党法的相关规定旨在保护公民或合法居住在葡萄牙的外国人能够依据其本人独立的意愿参加或是不参加政党活动的自由权利。此种自由权利既需要防止各方面的歧视，又要杜绝任何可能的特权和特殊利益。总之，是要确保普通人可以透过政党致力于公共事业而非仅仅是其个人私利。关于参加政党活动的限制，葡萄牙政党法明确政党不得在军队和国家安全部门发展组织，明确法官和检察官、现任职业外交官不得公开从事政党活动，并规定公共管理部门的董事长、公共机构执行部门的总裁以及独立的管理机构的成员不得从事政党的政治执行机构的管理活动。此种基于职业考虑的限制是部分的限制，并不意味着上述人员就不可以加入政党，而是说基于国家安全、司法独立或是行政中立的考虑，基于国家和社会整体利益的考虑，前述人员不得在履职过程中抱有政党倾向。在这里，他们的职业角色、公共性的要求须得绝对优先于其党员角色和党性要求。

政党法的第四章、第五章分别对政党内外关系做出了一般性的规定。关于党内组织，由于不允许地方性政党存在，所以该法所及的政党的组织主体仅有全国性组织。政党法为葡萄牙政党设计了分权制的组织结构，要求所有政党必须有代表党员的全国代表会议、司职政治管理的机构以及司职内部裁判的机构，此种类似立法—行政—司法分立的组织结构，再加上党内普选、党员公决和党的政治领袖有限任期的规定，可以有效地避免政党因党内权力高度集中而逐渐失却其民主的性质甚至于走向党内专制。关于外部关系，政党法专辟一章规范政党的组织行为。这里所谓的组织行为，是指政党同其外部的相关主体之间发生关系时自身作为主体一方的相关行为。在这里，政党法规定政党可以创建同公共和民间机构发生关系的各种组织形式，规定政党国际交往的权利，以及政党作为法人同其他社会主体之间发生民事行为关系时所应适用的法律和规范。

总的来看，葡萄牙政党法是一种侧重原则性要求的程序法，在对葡国政党及其组织行为作出一般性规范的同时，又为各个政党预留了相当大的自主性的空间。相比较而言，政党法的相关宣示只是对宪法中有关政党规范的辅助和详细阐明。离开对宪法的准确把握，政党法几乎不可以独自胜任所规范的领域；反之，没有了政党法的辅助，宪法关于民主和政党政治的有关规定及其内在的秩序要求也难有准确和全面的传达与贯彻。在这里，政党法充当了葡萄牙宪法所规划的政党政治和民主体制向政策实践和政治体制转换的制度和机制中介的作用。

### （三）西班牙宪法对政党政治的规范

相对于葡萄牙宪法对政党政治的浓重着墨，西班牙宪法中的相关内容则是简明得多，着力于强调原则性的东西，因而无论是实体性还是程序性的规定都不加铺陈。其所以会如此，一个主要原因是：由于特殊的历史原因和政治生态的关系，西班牙也有政党法，而且其最早的政党法还是先于现行宪法问世和生效的。由此，作为上位法、根本大法的宪法也就不必再面面俱到地关照政党法的相关内容。这里要指出的是，尽管从字面形式上看，西班牙宪法有关政党的内容相对较少、相关条文在提及政党时也大多并非仅以政党政治为规范的唯一主体，但在该法所设计、建构的政治体系和政治过程中，政党、政党政治的作用始终都不是可有可无的。相反，没有政党运作，西班牙的宪政体制也是不完整的。

西班牙宪法第六条规定，政党体现政治的多元化，听取并表达人民意愿，是政治参与的基本渠道，政党得在尊重宪法和法律的范围内自由创建并进行活动，其内部结构和职能应是民主的。从条文的排序看，这一规定既是对同属总纲部分的第一条相关内容的落实途径的规定，又呼应了其后主题为公民基本权利和义务的第一章中有关政治参与和结社自由的内容。此种规定及其安排同葡萄牙宪法的用意和做法相仿，是要突出公民及其权利在国家政治生活中的主体地位、至上地位，从而将政党、政党政治深植于法治社会的生态之中、内嵌于民主政治的体制之内，使之配合西班牙国家致力于维护自由、正义、平等和政治多元化，并引以为其西班牙法律秩序的最高价值。

西班牙宪法在首先强调公民权利义务的基础上，建构了由国王、总议会、政府和司法系统组成的公权力体系。这一体系及其运转，又为西班牙政党存在和发挥作用提供了现实、具体的空间与平台。宪法规定，西班牙的政体是议会君主制，国王是国家元首，是国家统一、永恒的象征，仲裁并调解机构的正常运转，在国际关系中特别是在同那些历史上曾与西班牙同属一体的国家的关系中，是西班牙国家的最高代表，行使宪法和法律所赋予的职权，这些职权的行使必须尊重议会或政府意见。西班牙宪法特别规定，国王的行动都得由相应的副署人来负责，这就意味着他没有独立的行政权力，因而也不必直接面对相关的政治责任。

西班牙政府不同于葡萄牙而与英国相似，是议会之中的内阁，首相和各部门行政长官原则上应是议会成员。宪法第九十九条规定，该内阁首相人选由国王在每次众议院更迭后或在宪法规定的其他情况下，先与有议会席位的政治党团所指定的代表进行磋商，而后通过众议院议长提名。提名人选必须将其施政纲领提交众议院审议并赢得该院信任方得以被任命。这就意味着，唯有众议院中的多数党或最大的政党联盟才可能获得首相提名及组成政府执政的权利。多数党不仅控制政府，实际上也主导议会立法，必要时可以行使其解散议会（包括下院、上院或总议会）的权利。当然，议会也可以行使其审议、质询和调查权等固有权力，并可以不信任案、弹劾案来反制政府。这些都是内阁制政府共有的特点，西班牙宪法所规定的种种程序性安排也都合乎此种共性的要求，兹不赘述。

西班牙司法权由独立、负责、不可任意更换的和只服从法律的法官和大法官以国王的名义来加以行使。为保障公正司法，宪法规定法官、大法官和检察官在任职期间，不得担任其他公职，亦不得参加政党或工会。此外，宪法还要求以法律的形式对法官、大法官和检察官职业结社的制度和方式加以规范。此种规定特别适用于可能对政党政治产生直接影响的宪法法院的法官。对此，宪法第一百五十九条第四款再次确认了相关的要求。究其目的，还在于确保宪法法院独立的审判活动不受干扰，确保法官不为其党派性所全然主导。至于法院如何具体影响和规范政党、政党政治，西班牙宪法未做细致规定，而是将这一任务交由政党法来完成。

此外，西班牙是一个在地方层面实行高度自治的国家，它的宪法和法律并没有像葡萄牙一样禁止组织地方性政党，所以完全可能出现地方政治领域政党政治格局全然不同于全国政治层面的情况。事实上，正如我们前面所了解到的，西班牙的绝大多数政党都或多或少地带有地域性。对此，西班牙宪法虽未做明确规定，但究其立法意图可以看出，政党无论是在全国还是地方层面都得遵守宪法以及有关地方自治的法律、章程。在某种程度上，西班牙政党的整体性、向心性正是由此种宪法和法律所努力臻至的系统性、一致性所派生而来的。

### （四）西班牙政党法对政党政治的规范

现行的西班牙政党法是2002年通过的新法，此前西班牙政党政治适用的是经过不断修订和补充的1978年政党法。新制定的西班牙政党法大体上包括两大板块，前面一部分是一个很长的立法说明，后一板块则是政党法的正文。

乍一看来，一个长度堪与正文相比的立法说明似乎有喧宾夺主之嫌，但若仔细品味，就会发现它的必要性并不亚于后面所罗列的具体的法条。一般政党法倾向于将其所认可的政党政治理念以原则性、程序性规定的形式展现出来，倾向于将理念内含于法条之中。这样做，强调的是可操作性、突出了不以实体性妨碍程序性的立法和司法趋向，因而是必要的。但在西班牙情形就有所不同。同希腊、意大利等其他南欧社会相近，西班牙民众的思维方式更加古朴，十分注重实利的宣示和兑现，因而有时候不像西欧、北欧国家那样非常认真地执着于程序和规范本身。相应地，同样是政党、政党政治，同样是宪法和政党法，它们在西班牙的实践中完全可能因为公众理解和把握中出现偏颇而走样。反之，如果使民众能够直接地从整体上明了程序和规范背后所蕴含的意指、好处,他们反倒可能因此而自觉地遵循和维护它们。正如该立法说明所提及的:"一个政治主体在政治体系中的地位和作用越是突出,法治国家从改善其法律境况的过程中收获的效益也就越发可观。"显然,立法者本身对政党立法的好处就是食髓知味的。由此,立法虑及和因应国情和民情的智慧、立法者本身又是特定国家和公众的一部分——这大概就是一部实质上的组织法、程序法何以要附加这么一个特别的说明的原因所在。

立法说明的第一小节首先回顾了西班牙政党立法和司法的历史及其经验,检视了政党法规的渊源、谱系及其相互关系,论证了重新立法的必要性和现实基础。立法说明在这里指出,尽管政党并非宪法机构而是仅具社团性质的民间实体,但其仍是宪法框架中关键的组成部分,政党的功能主要是实现宪法主体之间的有机联结,再就是持续在意识形态中反映这种联结同宪法所提供的制度保障之间的关系。政党同其他政团的目标在于:在公共议题上整合人们的心力以坚持民主的方向;驱动公共权力的运转,改善公共机构的运营,促成及时的变革。立法者承认,相对以这样的目标以及不断变化的民主政治和西班牙国家生态,不论是在促进政党对民主原则、宪法精神的理解(通过内部组织和外部行为来体现)上,还是在有效促成相关政党实践的程序上面,1978年政党法都是存在缺陷的。为此,必须与时俱进地修法以确保民主体制的运转,保障公民的基本自由,防范政党一再地、严重地侵及自由民主体制的企图,摒除种族主义、排外主义,以及打击有政治背景的暴力行为和恐怖组织的活动。修法的重点在于:明确界定和区分不同的组织及其行为;把谨守民主原则的组织特别是致力于改革既有体制架构的组织,同那些具有侵犯性和破坏性的组织区分开来。在紧接简要介绍了修法概况的第二小节之后,立法说明第三、四、五和六小节分别介绍了新政党法的各章内容,梳理了相关内容和条文变动的情况并阐明其缘由。如此,则西班牙人在了解原有政党法规定的基础上即可方便地掌握新法的相关立法主旨。

西班牙政党法第一章共五条,分别对组织和加入政党的自由、政党的结成和法律地位获取、组党的资质、注册及注册审查问题做出了明确的规范。鉴于历史和现实中西班牙政党有被利用为独裁或暴力恐怖活动的情形，政党法在这里特别强调倡议组党者的守法公民的资质，强调新建政党不得为业已被宣布非法的政党"招魂"，强调政党必须依据法定程序注册后方能获得法律地位。这些规定，既贯彻了西班牙宪法对于结社行为最小干预的精神，同时又尽可能地达成相关目的：确保组织政党的自由、政党活动的自由不致侵及宪法和法律的基本原则。这些原则在接下来的第二章、第三章中得到不同角度上的体现。关于政党的组织、运作和行为，第二章基于积极引导的角度特别强调：政党无论其内部组织还是外部行为，均必须坚持民主原则以及宪法和法律所确定的其他原则。政党法规定，政党内部结构及其运作必须民主化，必须由选举产生的代表大会作为最高权力机关，必须选举民主、必须尊重和保障党员的某些权利同时党员也必须得遵守某些特定的义务等等。政党法还要求，政党作为法人须得履行国家、社会以民主的形式所赋予它们的宪政职能且应对多元主义抱持充分的尊重。政党法在这里着重强调的是：只有在整体上尊重诸如人权和民主原则这些宪法价值的条件下，方可自由行动。第三章则是从消极防范和惩治的角度规定了司法解散政党和中止政党活动的要件、程序及其后果。政党法在这里强调，唯有司法机构才有权力依法解散或终止政党活动，体现了政党规范过程中比较强烈的以法治支撑民主的立法精神。西班牙政党法的第四章，是该法正文结构中最为精简但所规范的事项却极为重要的部分——政党经费和资产的规范。政党法的相关安排是将相关问题分别交付给相关的专门法来加以处理。此种安排显示了政党同其他法人组织在相关权利和义务上的平等性，也体现了西班牙法治良好的系统性和衔接性。后者也继续体现在其后的附加条款、过渡条款、废止条款和终结条款当中，其目的都是为了确保政党法的规范措施都能够迅捷无碍地落到实处，并产生良好的司法结果。

总的来看，西班牙政党法有着坚实的本国司法和政治实践的基础，是一部独具特色的组织法、程序法，立法意旨明确，法条逻辑严密，同相关法律之间的衔接也比较紧密。也许正因其如此，该法律才能够在这个民情、政情相对纷繁复杂的国家里起到良好的护卫和深化民主的积极作用。事实上，西班牙政党政治的相对稳定也正是得益于此。

## 四、葡萄牙、西班牙主要政党章程的内容与特色

葡、西两国主要政党的章程皆以各自政党法的规范为准，一般都侧重于对党的组织和行为的程序的界定，形式上属于类组织法的规则范畴，因而较少意识形态的和政策理念的宣示。当然，两国主要政党并非不重视或是没有此种宣示，而是都选择了将其放置在每次代表大会或代表会议的政治决议或党的纲领之中。这样做的目的，在于能够紧密围绕国内外形势和党的任务的要求，及时调整党的路线和政策以因应选举政治的需要。而且，这样做也能够避免频繁地修改党章，因而能够保持党章程的权威性和稳定性。

### （一）葡萄牙社会党章程简介

葡萄牙社会党的章程共计有十五章。

葡萄牙社会党认为本党是以党员为主体的政党，因而一开始就提及党员的资格，并使之成为第一章总则的第一条。此条内容由两层意思，一是要求党员必须接受党的章程、原则性声明和党纪法规，经过登记并为党的相关组织或机构接纳；二是社会党允许特定的外国公民入党。总则的其他条款概述了该党的整体情况，强调自身是一个奉行自治原则的政党、一个容忍批评和意见自由的党、一个允许党内派系活动的政党。这些相关的政治和组织原则在后文的制度和程序设计中也大都得到了相应的贯彻和落实。

葡萄牙社会党党章第二章对中间党员和党的支持者做了区分并分别规定了他们的权利和义务。本章一开始，规定了社会党党员入党及审批的程序。要求党员必须提交书面申请并且得有入党介绍人推介、要求党员必须加入一个基层党部等规定，显示出社会党作为一个标准的社会民主党所具

备的刚性政党的基本特点。但也有某些相对"柔性"的安排,譬如允许透过计算机网络吸收党员,则显示出这个党因应社会发展、尽其可能地壮大自身力量的柔软的身段。社会党章程在行文中对党的支持者是否为党员作了模糊处理,但从中间党员、党的支持者权利和义务的不同,并结合前文中党员必须为组织接纳的规定来看,支持者并非党员。章程所以要在党员权利义务当中又提及支持者的权利和义务,其意图无非是要以此种模糊策略吸引更多的公众参与本党组织和活动。对比党员的权利和义务可以发现,党员权利的确是受到充分重视和保障,而其义务的履行则并未超出普通公民多少。此种特点,在西方有"全方位型"政治取向的政党中是比较常见的。

　　葡萄牙社会党章程以大部分的篇幅阐述了党的组织结构及其组织与活动的程序,它们一起构成第三章的内容。本章分作五部分内容,从基层党部讲起,依次述及党的地方组织、选区和大区组织,以及党的全国性组织。在这里有必要提及的是,葡萄牙、西班牙和其他大多数西方国家一样都有地方自治的传统或制度安排,因而其行政区划往往分作全国、地区和地方三大层次,地方及以下是直接面对公众或选民的行政层级,类似于我国的基层地方。受行政区划层级及其关系影响,西方政党往往又有松散的联邦制组织体系抑或是集权的单一制组织体系。葡、西两国主要政党的组织体系,前者更倾向于单一制,后者则有类于联邦制。总的来看,不管是在地方、地区层面,还是在全国层面上,葡萄牙社会党一般都有权力机构、执行机构和监察机构的区分,彼此间皆有章程明定的权利—义务关系。各种党部组成基层地方组织,包括市镇和选区组织,它们是社会党伸向公众、选民的直接的触角。选区联合会和大区组织是协调基层地方的组织。从章程的相关规定看,社会党并不实行代表大会(会议)常任制,全国代表大会一般是每两年召开一次,因而实际上是遵循了某种类似的"行政主导"的领导体制。为了防止此种体制在运行过程中出现政策委员会集权、政策委员会主席或总书记独断的情形,党章规定地方政策委员会主席和党的总书记皆得经由党内直选产生。此种安排既赋予执行部门的首长足够的权威性，同时又配合了代表大会、仲裁委员会和财经审计委员会的制约作用，从权力来源的根本上限制了执行权力。从党内选举的制度安排上来看，社会党主要是依靠比例名单代表制（顿特计票法）的方式来选举党的各种实权机构。由于比例代表制的选制自身具有意见表达最完整的优点，同时也易于形成多（党）派并存的政治格局，所以事实上就呼应、实践了社会党前述的容忍意见多元和派系活动的政治原则。但是，此种多元的民主并不妨碍社会党政治上的统一，党章在这一部分的最后规定：本党籍议会议员必须按照党的意志来投票，这就有效地预防了党的政治力量分散对政策纲领实施的消极影响。

政治人物、政党总是要谋取公职、争取或影响公权力的运行。因此，党内提名机制及其过程是选拔优秀的、合适的人才去执行党的纲领政策、实现党的政治意图的关键所在，同时也是社会党控制本党籍政治人物尊重党的组织和意志的重要途径。当然，这也涉及党内地方层级、不同派系之间的利益矛盾与平衡问题。社会党将政治职位的提名权分作委任职位和选任职位两种，并依选区和地域的标准将其交付不同层级的政策委员会来运作。社会党章程在这里一并规定了出现提名争议时解决的途径和方法，并且为全国政策委员会保留了相对优势的提名权力，其目的无非是要确保协调全党、整合和充分利用相对有限的政治资源以收获本党最好的选举和政治效益。

第五章规定了党的纪律处分及其执行的程序。社会党的纪律处分分作警告、谴责、停权和开除四种层级，分别对应性质和后果不同的违纪行为。社会党在这里特别强调了党员在面对纪律处分时所享有的权利保障，规定党员在面临党纪处分时享有广泛的辩解的权利，任何党员皆不得在未经听证和辩解的情形下被宣告有过错。同时，还要求纪律处分必须以书面形式做出并形成载有充分事实依据的正式文件，而被处分党员也享有进一步上诉直至全国仲裁委员会的权利。这里既体现了对适用处分的慎重，也体现了对党员权利的尊重。

以后各章内容都是辅成性的规定，分别对党刊、党产、研究部门以及一系列外围组织等做出规定，最后一章则是相关的过渡条款和终结条款，以确保党章正常发生效力。总的来看，葡萄牙社会党的章程较好地体现了自身所希望的多元民主的要求，同时也在具体的政治实践中一定程度上达成了相对集中的效果（这一点在一个小国里面似乎更容易实现），因而成为社会党能够扩大或巩固社会基础、有效整合自身力量、积极参与葡萄牙治理的坚实的制度基础。

### （二）葡萄牙社会民主党章程概要

葡萄牙社会民主党章程开宗明义，指出该党致力于提升和捍卫民主的政治、经济、社会和文化，并服膺法治的价值、社会民主主义的原则和经验，以有利于人的自由和解放；社民党尊重葡萄牙人民的政治意愿及其构成和表达，愿在尊重宪法和意识形态多元主义的条件下同其他政党展开自由和平等的竞争；社民党会严格按照民主政治活动的规则行事，拒绝任何非法、暴力活动和霸权行径。此外，它还特别强调自身并非宗教性政党。这些表述都是对葡萄牙宪法秩序和政党法相关要求的直接回应。葡萄牙社会民主党有时也宣称自己是人民民主党，虽然奉行偏右的理念和政策路线、党内宗派纷繁且深受天主教相关理念的影响，但在名义上还是要呼应宪法序言中有关"葡萄牙要开辟走向社会主义社会的道路"的宣示，以及宪法正文中相关实体性安排中所体现出来的某些社会主义的特质。

社会民主党章程第二章对党员、党员的权利义务以及违纪处分做了明确的规定。较之社会党的相关规定，该党吸纳党员的程序相对简单，只需登记注册即可，登记注册的目的也更多地侧重于掌握和保持党员的信息以敷必要之用，譬如党内提名和选举以及政治动员等。由于受同一部政党法规范的影响，社会民主党在党员权利义务方面的规定与社会党有很多的相似之处，譬如不受非经听证和其他正常程序而遭受处分的权利，再譬如不得擅自代表党、以党的名义签署任何债务合同或有责契约的义务等等。此外，就是但凡政党都会比较敏感、介意的问题——不得擅自参选或在选举中违背本党的意志。党纪处理对此种情形也是尤其严重。

在第三章对党的三个外围组织做了简明的规定之后，社会民主党章程同样以大量的篇幅来建构党的组织蓝图、并对相关的程序和过程进行了细致的描述。不同于社会党自下而上、由基层党部而党的全国组织的铺陈方式，社会民主党遵循了自上而下的方式。这种理念倾向性的不同其实在实践层面上有所反应。不同于社会党偏向群众性政党的全方位趋向，社会民主党是更多偏向精英型的全方位党，它的组织原则、组织体系也带有较多的权力集中色彩。葡萄牙社民党的全国组织权力系统由代表大会及其常任机构全国理事会、政策委员会及其常任机构全国常务委员会以及法纪委员会、议会党团和专司提名权责的机构组成。在这些权力机构中，政策委员会居于主导地位，政策委员会的主席由全体党员直选产生，其他成员则在依该委员会主席建议由全国代表大会选举产生。由于全国代表大会和政策委员会主席都是直选产生，所以尽管它拥有对政策委员会提出谴责或不信任案的权力，但也不能直接干预政策委员会的运作，而在另一方面，尽管不向全国代表大会直接负全部责任，但政策委员会主席还是要尊重大会的地位和权威。此外，由全国代表大会选举产生的法纪委员会也对政策委员会形成监督和牵制的作用。这样一来，社民党的党内体制在全国层面的运行上就带有某些总统制或半总统制的色彩。至于在地方，情况又有所不同。社民党地方以至基层（党小组除外）的政策委员会一般都由主席、副主席、司库和委员这些由本地域内党员直选产生的成员，以及来自同级党的外围组织和下级党的组织的主席这些当然委员组成。这种直接吸收所属组织的领袖加入地方组织权力核心的做法，不仅考虑到了权力的有效运行，也较好地照顾到了地区间党组织的协调与整合。

葡萄牙社会党章程的第六章是一个内容杂多、色彩斑斓的拼盘，名为其他事项和规定，将前述各章未能涵括的规范内容统统凑在一起，整体看似芜杂但具体到每一项事务却又较少散乱之感，反映了该党相对独特事务性取向的思维方式。勉强予以分疏，这些规定分作如下几类：程序类，包括党内公决、提名和选举过程、动议谴责和不信任投票、质疑、党的机构之间的参与，以及党的存续与解散；资质和条件限制类，如合法开会的人数和时限、选举资格、职务冲突和任期；专门党务类，如财政管理和审计以及战略委员会、项目组和建言组的设置和运作；再就是与章程自身直接相关的一些问题，如章程的修改、党的名称、直接投票（通过本章程）、过渡条款和过渡期间的组织的认证（章程所定组织形式的衔接）。这几方面查漏补缺的规定，使得社民党的章程显得比较完整并因而具备了较好的可操作性。

（三）西班牙工人社会党章程梗概

作为一个有着悠久历史的老党、大党，相对于其他西班牙政党而言，西班牙工人社会党的组织是最为严密的，这一点也充分地体现该党党章及相关规范的完备和严谨上。

西班牙工人社会党党章在总纲部分宣称自己是一个代表工人阶级、反对剥削、致力于建设一个自由、平等、团结与和平发展的社会的政治组织，这是对本党性质及其社会基础的简要概括。前者结合西班牙社会的实际及其特点，体现在公社党组织及其行动的基本原则上，就包括党内民主的原则、信仰和言论自由的原则、党的联邦制和统一原则，以及党内协商一致的原则。此外，社民党还对党内制度化的派系活动持包容的态度，但规定派系应当更倾向于思想和意见，应当有相当的透明度并得尊重党的决议。公社党通过党内民主竞争的方式来产生党的领导系统进而凝聚、形成党的行动意志。总纲的第二章明确规定了党内选举的程序，要求党内机构和领导职位基本上应由比例代表多数决的选制产生。工社党内部选制的特别之处在于，它寻求实现有绝对多数的当选效果，即：选举中有参选名单获得绝对多数固然好；若没有，那就得透过规范的安排"制造出"一个来。简言之，工人社会党为了确保党内领导的稳定性不受派系纷繁的牵扰，为了能够在党内领导体系中拥有绝对多数席位继而可以有足够实力主导党的各方面事务的多数派、主流路线，特别规定在党内选举中获得相对多数的候选人完全名单可以自动获得应选席次的绝对多数。但要强调指出，这一规定并不意味着完全剥夺党内少数派的权利，该党章又规定得票20%以上的党有权分享其他席位，此条规定再结合后文中第三十一条第四款"每个省、岛屿党代表的全体会议都可以决定是否组成单一的大区代表团或民族地区代表团参加联邦代表大会,但不得因多数的决定而影响那些不愿参加前述代表团的少部分代表自行与会"的规定,我们可以从中看出,工社党实际上奉行了"服从多数、尊重少数"的政治和组织路线,这种路线比较适合于满足工社党尽可能整合党内意见、博得公众支持的职能性要求。

工社党章程第一部分规定了入党程序和党员的资格、权利与义务,明确地将党员区分为中间党员和党的支持者两大部类,分别附属不同的权利和责任,反映出该党精英与大众并重的策略取向,也反映出该党对自身所影响的公众自主选择如何同党发生关系方式的权利的尊重。工社党中间党员的权利比较广泛,除一般政党皆有的自由表达、知情权、选举权利等以外,还拥有党章承诺的遭到党外恶意攻击时获取党的保护的权利。再就是男女两性之间的平等权利,后者通过党内选举中的相关制度性安排得到直接的保障。这些有着工社党特色的权利条款无疑是具备一定的吸引力的,这大概也是民主化以来大部分时间都是执政党的工社党自身组织的魅力之所在。

在第二部分简要界定了工社党同其他政党、社团合作的基本原则及相关程序后,工社党章程第三部分着重明确了党的组织结构的两种基本形式:地域性党组织和行业部门性党组织。地域性党组织又包括国内党组织和旅外党组织。其中国内组织又依西班牙联邦制色彩浓郁的行政区划的关系,分作市政基层的、省和岛屿地方的、大区的党组织这么几个层次。党章在这里一方面简明扼要地勾勒了地方党组织组织原则和结构体制,另一方面则将具体的规范性内容与程序交付党的联邦构成主体(大区或民族自治地区的党组织)自行制定的章程去设计。但是,它还是保留了审批地方党组织的章程及必要或特殊条件下限制适用相关章程或其部分规则的权利,这对于保证党的中央的权威、维护党的一体统一而言,还是极有必要的。根据党章的相关规定,行业部门在地域或全国层面上组建,但更多的是具有咨议性质,着眼于在教育、环境、公民参与、卫生健康、社会信息化，以及以企业家、自由职业者等为主体的经济社会领域中吸纳意见与支持。考察工社党行业部门组织及其有关活动方式、过程的安排，我们会发现：它多少带有某种党内"协商民主"的色彩。

第四部分占用了工社党章程的绝大部分篇幅，着重从机构设置与运行、党务运作规范两个角度对党的联邦机构和权力运行做了全面的和详细的规范，其中前者构成主体和基础，后者形成过程并产出结果。

关于联邦机构，工社党的权力机构是联邦代表大会和联邦委员会（选任委员部分由联邦代表大会产生），联邦委员会主席似乎应是党主席（章程似乎疏漏了党主席的产生方式）；执行机构是联邦执行委员会，党的总书记是它的首长也是工社党的最高领袖，其成员系代表大会在总书记提交给选举委员会的名单基础上选举产生；联邦道义与权利保障委员会是党内司法监督机构，由代表大会代表向选举委员会提名并由大会依比例代表名单制选举产生。

工社党章程对联邦大会代表选举、开会以及会议日程的设立等程序性规定都非常细致，对党的机构的各种会议的规定也是如此。这显示出该党非常重视审议过程，希望能以严密、科学的程序规范形成良好的党内治理关系。党章赋予党的领导机关联邦委员会（每年至少开会两次，可视为半常任机构）包括向联邦执行委员会问责和提出不信任案在内的广泛的领导权力，但也规定联邦委员会委员其选举主体可随时加以撤换，他们必须向选举自己的党组织报告工作，必须及时、全面和准确地执行该党组织的章程及其领导机构的政策，并就相关事项向所属地区的党的代表大会作报告。这样的规定一方面能够增强联邦委员会广泛的代表性，另一方面又从选区牵制的角度强化了委员们的责任意识、有限权利意识。党章赋予执行委员会召集联邦委员会的权力，以及组织、领导和处理党内外日常工作的权力，规定它是拥有广泛权力的常任机构（第四十一条第五款），实施集体负责制但每一位成员都得专门负责党的某个秘书处的工作，因而又可以追究其个人的责任。这就有可能避免权责不清和责任推诿现象，因而更有利于集体负责制得到良好的贯彻实行。总书记以其党员直选授权方式所获得的权威主导联邦执行委员会的工作，并且事实上领导全党、向全党负责。再就是党内司法仲裁机构——联邦道义和权利保障委员会，除了保障权利、执行纪律的一般性规定以外，它明确规定了财产公开和事项通报的制度。该制度（第五十五、五十六、五十七条）是对工社党曾经的执政时期的腐败行为的因应措施，它规定：任何党员只要被列入各类选举名单，就必须事先提交有关财产公开和相关事项的报告，否则不允许参选、当选；党员在党的机构中任职者、担任公职者，得随时应道义和权利保障委员会要求提供相关信息。在此基础上，道义和权利保障委员会得为受到相关诽谤、歪曲和偏见困扰的党员提供来自党的组织的支援和辩护。这是一项权利、义务妥帖对称的很好的安排，既能确保对党员的严格要求，又能为正派党员提供保护并因而增强党内向心力。

工社党联邦层面中有一个独具特色的机构——区际委员会，由联邦执行委员会总书记召集，有总书记、副总书记、负责地区政策的书记、所有民族地区和大区党的总书记、西班牙青年社会主义组织的总书记、各自治区工人社会党的主席、工人社会党议会党团领袖，以及西班牙省市自治同盟拥有工人社会党党籍的主席（如其不然，则该组织执行委员会中影响力最巨的工人社会党党籍的委员）组成。这个委员会，是萨帕特罗任总书记时，因应西班牙大区间因不同民族、语言文化和经济社会差异而引发的种种矛盾冲突而专门设计、设置的，目的是在党内为大区之间、大区和联邦之间搭建一个政治协商与政策协调的平台，在充分尊重各方意见的基础上制定和出台最具广泛效力的政策路线，以增进党内团结和国家统一。同时，这个委员会也是联邦中央机构、政治领袖向地域党组织直接施加影响以增进联邦制条件下中央权威的组织手段。

第四部分的第七、八、九章分别对党的账目审计、党员登记和普查以及党的代表会议做了简要的规定。第十章是工社党章程的又一个重要看点，这里集成了联邦执行委员会日常党务和行政管理的全部规则和程序原则，具体内容包括对联邦执行委员会的特别授权，党产管理，预算编制，联邦党的筹款、支出和账目，党费管理，公职提名程序，西班牙工人社会党的联邦议会党团，自治地区议会党团及地方议会党团，对西班牙社会主义青年组织以及党刊《社会主义者》的管理。总的来看，这些规范大致涉及党内关系、党与社会的关系和党与国家的关系这么三个方面，其中具体贯穿了这样的逻辑，在党内治理形成政策理念和组织力量的基础之上，工社党透过自己的党团去主导、影响和监督议会或政府，透过自己的党员、组织特别是本党政治精英——议员去发展和维护党与社会的紧密联系。

工社党章程同样以相关的附加条款、过渡条款和终结条款作为结尾，这也是大陆法系地区规范性文件所共有的格式、特点。

**（四）西班牙人民党章程介绍**

人民党是在西班牙政坛上长期同工人社会党力量相抗衡的政治力量，尽管30多年来有不少跌宕起伏，党的力量曾经面临持续萎缩甚至山穷水尽的困境，但还是因为比较鲜明的理念、纲领而坚持下来。与此同时，持续不断地组织改革与再造，尽其可能地壮大力量和赢得支持，也是其近年来获得成功的保障。在这一过程中，人民党的章程也逐渐得到了比较全面的完善。

人民党现在的章程是2008年瓦伦西亚代表大会根据该党2004年大会决议的原则精神修改而来的。这些原则体现在党章的序言中：为了建设更强大的党，就要拓宽公民参与党活动的渠道，建立起党同公众更热切和紧密的关系。为此，就要努力促进党向全社会开放，更好地履行代表公民的责任、更好地服务于党员的意见表达，更加直接地反映西班牙地方政治体系变化，更加简化和优化当前党的全国组织的结构，更加注意恪守党对于社会的伦理承诺并且加强党内民主，推动党主席的选举过程更加透明。概言之，是要使人民党能够更真实地反映西班牙社会的发展，强化其有关地区自治原则以及平等、团结和地区融合等宪法价值之承诺的恪守，并且拓展渠道、加强党内生活对于党的成员的吸引力。

政党吸引和凝聚社会力量的基础、它强大或弱小的关键，在于它的政治理念（意识形态）和政策承诺，前者给人终极价值上的关怀和引导，后者形成人们可能的利益诱惑。人民党在总则中首先亮明自己的意识形态：

明确的欧洲定位,西方传统的自由、民主、宽容和基督教人道主义,以及市场经济、现代化、社会融合、机会平等、公民参与等。为此,人民党承诺自己将致力于保障权利、尊重少数群体、促进社会融合、维护团结、反对以暴力和牺牲生命实现政治目的,并关注和保护环境。这些理念宣示和政治承诺直接体现了人民党的自我定位:服务于西班牙总体利益的改良主义者的政治训练中心,其党员以投身政治活动、致力社会进步为基本目标。

人民党党章的第一部分首先是循例规定了党员的权利和义务,与绝大多数西方政党一样都是依据了党员先有权利而后方有义务的逻辑和表述顺序,并于其后相应地规定了党的纪律及其处分程序。相比较而言,人民党有关纪律规范当是本书所提及的几个政党中最为严整、严格的,特别是它对于从政道德、政治伦理的关注,以及对相关犯罪行为的预防性处分措施,配合后面党的组织行为规范的某些规定,且不论执行的成效究竟如何,但从其文本来看,就很有些清新的气息。第一编的第三章内容相对独立,主题是公众与党的互动,规定人民党得透过相关的政策论坛、门户网站和选民服务等形式和渠道,来吸引公众参与党的活动、确保党同各种公民社会组织保持紧密的政治沟通关系。其中,政策论坛是一种开放性的汇聚不同意见和观点的政治手段。第十七条第三款规定:政策论坛应在每一个行政区划领域中举行,向公众发出政策讨论的邀约,人们可以亲临本党议会机构或是透过互联网络远程参加。人民党在党章中规定了这一形式,目的是透过这一论坛,一方面以制度化和常态化的形式向社会宣导自己的立场和建议,另一方面去认真吸收公众意见和建议并将其作为改进本党决策的基础。

人民党党章的第二部分着力于表述和规范人民党的组织与行为。总体上看,人民党是建构了一个贯穿了类似于民主集权精神的组织系统。一方面,它承认党内民主原则,承认人民党的全部政治行动,都依赖于全国范围内组成本党的去中心化的党的地方组织,确认充分的自治和自组织能力对于确保地方权利以及党的团结是非常必要的;另一方面,党的执行委员会和总书记在必要时有权力在一定期限内直接接管和代行所有下级组织的权力。而且，人民党党主席并非党员直选产生，而是由全国代表大会间接选出，尽管拥有广泛的主导评议委员会、执行委员会和影响权力保障委员会的权力，但党章却似乎并没有明确有哪一个机构可以平衡他的权力。从中可以想见，人民党党内强人领党的特点还是由来有自的。人民党的组织系统同其他政党名目相近，但不同分支之间的关系又有不同。党的全国代表大会只是部分地选举评议委员会和执行委员会，党的司法监督机关权力保障委员会基本上是由评议委员会任命的，而评议委员会由基本上是由党主席及执行委员会所控制的——人民党的横向分权较之工人社会党要弱得多，这大概是一个老资格的保守政党历史传统的一部分。但不能就由此断定人民党内部没有权力制衡，没有党内民主。关键在于党内选举。人民党章程第二十八条和第三十章规定了严格的、可操作性强的党内选举制度，可以确保选出真正体现党员和基层组织议员的代表大会继而选出代表党内主流倾向的党主席，再加上代表大会自身权力的行使特别是有它选任的执行委员、评议委员发挥作用，加上非常代表大会的程序设置等等，还是可以依靠党内机制在相当的空间内抵消独断专制的可能。在专门机构设置上，人民党既有自己的借鉴了工社党的区际委员会，也有独创的党员保护人。党员保护人由全国执行委员会从全国权利保障委员会成员当中指定（大区执行委员会可以任命自己的党员保护人），党员可以找保护人陈述其意见、建议和申诉，后者得每半年提交一次呈交给党主席和总书记的工作报告。此种机构设置是联系党员和党的领导管理部门的渠道，便于党的领导层及时、全面地掌握党内情况，也有利于提高和保障党员的主体权利和地位。

总的来看，人民党的章程也是一部将自身党情与政治理念、政治倾向有机结合起来的合适的组织性、程序性规章，有利于其实现确保强力领导、保障党员权利和维护党内团结的目的，一定程度上也有利于其实现自己的建设强大的政党、取得和保持执政权力的政治目标。

## 五、整体评价

政党是意欲代表社会的整体或者部分以掌握或影响政权及其运行的社会团体，现代民主政治、代议政治的运转离不开政党，因而民主政治、代议政治的质量和效能也就离不开优质的政党、政党政治。优质的政党、政党政治从何而来？关键一条就是要有合乎理性的规范、规则，这些规范、规则要得到较好的遵循，要有自治自持的能力、自我更新的机制，要真正具备系统性、长期性、稳定性和有效性的特点。这些方面对于一些相对晚近的民主社会，特别是那些曾有较长时期的专制历史传统或是曾经在民主政治发展进程中遭遇过严重挫折的地方，在法治意识和规则意识相对薄弱、社会公众民主经验相对贫乏的地方，如德国、俄国，如葡萄牙和西班牙这样的国家，政党法、政党自身的规范章程及其相互间的匹配和支撑就显得尤为重要。

政党法制化、规范化的目的，首先在于政党内部组织与行为的民主化与科学化，在于政党党内生活的正常化和确定性。政党法、政党规范使得政党内部关系和过程合乎理性的要求，并因而确保政党作为一种政治组织其政治行为具有某种可预期性，简言之，是要尽可能地减少政党普通党员及其精英人物任性、随意的行为所形成的消极影响甚至是严重威胁。任何政党，只有在其组织内部有章可循，方能在其外部的政治系统中正常活动。政党内部关系的优劣决定政党整体的作风，也就是其惯常的思维和行为方式；相应地，政党如何处理同公众、社会和公权力系统的关系，它们如何受制于特定的政治生态，也会反映、内化在它的党内关系当中。正是这层关系的存在，决定了政党法制化、规范化的另一个重要目的，就是以此为手段，配合选举以及分权和限权等种种制度和程序安排，对政党的有效管理和监督，防范专制、暴力和极端主义，确保实现政党政治的自由、公正和公开，进而在这样一个至关重要的经验和实践领域中驱动民主更广泛、更有效地运转。要实现上述目的，首先是要建构和维持合理、科学的分权和制衡结构，其次是要建构和确定特定的给权力运行配置相关政治资源的政治过程、运转程序。而这正是政党法制化、规范化最关键的内容。结合葡、西两国及其主要的政党的实际，我们可以得出这样的评价：两国政党法制化、规范化的理念和相关安排，还是比较好地回应了上述目的的要求，在结构性分权和程序性安排上都做出了不小的努力。

宪法是国家的根本大法，党章是政党最基本的规范性文件，两者分别在国家事务领域、政党内部事务领域享有最高的权威。单从规范的有效性角度来讲，一部好的宪法、党章，应是其相关分权安排和程序、规范设计本身就能独立地支撑自身存在和运转的宪法、章程。如果章程、宪法全是实体性和原则性的界定，那么它们的自适应能力就差，就会有相当高的概率去面对无法得到细致的贯彻和落实的困境。这是因为，没有这些可用以自我支撑、自我实现的机制安排，纯粹实体性、原则性的规定就可能被随意解读，就难能得到一致的把握，就难以形成如何加以落实的共识。当然，人们也还可以通过制定实施细则的方式去提供必要的手段和效力的支援，譬如制定政党法这样的专门组织法、助成法。但问题在于，专门的法律、细则只能在特定的、有限的领域中较好地达成这一目的。相对于政党政治而言，政党法的规范领域是周延的；相对于严明党纪的专门问题而言，一部纪律处分条例也可能是周延的。但是，相对于宪法、党章所要调节的广泛的领域，政党法、各种党内条例显然是挂一漏万，宪法、党章的实施固然要依靠它们，但却不能因此而疏漏自身的可操作性、忽略自己独立地形成作用和影响的体制安排。通读葡萄牙、西班牙两国的宪法及其主要政党的党章，印象最深刻的，莫过于它们在各自所规范的领域中可以不必过于依靠其他助成性手段的间接奥援而自主存活、生效的能力。相对于葡萄牙宪法，西班牙宪法对政党政治的直接规范相对较少，但它自身厚重分权与程序的精神还是被较好地体现在了各政党的章程当中，并在西班牙政党政治的实践中得到了较好的贯彻。总的来看，在葡萄牙、西班牙这样的国家里，能够在短短的30多年里形成和运行比较稳定的民主体制、政党政治，与它们的政治生活特别是政党政治特别厚重这种自身具备生命活力的权力体制、规范系统不无关系。

强调宪法、政党章程必须有自我实现、自我支撑的直接产生作用机制和能力，并不是要否定助成性程序法、组织法的必要性及其实践意义。相反，正如我们屡屡强调的，在曾有专制传统、曲折经历如葡萄牙和西班牙这样的国家里，一部建构性的政党法似乎又是必不可少、举足轻重的民主政治、政党政治元素。它向尚不熟悉民主原则、尚不适应政党竞争合作的社会公众"转译"宪法原则、政党政治的"元精神"，它同时又成为指导和约束政党组织与行为的规范系统。如果说宪法、政党章程是确立了国家和政党的基本架构，那么政党法就是为这一基本架构注入前述"元精神"并使之趋向良性的党内治理和公共治理的必要手段。笔者以为，政党法是衔接公共治理与党内治理的制度中介，它是否忠实地反映和护卫了宪法原则，它是否虑及和关照了不同政党的各种特质，决定了它是否具有良好的实施效益。当然，正如前面所提及的，实施效益也是我们用以评价特定的宪法、政党章程的基本尺度。在这一点上，它们还是可以统一起来的。毕竟稳定的民主体制、政党政治只是新兴民主社会政治演进的新起点：相对于发展中社会、不发达社会，葡萄牙、西班牙的政党规范化的水平自然还是比较高的，但若相对于许多政党政治历史悠久的老牌西方国家，政党法的存在本身即意味着政党内外关系和相关过程当中仍然存在着某些可能与民主治理相抵触的东西，意味着相关的宪法、政党章程的原则规定和具体实践之间仍然存在相当的差距。事实也的确如此，民主化以来，两国政坛一直都会不时地爆出丑闻、不时地出现政治僵局甚至是极端事件，这些也都是有目共睹的。总之，结合近年来葡萄牙、西班牙政党政治实践，特别是综观两国公共治理领域存在的种种问题，以及葡、西两国至今仍身处发达社会边界的现状，我们大致可以证明这样的一个结论：葡、西两国的政党规范化努力及其成就的确令人瞩目，但仍然还具有某种"在途"的性质。

# 第一部分
## 葡萄牙主要政党规章制度

# 葡萄牙共和国宪法

(2005 年第 7 次修正)

## 序　言

1974 年 4 月 25 日，武装部队运动推翻了法西斯政权。这是葡萄牙人民长期反抗的结果，体现了葡萄牙人民由来已久的情感。

葡萄牙摆脱了独裁、压迫与殖民主义，这是葡萄牙社会的一场革命变革，一个新的历史开端。

革命使葡萄牙人民重获各项基本权利与自由。为了行使这些权利与自由，人民的合法代表集会起草了合乎这个国家意愿的宪法。

制宪会议庄严宣布：葡萄牙人民决心保卫国家独立，捍卫公民基本权利，确立民主制度的根本原则，确保法治在民主国家中的最高地位，开辟走向社会主义社会的道路，以尊重人民的意志，建设一个更为自由、更加公正和更多友爱的国家。

制宪会议于 1976 年 4 月 2 日举行全体会议，批准并颁布葡萄牙共和国宪法如下：

## 基本原则

**第一条　葡萄牙共和国**

葡萄牙是独立自主的共和国，以人的尊严和人民意志为基础，致力于建设自由、公正和团结的社会。

**第二条 法治的民主国家**

葡萄牙共和国是基于法治、民权以及多元化组织和意见表达的民主国家，尊重并保障基本权力和自由的有效实现，贯彻分权和制衡的基本原则，致力于实现经济的、社会的和文化的民主，同时深化参与民主。

**第三条 主权与法制**

1. 统一而不可分的主权属于人民，人民依照宪法规定行使主权。

2. 国家服从宪法，并以民主法治为基础。

3. 各项法律以及其他由自治区政府、地方政府和公共机构制定的法令，唯有依据并符合宪法方能有效。

**第四条 葡萄牙公民**

凡依法获得国籍或依国际公约被视为葡萄牙人者，均为葡萄牙公民。

**第五条 领土**

1. 葡萄牙包括在欧洲大陆上历史地形成的领土，以及亚速尔群岛与马德拉群岛。

2. 领海、专属经济区、葡萄牙主权领有的近海海床的范围和边界，得由法律规定。

3. 国家不得转让葡萄牙领土或任何主权权利的行使，但修正边界不受此限。

**第六条 单一制国家**

1. 国家得依单一制原则组成和运转，并得尊重地方政府的自治原则与公共行政的民主分权原则，尊重岛屿自治体制及其辅助性原则。

2. 亚速尔群岛与马德拉群岛为自治区，有自己的政治、行政法规和自治机关。

**第七条 国际关系**

1. 在国际关系方面，葡萄牙奉行以下诸原则：国家独立；尊重人权、民族自决权与自主权；国家间的平等；和平解决国际争端；不干涉他国内部事务；以及同所有致力于人类的解放与进步事业的民族进行合作。

2. 葡萄牙致力于废除帝国主义、殖民主义，以及其他任何形式的侵略、异族统治和剥削，致力于同时、全面和可控的裁军，解散政治—军事集团，以及建立集体安全体系，以期建立一种能够确保各民族间平等与和平关系的国际秩序。

3. 葡萄牙承认各民族的自决、独立和发展的权利，以及暴力反抗任何压迫的权利。

4. 葡萄牙优先发展同葡语国家之间的友好合作关系。

5. 葡萄牙将尽一切努力增进欧洲统一，强化欧洲国家促进不同民族之间民主、和平、公正和经济发展的努力。

6. 在互利互惠、尊重民主国家的基本原则、法治和相关辅助原则基础上，为促进区域经济、社会和主权的融合，确保自由、公正和安全，出于建构和执行共同的对外、安全和防卫政策之考虑，通过或者在欧盟合作框架下，葡萄牙可以参加集体安全协议和集体防卫行动，以建设和深化欧盟体制。

7. 为促进国际公正、增进对个体和集体人权的尊重，遵守互补治理条款及《罗马规约》所明列的其他条款，葡萄牙可以接受国际刑事法院的司法管辖。

**第八条　国际法**

1. 公认的国际法准则与原则，为葡萄牙法律的组成部分。

2. 经正式批准或认可的国际协定之连续性准则，自正式公布后即适用于葡萄牙国内，只要其在国际上与葡萄牙国家存在关联，就将一直有效。

3. 葡萄牙所属之特定国际组织所规定的准则，将根据有关协定的明确规定在国内立即执行。

4. 欧盟条约以及欧盟各职能机构分别通过的诸多规则，都适用于葡萄牙国内，以便使国内法同欧盟法律相一致，同时尊重法治基础上民主国家的各项基本原则。

**第九条 国家的基本任务**

国家的基本任务是：

（1）保障国家的独立并为巩固这种独立创造政治、经济、社会与文化条件；

（2）保障基本权利与自由，尊重民主法治国家的原则；

（3）保障政治民主并鼓励公民民主参与国家问题的解决；

（4）通过经济与社会结构的转型和现代化，有效地实现公民的经济、社会、文化和生态环境权利，提高人民的生活福利与生活质量，促进葡萄牙人之间的真正平等；

（5）保护并发扬葡萄牙人民的文化传统，保护自然环境与自然资源，确保城市和乡村规划的合理性；

（6）确保教育和个人终身教育的发展，维护葡萄牙语的应用并促进其在国际社会的推广；

（7）促进葡萄牙全国范围内的和谐发展，特别注意和尊重亚速尔和马德拉群岛因孤悬海外而具的特质；

（8）促进男女平等。

**第十条 普选与政党**

1. 人民通过普遍、平等、直接、秘密的定期选举、公民投票及宪法规定的其他方式，行使政治权力。

2. 政党得助益于人民意志的形成和表达，并尊重民族独立、国家统一和政治民主的原则。

**第十一条 国家标志**

1. 国旗是共和国主权和葡萄牙独立的象征，为1910年10月5日革命创立共和国时所采用的旗帜。

2. 国歌是《葡国魂》。

3. 官方语言是葡萄牙语。

# 第一篇　基本权利与义务

## 第一章　一般原则

**第十二条　普遍性原则**

1. 任何公民都享有并须履行宪法规定的权利与义务。
2. 任何法人实体都享有并须履行与其性质相适应的权利与义务。

**第十三条　平等原则**

1. 所有公民都有同等的社会尊严；法律面前人人平等。
2. 任何人不得因血缘、性别、种族、语言、出生地、信仰、政治或意识形态信念、教育、经济地位、社会背景或性取向而获致特权、特惠、伤害，或是被剥夺任何权利、免除任何义务。

**第十四条　海外葡萄牙人**

在国外访问或居住的葡萄牙公民，得享有受国家保护的权利，并须履行与其不在国内之情况相适应的义务。

**第十五条　外国人、无国籍者和欧盟公民**

1. 在葡萄牙访问或居住的外国人与无国籍的人，可以享有并须履行葡萄牙公民相同的权利与义务。
2. 前款规定不包括政治权利、并非单纯技术意义上的公共义务之履行，以及宪法与法律专为葡萄牙公民所保留的排他性权利与义务。
3. 除不得担任共和国总统、共和国议会议长、总理、诸最高法院院长职务，不得效力于武装力量、外交使团之外，依据法律和邦交国间的互惠安排，前述权利得授予永久居住在葡萄牙的葡语国家公民，但却并非必然授予外国人。
4. 依据互惠安排，法律可以授权居住在葡萄牙的外国人在地方选举中投票和支持特定的候选人。

5. 依据互惠安排，法律可以授权居住在葡萄牙的欧盟成员国公民在欧洲议会选举中投票和支持特定候选人。

### 第十六条 基本权利的范围与涵义

1. 宪法奉为神圣的基本权利，并不排除其他业已适用的法律和国际法所规范的内容。

2. 关于基本权利的法律规定和宪法规定，应以符合《世界人权宣言》的方式解释并与之保持一致。

### 第十七条 权利、自由与保障体系

权利、自由与保障体系，应依照第二节各项规定及同类性质的基本权利而适用。

### 第十八条 法律效力

1. 关于权利、自由与保障的宪法规定，得直接适用并限定适用于公私实体。

2. 只有在宪法有明文规定的条件下，法律方可限制权利、自由与保障。此种限制应限于为保护其他受宪法保护的权力所必需。

3. 限制权利、自由与保障的法律，必须具有一般概括性，不得具有追溯效力，不得缩减宪法规定之实质内容的范围与界限。

### 第十九条 中止行使权利

1. 除依宪法之明确规定宣布戒严或紧急状态以外，公权力机关不得联合或单独中止权利、自由与保障的行使。

2. 仅在如下情形下可以宣布全国或局部地区进入戒严或紧急状态：外国军队实际的或迫在眼前的入侵，民主宪政秩序遭到严重威胁或骚扰，或者公共灾难。

3. 在存在前项所列之先决条件且情形尚非非常严重时，得宣告进入紧急状态，后者仅导致部分地中止特定权利、自由和保障的行使。

4. 戒严和紧急状态的选择、宣告和实施必须遵循适度和克制的原则，特别是在其程度、持续时间和采用的方式上，必须严格限制在迅即恢复宪法秩序所必需的范围内。

5. 宣布戒严或紧急状态必须有充分的理由，并应详列被中止行使的权利、自由与保障。实施戒严或紧急状态之有效期不得超过十五天，但不妨碍可按同一期限延长戒严或紧急状态；又或者，一旦进而宣布进入战争状态后，相应采取的措施及其时限，得另行依法确定。

6. 任何情况下不得以宣布戒严或紧急状态的形式侵犯生命权、人格完整、个人身份、个人的公民资格与公民权利、刑事法的非追溯性、被告人的抗辩权，以及宗教和信仰的自由。

7. 宣布戒严和紧急状态对宪法秩序的改变，仅限于宪法和法律所规定的方式，后者绝对不得妨碍那些同国家主权机关、自治地区自治主体履行职能和责任相关的宪法规则的适用，不得侵犯相关公务人员的权利和豁免权。

8. 宣布戒严或紧急状态时，得授权主管当局采取适当的必要措施以迅速恢复正常的宪法秩序。

### 第二十条　获得法律和有效司法保护的权利

1. 任何人诉诸法律和法庭以保护其合法权利和利益的权利都得予以保证，司法机关不得因起诉人财力不足而予以拒绝。

2. 法律得保证任何人皆有权利获得司法信息和建议的权利、获得司法援助的权利，以及面对任何权力当局时有律师陪同的权利。

3. 法律得明确界定法律诉讼过程中的秘密并予以充分的保护。

4. 任何人在自己作为当事人的任何诉讼中，都有通过公正的程序获得合理期限的安全保障的权利。

5. 为了保护个人的自由权利，确保其在遭受侵害和妨碍的时候得到及时、有效的司法保护，法律得为公民提供方便、实用的司法程序。

### 第二十一条　抗拒权

任何人均有权抗拒侵犯其权利、自由与保障的指令，并有权在无法求助于公共权力机关时以武力反抗任何侵犯。

**第二十二条 公共实体的责任**

国家或其他公共实体及其主管官员、执行官员或代理人,在履行职能时因其行为或疏失造成对权利、自由与保障的侵害,或是给他人带来任何的损失,都应相应承担民事责任。

**第二十三条 监察专员**

1. 任何公民都有对公共权力机关的作为或不作为向监察专员提出申诉的权利,国家监察使对上述投诉有评议权,并有权就制止或纠正不公正行为向主管机关提出必要的建议,但无裁决权。

2. 监察专员的工作独立于宪法、法律规定的任何大赦和法律援助渠道之外。

3. 监察专员办公室是独立的机关,监察专员由共和国议会任命,任期由法律规定。

4. 监察专员履行其职责时,公共行政机关及委托机构得配合其工作。

## 第二章 权利、自由与保障

### 第一节 权利、自由与人身保障

**第二十四条 生命权**

1. 人的生命不可侵犯。

2. 任何情况下都不得适用死刑。

**第二十五条 人格完整权**

1. 公民精神与肉体的完整性不容侵犯。

2. 不得对任何人施行拷打或残忍的、侮辱性的或非人的待遇或刑罚。

**第二十六条 其他人身权**

1. 任何人均有权保守个人身份、发展其个性的权利,有民事权和公民权、姓名权和名誉权、肖像权和言论权,有保护其私生活与家庭生活秘密的权利,以及反对任何歧视的法定权利。

2. 法律应提供有效保障，禁止非法获取和滥用个人与家庭信息以及将其用于侮辱或侵犯人的尊严的行为。

3. 法律得保障人的尊严以及人类个体的基因特质，在生产、技术发展和应用以及科学实验中尤其如此。

4. 剥夺公民权和限制法律行为能力仅在法定场合及法定条件下有效，并且不得基于政治的动机。

**第二十七条　自由与安全的权利**

1. 任何人都享有自由与安全的权利。

2. 任何人的自由均不得全部或部分剥夺，但因触犯刑法由法院判处监禁或依法执行治安措施不在此限。

3. 凡属于下列情况之一，得不受本条关于剥夺自由需在法定期限并按法定条件的原则的限制：

（1）对现行犯的拘留；

（2）对证据确凿、可能被处以三年或以上监禁的严重犯罪行为的嫌疑人实行的拘留或羁押；

（3）监禁或拘留非法进入或不当出现在葡萄牙的人，以及正在引渡的逃犯或被驱逐出境者；

（4）对即将移送主管法庭的军人的纪律性监禁；

（5）在主管法院认为必要时，判决由适当机构实施的对未成年人的保护、扶助或教育措施；

（6）根据法庭命令对抗拒法院裁决者或不服从主管司法当局传讯者的拘留；

（7）特定时间和情形下，在有确认嫌疑人身份之必要和迫切时所实行的拘留；

（8）在主管法院的确认和命令下，为治疗心智失常者而采取的收容措施。

4. 对任何被剥夺自由的人，皆应立即以可以理解的方式告知其被逮捕、拘留或监禁的理由。

5. 国家得对违反宪法或法律剥夺公民自由的行为负责,并得依法对受害人予以赔偿。

**第二十八条　预先羁押**

1. 所有羁押案件,应在至多四十八小时以内移送预审法官,以决定羁押是否适当及应否继续羁押。承办法官应被告知羁押理由。法官得将羁押理由转述给被羁押者,讯问被羁押者并给予其辩护机会。

2. 只要可以依法保释,或者能够适用更进一步的司法措施,预先羁押即不得再继续或申请例外。

3. 任何法庭命令,只要包含关于采取或维持剥夺自由的措施的内容,则此命令之公告得立即通知被羁押者的亲属或其指定的人员。

4. 预先羁押的持续期限得依照法律之规定。

**第二十九条　刑法的适用**

1. 非依据当时施行并明确规定该项作为或不作为应受惩处的法律,不得对任何人判处刑罚,也不得对任何人采取当时施行的法律未予规定的治安措施。

2. 前款规定不妨碍在国内法范围内惩处根据当时公认的国际法一般原则视为犯罪的作为或不作为。

3. 当时施行的法律未作明确规定的刑罚或治安措施,不得适用。

4. 不得对任何人施以重于当时施行的刑法所规定的刑罚或治安措施;只有刑法的内容有利于被告时,方可追溯适用。

5. 任何人不得因同一犯罪而受两次刑事处分。

6. 蒙受不当刑事处分的公民,有权依照法律规定的条件要求复审并要求对其所蒙受之损害予以赔偿。

**第三十条　刑罚与治安措施的限度**

1. 不得制定实质上永久的剥夺或限制自由的刑罚,不得采取无限期或不定期的治安措施。

2. 对于无法治疗的严重心智失常者,剥夺或限制自由的治安措施可随此种情形之延续而连续执行，但必须根据法院签发的拘禁令。

3. 刑罚不得转嫁。

4. 不得将民事权利、谋职权利或政治权利的丧失定为刑罚的必然结果。

5. 被宣判有罪或被采取刑事制裁因而被剥夺自由的人，仍享有基本的权利，对其权利的限制应当仅限于与其罪责相关和判决执行必需的方面。

#### 第三十一条 人身保护状

1. 对滥用权力非法逮捕、监禁或拘留的行为，主管法院得相应颁发人身保护状。

2. 被非法逮捕、监禁和拘留的人，或任何享有政治权利的公民，均可申请人身保护状。

3. 承办法官应于八天之内，在当事双方均到场的聆讯中，就是否签发人身保护状作出裁决。

#### 第三十二条 刑事诉讼程序之保障

1. 刑事诉讼程序得为被告的辩护权提供包括上诉在内的一切可能之保障。

2. 任何被告在证明其有罪以前应推定为无罪；并应在保障其辩护权的情况下于最短期限内进行审讯。

3. 被告有权选择辩护律师并在诉讼的各个阶段得到律师帮助；法律得对必需上述法律帮助的诉讼手续和诉讼阶段作出详细规定。

4. 预审程序得在主管法官主持下进行。主管法官可以依法委托其他实体执行与基本权利无直接关系的诉讼程序。

5. 刑事诉讼的程序架构得包括预审、听证、法庭审讯，以及其他必要的法定程序，法庭审讯得采取控辩质证的形式。

6. 对适用辩护权利保障的情形、控辩双方出庭的程序要求包括免除听证的情形，法律得明确规定。

7. 受害者有依法参与诉讼的权利。

8. 所有通过拷打、胁迫、对个人施加肉体摧残或精神折磨、非法侵犯个人私生活、住宅、通信或电讯而获得的证据，均属无效且不得被采认。

9. 已经依据既有法律确认其管辖权的诉讼案件，不得从法院撤回。

10. 在事关行政侵害或是可能判处刑罚的诉讼过程中，被告拥有陈情和辩解的权利。

**第三十三条 驱逐、引渡及避难权**

1. 葡萄牙公民不得由本土被引渡或驱逐之。

2. 对于合法进入或出现在葡萄牙境内的人，获得居留许可或者请求庇护而未被拒绝的人，唯有司法机关有权加以驱逐。在此问题上，法律得提供高效的保证。

3. 从葡萄牙境内引渡葡萄牙公民，只有在有国际间达成引渡协议、反恐或打击国际犯罪、要求引渡国的法制体系能确保实现公平和正义的审判的情况下，方可获准。

4. 对于依据要求引渡国的法律和标准，罪犯会被永远或无定期被剥夺自由的情况，除非该国是葡萄牙承担合作义务的国际条约的参加方，且该国承诺不会判处上述刑罚，否则不得引渡。

5. 前款规定不适用于欧盟国家支持的、在打击犯罪领域中可能提出的司法合作要求。

6. 在任何情况下，任何人不得因政治原因或在依据要求引渡国的法律将遭受不可挽回的身体伤害的情况下被引渡或移交。

7. 引渡与驱逐的决定只能由司法机关作出。

8. 对于因主张民主制度、社会与民族解放、各国人民间的和平、自由与人权而遭受迫害或受到严重迫害威胁的外国人及流亡者，保障其避难权。

9. 政治避难的地位得由法律确定。

**第三十四条　住宅与通信不可侵犯**

1. 任何人的住宅与通信秘密及其他私人通讯联络手段不可侵犯。

2. 非在法定场合按法定手续并经主管司法机关批准，不得违背公民意志进入其住宅。

3. 任何人的住宅，如未经本人允许，不得在夜间擅自进入。但在有现行犯罪，以及包括恐怖主义、贩卖人口、毒品和武器交易在内的特定暴力和严密组织的犯罪的情况下，经司法机关授权，可以不受此限。

4. 禁止公共权力机关干涉通信、电讯或其他形式的通讯，但属于刑事诉讼程序的法定场合者不在此限。

**第三十五条　信息之利用**

1. 任何公民均有权了解涉及自身的信息记录，有权要求更正和更新相关信息，有依法被告知采集其信息目的的权利。

2. 法律得确定个人信息的概念，明确处置、传输、链接和使用个人信息的条件和规范，特别是通过独立的管理部门来确保这些个人信息的安全。

3. 关于政治或哲学信仰、加入政党或工会的情况、宗教信仰、私生活和道德取向的资料，不得采集入档，但有法律授权、确保不存在歧视且经当事主体明确同意的资料，以及并非针对个体的统计资料不受此限。

4. 禁止第三方接触个人信息记录，但有法律特别规定者除外。

5. 禁止对公民指定单一的国民编号。

6. 确保每个人都有权使用公共计算机网络，法律得就规范境内外信息交换和流动、保护个人信息和关乎国家利益的其他信息作出明确规定。

7. 手工记录的个人信息，得依本法前述条款之规定予以同等保护。

**第三十六条　婚姻、家庭及其成员**

1. 任何人都有在完全平等的条件下建立家庭与结婚的权利。

2. 法律得就婚姻的必要条件、效力，以及因死亡或离异而解除作出规定，但对结婚之仪式不作规定。

3. 在民事资格、政治资格及抚养教育子女方面，配偶双方有同等的权利与义务。

4. 非婚生子女不得因此遭受任何歧视；法律或官方机构及其服务不得使用亲子关系使用歧视性称谓。

5. 父母有教育和抚养子女的权利与义务。

6. 子女与父母关系不得被分离，但父母不履行对子女的基本责任且经法院判决脱离关系者除外。

7. 法律得以必要和渐变的形式规范和保护领养行为。

**第三十七条　表达自由与信息自由**

1. 任何人都有自由运用语言、图像或任何其他手段自由表达与公布其思想的权利，以及不受阻碍或歧视地传播与接受信息的权利。

2. 不得以任何类型、形式的检查妨害和限制上述权利之行使。

3. 行使这些权利时的违法行为，应受刑法的或行政违法管制法一般原则之约束，法院或独立行政机关拥有对上述违法行为的管辖权。

4. 法律得平等和有效地保障所有法人、自然人答辩和更正的权利，以及对所受损害索取赔偿的权利。

**第三十八条　新闻出版和传播自由**

1. 新闻出版自由受法律保障。

2. 新闻出版自由意味着：

（1）报刊撰稿人记者及其他从业人员言论表达和创作的自由，以及报刊撰稿人参与决定所在媒体编辑方针的自由，但本质为宗派教义者除外；

（2）法律得保障报刊撰稿人获得接触信息来源的权利、保守职业独立秘密的权利，以及其选举编辑委员会的权利；

（3）无须预先的行政批准、资金担保和或是任何先决条件的限制，自由创办报纸和其他出版物的权利。

3. 法律得以简要的条款，确保公开媒体的所有者及其资金的来源。

4. 国家得确保新闻媒体相对于政治权力和经济权力的自由和独立，

影响那些掌握综合媒体的公司的交易，尤其要通过多方或相互持股的方式防止新闻业集中，并鼓励采取一视同仁的措施赞助出版事业。

5．国家得保证公共广播和电视服务的存在和运营。

6．确保公共媒体的结构及其运营独立于政府、公共行政机构和其他公共主体，确保不同流派的观点都能够得到表达并彼此争锋。

7．无线电广播电台只有在依法经公开招标和领取许可证后始能经营。

### 第三十九条　传播媒体的管理

1．媒体的如下事项，得由一个独立的管理主体负责和保障：

（1）信息权利和新闻出版自由；

（2）媒体所有权的非集中化；

（3）独立于政治权力和经济权力；

（4）尊重个人权利、自由和保障；

（5）尊重媒体管理工作的地位和规范；

（6）不同流派的意见都能得以表达并能够相互竞争；

（7）占用广播时间的权利，答复和政治回应的权利。

2．法律得确定前款涉及之管理主体的构成、责任、组织和运作方式，以及其组成人员的地位和作用。该管理主体的成员得由共和国议会任命和增补。

### 第四十条　占用广播时间权，答复和政治回应权

1．政党、工会、职业团体和商业组织及其他全国性组织均有权依照法律规定的标准，按其规模和代表比例，享有占用公共无线电和电视广播时间的权利。

2．在共和国议会占有议席但没有政府席位的政党，有权依法占用公共无线电与电视服务机构的广播时间，但后者得比照每个政党在国会中的席次比率分摊。对政府政治声明的答复和政治回应也是如此，且各政党占用广播时间的总时长和突出程度得与政府的广播和声明等同。自治地区立法会议当中的政党，享有同等的在地方范围内占用广播时间的权利。

3. 竞选期间，竞选人有权在全国或地方范围内定期、平等地占用无线电与电视广播时间。

### 第四十一条　信仰、宗教与礼拜自由

1. 信仰、宗教与礼拜自由不可侵犯。

2. 任何人不得因其宗教信仰或宗教活动而遭受迫害、剥夺其权利或免除其民事责任或义务。

3. 除出于收集不特别针对个人的统计资料的需要外，任何当局不得就宗教信仰或宗教活动对任何人进行询问，也不得因拒绝回答而对其进行迫害。

4. 教会及其他宗教机构同国家分离，并可自由地组织宗教活动和举行礼拜仪式。

5. 各宗教团体对各自教徒会众进行宗教教育的自由，以及使用其所拥有的社会传播手段从事宗教活动的自由受到保障。

6. 出于宗教原因拒绝服兵役的权利，得依法予以保障。

### 第四十二条　文化创造的自由

1. 不得限制思想、艺术与科学的创造。

2. 这种自由包括进行科学研究和发明的权利，创作和发表科学、文学和艺术作品的权利，以及对著作权的法律保护。

### 第四十三条　受教育和教育的自由

1. 受教育和教育的自由受到保障。

2. 国家不得出于任何特定哲学、美学、政治、意识形态或宗教之目的制定教育的和文化的计划。

3. 公共教育不得是宗教性的。

4. 创办私立学校与合作学校的权利受到保障。

### 第四十四条　迁徙和移居国外的权利

1. 公民在国内任何地区迁徙和定居的权利受到保障。

2. 任何人移居国外和出入国境的权利受到保障。

**第四十五条 集会与示威的权利**

1. 所有公民都有不携带武器和平地举行集会的权利，即使在向公众开放的场所举行集会，也无须经事先批准。

2. 承认所有公民的示威权。

**第四十六条 结社自由**

1. 所有公民都有不经许可而自由结社的权利，但不得有鼓励暴力之意图和违反刑法之宗旨。

2. 任何社团得自由追求其目的，不受公共权力机关的干预，不得被国家解散或勒令其中止活动，但依据法律规定或法院判决而勒令解散或中止活动者除外。

3. 任何人不得被迫加入社团或保留成员资格。

4. 禁止武装结社，包括军事性、军事化或准军事性的结社，以及鼓吹种族主义或法西斯主义意识形态的组织。

**第四十七条 选择职业与谋求公职的自由**

1. 所有人都有自由选择职业或工作类型的权利，但因集体利益而为法定限制的职位、因本人先天能力受限者除外。

2. 每个公民都有按平等与自由的条件、一般通过竞争谋求公职的权利。

## 第二节 政治参与的权利、自由与保障

**第四十八条 公共生活的参与**

1. 所有公民都有直接或通过自由选举产生的代表参与政治生活和国家公共事务的管理。

2. 所有公民均有权要求国家及其他公共实体如实报告其活动，并有权要求政府及其他机关报告公共事务的管理。

**第四十九条 选举权**

1. 凡年满十八岁的公民均有选举权，但依普通法规定无资格者除外。

2. 选举权之行使属于个人并构成公民义务。

### 第五十条 担任公职权

1. 所有公民都有按平等与自由的条件谋求公职的权利。

2. 任何人不得因行使政治权利或担任公职而在其有权从事的劳动、职业、专业活动或有权享受的社会福利等方面受到歧视。

3. 为规范谋求选任公职的权利，法律得仅就确保选民选择自由以及独立、无偏见地承担公职所必须要求的不适合情形做出限制。

### 第五十一条 政党与政团

1. 结社自由包括建立或参加政党与政团并通过它们为实现民意或组建政权而进行民主竞争的权利。

2. 任何人不得同时登记参加多个政党，也不得因登记参加或退出任何合法政党而被剥夺行使任何权利。

3. 各政党一律不得采用字面同宗教或教会的内容直接有关的名称，也不得采用可能同国家标志或宗教标志相混淆的标志，但不影响其奉行各自的哲学、意识形态或政纲。

4. 不得在组建名称或组党宣言当中体现地方色彩或组织带有地域性特征的政党。

5. 政党得遵循公开透明原则、民主组织和管理原则，以及党员全体参与原则。

6. 法律得明确政党经费管理的规范，特别是有关公开筹款的要求和界限，以及公开政党资产和审计结果的规定。

### 第五十二条 请愿权和公众行动的权利

1. 所有公民都有为维护自身权利、宪法、法律和公众利益，单独或集体地向主权机关、自治地区自治政府或任何当局提出请愿、陈述、要求或申诉的权利，并有在合理期限内被告知相应处理结果的权利。

2. 法律得就集体请愿提交共和国议会和地方立法议会后须全院会议考虑的情形作出规定。

3. 公民皆享有公众行动权利，包括在法律条款及其规定的情形下，亲自或透过声称捍卫其利益的组织，未受侵害一方或各方寻求适当补偿的权利。上述权利之行使须处于如下之目的：

（1）呼吁对危害公共卫生、消费者权益、生活质量、环境保护和文化遗产行为予以防范、抵制和控诉；

（2）保护国家、自治地区和地方当局的财产。

## 第三节　工人的权利、自由与保障

### 第五十三条　就业保障

工人的就业保险受到保障，禁止无正当理由或出于政治和意识形态原因的解雇。

### 第五十四条　工人委员会

1. 为维护自身权利及民主干预企业生活，工人有权建立工人委员会。

2. 成立工人委员会的决定得经过工人同意，工人审议批准工人委员会条例并以直接和秘密投票的方式选举工人委员会成员。

3. 为更好地干预经济结构改革，保障工人权益，可以成立协调委员会。

4. 委员会成员享有与工会代表相同的法律保护。

5. 工人委员会的权利包括：

（1）获取为实现任务所必需的一切情报；

（2）对企业的管理实施监督；

（3）参与企业改组过程，特别是工作条件变化条件下的培训活动；

（4）参与制定所属部门的劳动立法和经济—社会计划；

（5）发起或参与其管理企业的社会公益事业；

（6）依法发起推选工人代表参加国有企业或其他公共实体所有的企业的社会机构。

**第五十五条 工会自由**

1. 承认工人有组织工会作为维护自身权益实行联合的条件与保障的权利;

2. 保障工人不受歧视地行使组织和运营工会的自由权利,特别是:

(1) 建立各级工会组织的自由;

(2) 入会自由,不得强迫未在工会注册的工人缴纳会费;

(3) 工会团体的组织机构和内部规章自由;

(4) 在企业内开展工会活动的权利;

(5) 依据各自的章程表达其政见的权利。

3. 工会自治得遵循民主组织与管理的原则,并依托如下基础:定期以秘密投票方式选举管理机构;无须认可或批准、无须官方认证,工人在各个方面积极参与工会活动。

4. 工会组织独立于雇主、国家、宗教团体、政党及其他政治组织,法律必须明确对这种基于工人阶级团结的独立性予以充分保障。

5. 工会有权与国际工会组织建立关系或成为其成员组织。

6. 当选的工人代表享有知情权和咨议权,法律得为其依法行使其职能,不受任何形式的干扰、限制和束缚,提供切实和充分的保障。

**第五十六条 工会权利与集体协议权**

1. 公会的责任在于维护并号召维护其所代表的工人的权益。

2. 工会有如下权利:

(1) 参与劳动立法;

(2) 参与社会保险机构及其他旨在满足工人利益的组织的管理;

(3) 就经济—社会计划提出意见并监督其执行;

(4) 在社会对话和协调中被代表的权利;

(5) 参与企业改组过程,特别是工作条件变化条件下的培训活动。

3. 工会组织有权行使集体协议权,此项权利受法律保障。

4. 法律应就集体劳动协议之合法性及各方准则的有效性作出规定。

**第五十七条 罢工与禁止闭厂的权利**

1. 罢工的权利受到保障。

2. 工人负责确定罢工加以保卫的自身权益范围。法律不得限制此种范围。

3. 罢工期间，有关公共设施安全和维持的服务、满足基本社会需要所必需的最低限度的服务必须有所保证，此种情形得由法律规定之。

4. 禁止闭厂。

## 第三章 经济、社会与文化方面的权利与义务

### 第一节 经济方面的权利与义务

**第五十八条 劳动的权利**

1. 所有人都有劳动的权利。

2. 为保障劳动的权利，国家得承担并促进如下使命：

（1）实施充分就业政策；

（2）在选择职业或工种时的机会平等，并为在担任职务、工种或职业门类方面不因性别而受禁止或限制提供条件；

（3）对工人进行文化、技术培训，助益其职业发展。

**第五十九条 工人的权利**

1. 所有工人、不论其年龄、性别、种族、国籍、出生地、宗教信仰、政治或意识形态信仰如何，都有下列权利：

（1）根据同工同酬的原则，按照劳动的性质、数量与质量取得报酬，以保障体面的生活；

（2）劳动的组织应当保证劳动者的社会尊严，为劳动者提供保持职业和家庭生活相适应的可能的条件；

（3）卫生、安全和健康的劳动条件；

（4）按照每个劳动日的最高时限得到休息与闲暇，每周一次的休息以

及定期带薪休假；

（5）在非自愿失雇后得到物质帮助；

（6）在工伤或患职业病时得到帮助和赔偿的权利。

2. 国家应保证工人能获得其有权享受的劳动条件、报酬与休息条件，特别是：

（1）根据工人的需求、生活成本的上升、生产力发展水平、经济与财政稳定的需要以及发展投资等因素，规定并提高最低国民收入；

（2）确定国家对劳动时长的法定限制；

（3）对妊娠期及产后妇女、未成年人、残废人的劳动的特殊保护，以及对从事特别艰苦的劳动，或者在危害健康、有毒或危险条件下从事劳动者的特殊保护；

（4）与社会组织合作，保证休息与度假中心网络成系统地发展；

（5）保护外籍工人的劳动条件，保障其社会福利。

（6）保护学生工人的工作条件。

3. 工资收入依法受到特别保障。

### 第六十条　消费者权利

1. 消费者享有获取优质商品、服务、培训和信息，以保护其健康、安全和经济利益的权利，以及获取伤害补偿的权利。

2. 广告得由法律规范之，禁止任何形式的带有隐匿、迂回或欺骗性的广告。

3. 消费者组织和消费者合作社依法享有如下权利：获得国家的支持，在有关消费者保护问题上发表意见，以及在保护本组织及其部分的、整体的利益时作为代表获得法律承认。

### 第六十一条　私人企业、合作企业与自治企业

1. 在宪法、法律和公众利益所规范和要求的整体框架内，私人企业可以自由经营。

2. 公民皆有自由创办合作社之权利，但须遵守合作原则。

3. 合作社得在法律规范的整体框架下自主活动，并可以组合为联合会、联盟或同盟及其他任何法律所允许的形式。

4. 在国家或其他公共主体持股的合作社中，法律得规范和保护合作社特殊的组织需要。

5. 工人自治企业之权利受法律保护。

### 第六十二条　私有财产权

1. 宪法保护公民私有财产权利，及其在生前或死后转让私有财产之权利。

2. 出于公共利益需要对私有财产的征用，只能在有法律依据且给予合理赔偿的基础上进行。

## 第二节　社会方面的权利与义务

### 第六十三条　社会保障和团结

1. 所有人均有权享受社会保障。

2. 国家应组织、协调与资助有工会组织、其他代表工人的组织以及代表其他利益相关者的组织参加的统一的、实行分权管理的社会保障体系。

3. 社会保障体系将保护罹病者、老年人与残废公民，鳏寡者与孤儿，以及失业者与所有其他缺乏或丧失生活手段或劳动能力的人。

4. 不论从业于何种部门，不同阶段的劳动年限都得依法加总成为计算养老金和伤残保险金的依据。

5. 社会保障体系之组织在追求本条、第六十七条第二款第二项、第六十九条、第七十条第一款第四项、第七十一条以及第七十二条所规定的社会保障目标时，国家得支持和监督私人慈善机构及其他致力于公益的非营利机构的运营和行为。

### 第六十四条　健康保护

1. 所有人均有健康保护权，并有义务保护和增进健康。

2. 健康保护权的要求体现为：

（1）国家提供全面且综合的相关服务，同时参考公众的经济和社会生活水平，推动趋向免费的健康保障；

（2）创造在健保方面向儿童、青年和老者倾斜的经济、社会、文化和环境条件，系统地改善工作和生活条件、发展学校和公共健身强体运动，普及健康与卫生教育并推广健康生活实践。

3. 国家在保障健康保护权方面的主要职责如下：

（1）保障所有公民，不论其经济状况如何，都能享受预防、治疗及康复医疗；

（2）保障医生与医院在全国的合理与有效的分布；

（3）争取实现公费医疗；

（4）指导和监督私营、合作医疗机构并使之与国民保健服务相协调，以保证公私医疗机构能提供同等质量和效率的医疗服务；

（5）指导和监督化学、生物药品及其他治疗与诊断器械的生产、销售与使用；

（6）就预防和处置滥用毒品制定政策。

4. 国民健保服务实行分权共管。

**第六十五条　住宅和城市规划**

1. 任何人都有权要求为其本人及其家庭供给面积充足、卫生与舒适，使个人私生活和家庭生活受到保护的住房。

2. 国家在保障居住权方面的职责为：

（1）制定并实施住房政策作为城镇和乡村规划的组成部分，并辅之以能够保证提供充分的交通与公用设施网络的都市化规划；

（2）同自治地区和地方当局合作，推动廉价和福利住房建设；

（3）鼓励私人建设住房用于公益、经营或者出租；

（4）鼓励和支持社区积极采取措施解决住房问题，培育各种形式的住房建设合作社。

3. 国家采取适当政策以制定同家庭收入与个人居住条件相适应的

税制。

4. 国家、自治地区与地方政府应对不动产实行有效管制，对城市土地实行必要的国有化或市有化，特别是通过计划手段、纳入城乡和都市规划的法律框架，以及必要时予以征用的方式，确保城市规划致力于公共使用的目的。

5. 利益相关各方得被授权参与都市规划设计以及其他城镇和乡村的规划设计。

**第六十六条　环境和生活质量**

1. 任何人都有享有有益健康与生态平衡的人类生活环境的权利和保护这种生活环境的义务。

2. 为了在一个可持续发展的整体架构中确保公众享有的环境权利，国家得通过其代理机关并在人民积极配合和支持下：

（1）防止并控制污染及其影响以及各种有害侵蚀；

（2）引导和促进城镇和乡村自觉地定位自身行为，平衡经济社会发展与保护自然环境的关系；

（3）设立并开发自然风光娱乐场所与禁猎地，分类保护自然景观和具有历史文化价值的名胜古迹，以此确保对自然环境的保护以及对历史、文化和艺术价值的保守；

（4）在尊重人类代际间团结的原则基础上，促进自然资源的合理利用，并保护其再生力与生态稳定；

（5）与地方当局联合行动，提升农村居住和都市生活的环境质量，特别是在建筑和历史名胜保护方面；

（6）提高环境目标与各种部门政策的整合程度；

（7）加强环境教育，尊重环境价值；

（8）确保财政政策回报保护生态环境和提升生活质量的兼容性发展。

**第六十七条　家庭**

1. 作为社会基本单位的家庭，有权得到社会与国家的保护并有权要求为其成员的自我实现提供一切条件。

2. 在保护家庭方面，国家得特别致力于：

（1）促进家庭的社会与经济独立；

（2）促进建设国立妇幼保健体系、国立幼儿日托中心体系及家庭供养基本设施并促进制定老年人政策；

（3）配合父母对子女的教育；

（4）在尊重个人自由的基础上，提供必要的信息和技术手段，保障家庭计划生育权利，并通过组织的法律和技术安排，有意识地提供计划生育所需的产假和陪产假；

（5）规定与家庭负担相符的纳税额与社会福利；

（6）在向代表家庭的协会组织咨询并协商的基础上，制定并实施全面的和综合的家庭政策；

（7）通过各部门的政策咨询和推广，协调工作和家庭生活。

### 第六十八条　父母

1. 父母在对子女特别是子女教育发挥无可替代的作用时，有权在其参与公共生活、满足职业成就的同时得到社会与国家的保护。

2. 恪尽父母之道是重要的社会价值。

3. 妇女在怀孕和分娩期间享有特别保护的权利，女性职工享受工资照发、特殊待遇不变的产假权利。

4. 法律得规定和保证父母亲出于未成年子女的利益和家庭的利益享有充足的事假权利。

### 第六十九条　未成年人

1. 出于其全面发展的考虑，未成年人得受国家和社会的保护，特别是使之免受任何形式的抛弃、歧视和压迫，免受家庭及其他机构的虐待。

2. 国家得对因任何原因成为孤儿、弃儿或失去正常家庭环境的未成年人提供特别保护。

3. 法律得禁止雇用学龄未成年劳工。

### 第七十条 青年

1. 青年，尤其是劳动青年，在实现其经济、社会与文化权利方面有权受到特殊保护，特别是：

（1）受教育、文化和职业训练；

（2）初次就业、工作，以及获得社会保障；

（3）安居；

（4）体育运动；

（5）休闲。

2. 青年政策优先致力于青年人格的发展，为青年有效地融入职业生活创造必要条件，并培养其服务社会的责任感和自由创造的热情。

3. 国家得在家庭、学校、企业、居民组织、文化协会、基金会和文娱团体的配合下，鼓励与支持追求这些目标的青年组织以及青年国际交往。

### 第七十一条 残疾人

1. 肉体或精神残疾之公民，完全享有宪法规定的权利并应尽宪法规定的义务，但无相应行为能力者除外。

2. 国家得实施全国性的政策，以致力于：预防和治疗残疾、促进残疾人康复和与社会融合并为其家庭提供扶持；引导公众明确意识到尊重和团结残疾人的社会责任；在不损害父母或监护人之权利与义务的情况下保证残废人的权利。

3. 国家得扶持残疾人的组织和团体。

### 第七十二条 老年人

1. 老年人得享有经济保障、住房条件及借以免于孤独或社会边缘化的家庭与社会生活。

2. 老年人政策得包括各种旨在为老年人提供积极参加社会生活以求得个人发展机会的经济、社会与文化措施。

## 第三节 文化方面的权利与义务

### 第七十三条 教育、文化与科学

1. 任何人都享有受文化和教育的权利。

2. 国家应促进教育及其他条件的民主化,通过学校及其他培训手段,使教育能够有助于实现机会平等、克服经济、社会和文化的不平等,促成个性发展,养成多元理解和宽容精神,增进社会责任感和社会团结,促进公众的民主参与以及社会的进步发展。

3. 国家得在大众传播媒介、文化组织、基金会、文娱团体、文化遗产保护团体、居民组织及其他文化机构的配合下,鼓励并确保全体公民享受文化创造之成果,以促进文化的民主化。

4. 国家得强化科学机构科技企业之间的竞争与合作,确保其自由和自治,以鼓励并支持科学研究、创造和技术创新。

### 第七十四条 教育

1. 任何人都有受教育的权利,保障享有接受与完成学校教育之平等机会的权利。

2. 在实施教育政策方面,国家应:

(1) 提供普及、义务和免费的基础教育;

(2) 设立和发展公立、全面的学前教育体系;

(3) 保障终身教育,扫除文盲;

(4) 保障全体公民都有根据自身能力接受高等教育、从事科学研究和艺术创造的机会和权利;

(5) 逐步实现各个阶段上的免费教育;

(6) 使学校与社会相结合以为社会服务,建立教育同社会、文化与经济活动的相互联系;

(7) 鼓励并扶助残废人接受教育,支持必要的特殊教育;

(8) 保护和发展葡萄牙手语,将其视作一种文化形式和实现教育与机会平等的工具；

（9）为移民儿童提供葡萄牙语言教育，并使之接受葡萄牙文化。

（10）确保移民儿童接受能够受到充分的支持，以便其能够有效地享受教育权利。

### 第七十五条 公立、私立及合作教育

1. 国家得建设公立、满足全民需要的教育设施网络。

2. 国家得依法承认和监督私立及合作教育。

### 第七十六条 大学及高等教育

1. 大学及其他高等教育机构得在规则上确保机会平等和教育体制的民主化，应当注重国家对师资质量及提升其教育、文化和科学水准的要求。

2. 在依法及无害乎教育品质的条件下，大学得自主定理自己的章程，并享有科研、教学、行政及财务自治的权利。

### 第七十七条 教育的民主参与

1. 大学师生依法享有参与学校民主管理的权利。

2. 法律得就教师、组织和家长各自的协会、团体或科研机构参与制定教育政策的形式作出规定。

### 第七十八条 文化创作与享受

1. 任何人都有权从事文化创作与享受，并负有保存、保护与完善文化遗产之责任。

2. 国家在所有文化机构的配合下承担如下责任：

（1）鼓励并确保全体公民、特别是工人利用文化活动手段与工具的权利和机会，并调整国内在这方面所存在的不相称现象；

（2）支持创新精神以激发个人和集体的表现形式多种多样的创造力，使优秀作品与文化财富得到更广泛的传播；

（3）提倡对文化遗产的保护与完善，使之成为文化认同的重要组织部分；

（4）发展同所有民族特别是葡萄牙语民族的文化联系，并切实保护与发扬海外葡萄牙文化；

（5）使文化政策同其他方面的各种政策互相衔接配合。

3. 任何人均有权依法倡导防止或消除文化遗产衰微的因素。

### 第七十九条  运动和体育教育

1. 任何人都有从事运动和接受体育教育的权利。

2. 国家在学校、体育团体和组织的配合下，促进、鼓励、指导并支持体育运动的教育与普及，并防止体育运动中的暴力。

# 第二篇  经济组织

## 第一章  一般原则

### 第八十条  基本原则

经济和社会的组织和运行得基于如下原则：

（1）经济权力得从属于民主的政治权力；

（2）实行公有制、私有制、合作制和社会所有的成分并存的生产资料所有制结构形式；

（3）在混合经济的整体架构下，确保企业创建和组织自由；

（4）当公共利益需要时，生产资料、自然资源得归公共所有；

（5）民主制定经济和社会发展计划；

（6）保护生产资料的合作所有制和社会所有制；

（7）主要经济社会措施的制定得有分别代表劳资双方的社会组织共同参与。

### 第八十一条  国家的主要任务

国家在经济与社会领域的主要责任是：

（1）在可持续发展战略的整体架构下，增加人民的社会经济福利，提高人民生活质量，特别是大多数弱势群体的生活质量；

（2）促进社会公正，确保机会平等，采取必要措施，特别是透过财政政策，对财富与收入分配的不平等进行；

（3）确保生产力的充分利用，尤其是尽一切努力确保公营部门的高效率；

（4）指导经济与社会发展，使各经济部门各地区均衡发展，逐步消除城镇与乡村、沿海与内陆之间的经济与社会差别，以促进全国经济与社会的融合；

（5）促进消除因自治区地域隔绝而出现的不平等，鼓励这些地区将自身发展融入更广泛的国家和国际经济领域之中；

（6）通过保证和平衡市场竞争，反对形成市场主体组织的垄断、限制对优势经济地位的滥用以及防止其他有害社会整体利益行为等途径，确保市场运行的效率；

（7）发展各民族间的经济关系，永远捍卫国家独立、葡萄牙人民和国家的经济利益；

（8）消除大地产垄断，重建小型农场经济；

（9）创制必要的法律和技术手段，以便民主地规划经济与社会发展；

（10）实施有利于国家发展的科学技术政策；

（11）实施保存自然资源、保护生态平衡的能源政策，并促进该领域中的国际合作；

（12）实施国家水资源政策，合理规划、管理和利用水资源。

**第八十二条 生产资料所有制部门**

1. 确保三种生产资料所有制部门并存；

2. 公有制部门控制确定由国家或其他公共主体所有或管理的生产资料；

3. 在不影响下一条款相关规定的情况下，私营经济部门控制确定由私人或者私人组织所有或经营的生产资料；

4. 合作经济包括如下成分：

（1）在不妨碍法律就其中公有制部门所持股份及其特质所做规定的情

形下，合作经济依据合作原则占有和使用的生产资料；

（2）地方社区占有和使用社区生产资料；

（3）工人集体运营的生产资料；

（4）由出于慈善目的的非营利组织特别是互助性组织所占有和管理的生产资料；

### 第八十三条　强制收购的条件

法律得明确公共机构介入和强制收购生产资料的方法和形式，并且制定适当补偿的标准。

### 第八十四条　公有领域

1. 如下资源得归公共所有：

（1）领海、海床及其毗邻的海床，湖泊，适宜航行或漂流的河道及河床；

（2）葡萄牙领空，公认界限内及专有区域的上空；

（3）矿藏、矿化及可医用的水资源，地下天然岩洞，不含可用于民用建设的土石材料；

（4）公路；

（5）铁路；

（6）其他类似的可由法律宣布公有的资源。

2. 法律得明确规定归国家、自治区和地方所有的公共资源的内容和形式，以及控制、使用这些资源的规则和条件。

3. 国家鼓励并支持合作社之创办与活动。

4. 法律规定合作社之税务与财政补助及其获得贷款与技术协助的优惠条件。

5. 国家支持试行自治的努力。

### 第八十五条　合作经济和工人治理实验

1. 国家得鼓励和支持合作企业的创立和活动。

2. 法律得明确合作企业分享的财政和金融利益，明确其在获取信用和技术支持方面得到优先倾斜的条件和条款。

3. 国家得支持可行的工人自治实验。

### 第八十六条　私营经济

1. 国家得鼓励私营经济行为，特别是中小私营企业活动，并且监督其履行法律义务，特别是在其活动关乎国民经济整体利益的情况下。

2. 唯有在经济转型和过渡的基础上、在法律有明确规定的条件下，国家始得有权干预私营企业的管理活动，而且一般要采取司法干预优先的形式。

3. 法律得明确规定禁止私营企业及其他性质类似的经济主体进入的基础经济部门。

### 第八十七条　外资投资及经济行为

法律得规范外国人个体和企业实体的投资及经济活动，确保其有益于国家的发展、维护国家的独立和工人的福祉。

### 第八十八条　被弃置的生产资料

1. 被弃置的生产资料，得依照法律规定的条件予以征用，但须适当考虑移民工人所有权的特殊情况。

2. 无正当理由被弃置的生产资料，得依法予以强制租赁或者纳入特许经营领域。征用不正当弃置的生产资料，任何人无权要求给予补偿。

### 第八十九条　工人参与管理

保障公共经济部门的工人对经营管理的有效参与。

## 第二章　计　划

### 第九十条　计划的目标

经济和社会发展计划的目标在于：促进经济增长，推动不同部门和地区间的和谐与融合，保证国民收入在地区和民众之间的公平分配，实现经济政策与社会、教育和文化政策的协调，保持自然生态平衡和乡村生活风貌，保护葡萄牙人的生活质量和生存环境。

**第九十一条 计划的制订和实施**

1. 国家计划得依据明确战略规划的法律来制订，并得包含体现地区和部门特色的具体方案。

2. 与战略规划相关的政府法案得附加论证报告。

3. 国家计划得在分权的、地区的和部门的基础上予以实施。

**第九十二条 经济与社会理事会**

1. 经济与社会理事会是在经济和社会政策领域中负责咨商与协调的机构，参与战略规划以及经济与社会发展政策的起草，并履行法律赋予的其他相关职能。

2. 法律得确定经济与社会理事会的构成，特别是规定其中要有分别代表政府、工人组织、企业和家庭、自治地区和地方当局的成员。

3. 法律得规范经济与社会理事会组织和运作的方式，明确其成员的地位和作用。

## 第三章 农业、商业和工业政策

**第九十三条 农业政策目标**

1. 农业政策目标如下：

（1）提供适当的基础设施以及人、财、物力，提高农业的总产量和生产率，提升产品的竞争力，确保其质量以及市场营销效率，改善国内供应并扩大出口；

（2）促进农村和农业工人经济、社会和文化处境的改善，促进农村发展、土地所有格局的合理化、产业格局的现代化，逐步将土地与生产工具转让给直接使用者支配；

（3）为实现农业工人同其他工人的实际平等、并使农业部门摆脱同其他部门贸易关系中的不利地位创造所需的条件；

（4）确保土地与现有自然资源的合理使用和管理，保护其再生能力；

（5）鼓励农民组织和加入相关协会组织并直接耕种土地。

2. 国家得结合生态与社会的实际状况，制定和实施促进土地规划和整复以及林业发展的政策。

### 第九十四条 消除大地产

1. 得以法律规范和调整占有农地的大小规模，将那些基于农业发展政策目标而言过大的农庄予以征收，同时给予地产所有者获取相应补偿的权利，并使之得以保持足够维持生存的合理大小的土地。

2. 在最终确定被征收的土地的完整所有权之前，得留有必要的实验期限，以确保其得到有效和理性的使用，在不违背试用期相关规定的条件下，被没收的资产将移交给小农最好是家庭农场、农业工人合作社或小农合作社及其他由工人集体管理的实体使用。

### 第九十五条 小农场的调整

在不妨碍法定的土地所有权的情况下，国家得促进调整那些基于农业政策目标考虑显然过小的农用地块，特别是借助法律、财政和信用鼓励等手段，尤其是以合作经济的形式，或实施打包土地合并地块的标准，以促成小农场在结构和经济上的整合。

### 第九十六条 无所有权条件下利用土地的形式

1. 法律得明确土地的租赁及其他使用方式的管理规则，以保障农民的安全与合法的利益。

2. 禁止佃农制和群租制，并将创造条件以使农民真正废止农业合股制。

### 第九十七条 国家援助

1. 为实现农业政策目标，国家得对中小规模的农场提供特惠支持，特别是在其同家庭单位相结合、为单一农户的情况下，或是与合作经济、农业工人合作社及其他类型的劳动者组织相关联的情况下。

2. 国家援助特别包括：

（1）提供技术援助；

（2）结合产业链的上下游关系，为农产品创建市场营销的形式；

（3）对无法预见或无法控制的自然灾害或作物病害实行社会化保险；

（4）鼓励并扶助农业工人与农民组建或加入协会组织，特别是那些生产、采购、销售、加工、服务及其他形式的劳动经营合作组织。

**第九十八条　参与制定农业政策**

农民、农业工人对农业政策制定的参与得透过代表其意见和利益的组织来予以保证。

**第九十九条　商业政策目标**

商业政策的目标是：

（1）商业部门和主体之间的良性竞争；

（2）商业分布和流通的合理化；

（3）反对投机行为和限制性商业活动；

（4）外部经济的多样化及其发展；

（5）保护消费者。

**第一百条　工业政策目标**

工业政策的目标是：

（1）促进工业经济结构的现代化，使之与经济和社会的利益相一致并有助于葡萄牙经济与国际经济的融合；

（2）增强工业和技术创新；

（3）提升工业企业的生产率和竞争力；

（4）支持中小企业以及通常能够创造就业机会、促进出口或者替代进口的合资商业企业；

（5）支持在世界上具有显著地位和影响的葡萄牙企业。

## 第四章　金融和财政体制

**第一百零一条　金融体系**

金融体系得依法建构并确保储蓄存款及其安全，确保满足经济社会发展所需的金融需求。

**第一百零二条　葡萄牙银行**

葡萄牙银行是国家的中央银行，得依法履行其功能，并且其运作得与葡萄牙承担义务的国际规则保持一致。

**第一百零三条　财政体制**

1. 财政体制得满足国家和其他公共主体的经费需要，且得确保收入和财富分配的公正。

2. 赋税法定，法律设置税种并规定纳税人的纳税范围、税率、优惠及保障。

3. 不得强迫任何人负担没有宪法依据的税收、法律未规定缴交和征收的税收，以及回溯性税收。

**第一百零四条　税收**

1. 个人所得税旨在缩小不平等，应在考虑以家庭为单位的需要和收入的基础上，实行完全的累进税率。

2. 企业主要根据其实际收入纳税。

3. 资产税的征收得有利于增进公民的平等。

4. 消费税旨在使消费结构适应经济发展和社会公平的变化着的需要，对奢侈消费应征收重税。

**第一百零五条　预算**

1. 国家预算包括：

（1）国家收入和支出的细目，包括自主的资金及服务支出细目；

（2）社会保障预算。

2. 编制预算应同战略规划的选择相协调，并以法定义务或契约责任为基础。

3. 预算得采用单一预算模式，预算支出得依据组织和功能分类的原则，以预防秘密拨款和私自挪用现象的存在，相关事项可采用程式化的形式予以规范。

4. 着眼于预算的全面执行，预算得提供必要的收入以应付支出，法律得明确管理预算执行的规则、使用公共信用的条件和名目，以及在执行共和国议会已通过的预算项目的过程中可以做出调整和变更的标准。

**第一百零六条 预算的编制**

1. 每年度都得准备、组织和制定预算法案并予以通过和实施，根据相关法律框架，预算法案得包括自治地区自治资金和公共服务收支的预算编制和执行的内容。

2. 预算法案得在法定的时限内提交议会并付诸表决，法律得规定超出法定时限时所当依循的相关程序。

3. 预算法案得一并附有如下内容相关的报告：

（1）主要宏观经济指标的发展及其趋势，货币和资源供给的状况及演变趋势；

（2）与前一年财政预算案相比，预算收入和支出的差异及其原因；

（3）公共债务、公共资产运作和国库审计结果；

（4）自治基金和公共事业的状况；

（5）向自治地区和地方当局转移支付的情况；

（6）葡萄牙与其他国家之间财政转移支付的情况及其对预算法案的影响；

（7）财政收益情况，以及对继起的收入缩减可能的预测。

**第一百零七条 审计监督**

预算执行得置于审计法庭和共和国议会监督之下。在接到审计法庭签发的相关意见后，共和国议会得重新审视包括社会保险账户在内的一般国家账户，并将结论和对策付诸表决。

## 第三篇　政治权力机构

### 第一章　一般原则

#### 第一百零八条　权力的来源与行使

政治权力属于人民并得依本宪法行使之。

#### 第一百零九条　公民政治参与

男性和女性公民直接、积极地参与政治生活是巩固民主制度的基本手段。法律得同时促进公民权利、政治权利行使的平等，以及男女无性别歧视获取政府职位的平等。

#### 第一百一十条　主权机关

1. 行使主权权力的主体包括共和国总统、共和国议会、政府和法院。
2. 主权机关的设置、组成、责任、权限及其运作方式，得由宪法规定。

#### 第一百一十一条　权力分立和相互依存

1. 主权机关得遵行由宪法确立的权力分立与相互依存原则。
2. 除非有宪法和法律明文规定，任何主权机关、自治区或地方政府均不得向其他机关授权。

#### 第一百一十二条　规范性法令

1. 法律、法令和地区立法性法令均为立法性法令。
2. 法律和法令具有同等效力，但不妨害行使立法权颁布的法令服从有关法律，并由此发展法制的一般基础。
3. 组织法、须经三分之二多数通过的法律、虽是宪法下位法但却成为其他法律立法依据者，以及其他法律必须遵循的法律，皆具有优先的法律效力。
4. 在不违反本法第二百二十七条第一款第二、第三两项规定的情况下，法律和法令颁布得有地域范围的考虑，自治地区和地方当局立法事务限于国家主权机关保留权限之外、同本地区地位和管理权限相适应的领域之内。

5. 任何法律均不得创制其他部类的立法性法令,也不得赋予另一性质的法令具有外部效力,以解释、综合、修订、中止与废除任何立法性法令的条款。

6. 行政法规采取条例的形式,不论其属于对法律的细则规定或是独立的法规。

7. 行政法规得援引相关法律,后者为前者在管理意图或是授权的主客观要件上提供依据。

8. 变通欧盟法规,将其引入本国法律系统,得采取法律、行政条例的形式,或是采用第四款所规定的地区性立法的形式。

### 第一百一十三条 选举法的一般原则

1. 直接的、秘密的定期选举是任用主权机关、自治区和地方政府的选任人员的通则。

2. 在不违反本法第十五条第四、第五款以及第一百二十一条第二款的情况下,选民登记体系是单一的,选民登记是非官方的、强制性的、永久的,适用于任何实行直接普选的选举。

3. 竞选活动得遵循如下原则:

(1) 宣传自由;

(2) 各候选人机会和待遇平等;

(3) 公共机构于所有候选人不存任何偏私;

(4) 选举透明、监督有力。

4. 公民有依据法律规定同选举机关合作的义务。

5. 得依比例代表制的原则完成选票向议席的转换。

6. 解散由直接选举产生的合议机关,必须确定重新选举的日期,即须自解散之日起六十日内按照现行选举法进行选举,否则此种解散即无法律效力。

7. 裁判选举行为是否合法、有效的权限属于法院。

**第一百一十四条　政党以及反对的权利**

1. 政党依据其得票率在直接普选产生的公共机关中获得席位。

2. 依照宪法和法律规定，少数党享有民主反对的权利。

3. 在共和国议会拥有席位但不参加政府的政党，特别享有政府向其定期、直接通报主要公共事务进展情况的权利。在自治地区或其他直选产生的议会机构中拥有席位的政党，只要不参加相应层级的政府，同样享有前述权利。

**第一百一十五条　公民投票**

1. 依照宪法和法律并在其规定的情形下，共和国议会或政府可就其权限以内的事项向共和国总统提出建议，后者可以决定号召葡萄牙境内的登记选民以公民投票的形式，对该事项作出直接的和有约束力的意见表达。

2. 公民投票也可以由公民倡议发起，发起者得向共和国议会提出吁求，后者得依照相关法律条款并在法定的时限内提交和审议。

3. 公民投票的对象仅限于参加国际公约或立法这些共和国议会或政府事务范围内关乎国家利益的重大事项。

4. 如下事项得付诸公投：

（1）修宪；

（2）内容涉及预算、税收或财政的法案和议题；

（3）本法第一百六十一条所列事项，但不得违反其后第一百六十二条之规定；

（4）本法第一百六十四条所列事项，但不含第九项之内容。

5. 前项规定不排除将本法第一百六十一条第九项规定的国际协定中关乎国家利益的重大事项交付公投，但关乎战争与和平以及边界调整的问题除外。

6. 一次公民投票只能关注一个事项。问题得予以客观、明晰和精确的表述并提供是或否两种选项，问题的数量不得超过法律规定，后者得同时规范议题和问题的设计、公民投票的管理。

7. 公民投票不得在国家主权机关大选、自治地区自治政府选举、地方政权选举以及欧洲议会选举期间号召和举行。

8. 共和国总统得将所有政府或共和国议会呈递给他的公民投票建议案提交合宪性、合法性审查。

9. 在加以必要的变通后，本法第一百一十三条第一、二、三、四款及第七款之内容适用于公民投票。

10. 被共和国总统拒绝或被选民否决了的公民投票案，在同一个立法议会会期内不得再行提出，但共和国议会重新选举、政府总辞职或解散的情况下例外。

11. 公民投票仅在投票选民超过登记选民半数的条件下有约束力。

12. 驻留国外的公民依本法第一百二十一条第二款规定正确登记的情况下，可被召集参加与他们相关的事项的公民投票。

13. 依据本法第二百三十二条第二款之规定，可以举行地区性的公民投票。

### 第一百一十六条  合议机构

1. 行使自治区或地方政府主权机关职能的地方议会会议应公开举行，但法律另有规定者除外。

2. 在规定人数的多数出席时，合议机关始得作出决议。

3. 除非宪法、法律及有关条例另有规定，合议机关的决议可以不计弃权票而以相对多数票通过。

### 第一百一十七条  政务官员的地位

1. 政务官员对其执行职务时的行为和不作为承担政治、民事和刑事责任。

2. 法律得规定政务官员的义务、责任、禁例和违反规定的后果，以及他们依法享有的权利、特权及豁免权。

3. 法律得确定政务官员应负法律责任的犯罪行为，以及相应适用的制裁办法及其效力，其中包括免职或失掉席位。

### 第一百一十八条　更新原则

1. 任何人不得终身担任国家的、地区的或地方的任何政治职务。

2. 法律得就政府首脑续任和更代的条件做出详尽的限制。

### 第一百一十九条　法案公开

1. 如下法案得在官方期刊《共和国公报》上公开发表：

（1）宪法相关法；

（2）国际公约和批准适用该条约的通告，以及其他相关的通告；

（3）法律、行政法规和地方性法令；

（4）共和国总统令；

（5）共和国议会和自治地区立法议会的决议；

（6）共和国议会、国务委员会和自治地区立法会议的议事规则；

（7）宪法法院的裁决，其他法院具有普遍法律效力的裁决；

（8）政府的政令及其他法令与条例，共和国代表对自治区的命令，以及地区性政令；

（9）国家主权机关、自治地区自治机关、地方权力机关以及欧洲议会选举的结果，全国和地区性公民投票的结果。

2. 前款第一至第八项中所列各项法令，以及主权机关、自治区和地方政府的任何法令，如未公布，即无法律效力。

3. 其他法令的公布方式及其未公布的后果，由法律规定。

## 第二章　共和国总统

### 第一节　地位、作用与选举

### 第一百二十条　定义

共和国总统代表葡萄牙共和国，保护民族独立、国家统一和民主体制的正常运行；共和国总统为当然的武装部队最高统帅。

**第一百二十一条　选举**

1. 共和国总统由在国内登记为选民、或是驻留国外依照下一条款登记为选民的葡萄牙公民以普遍、直接、秘密投票方式选举产生。

2. 法律得规范驻留国外的葡萄牙公民的投票权，以顾及和有效增强他们同葡萄牙共同体之间的存在的联系。

3. 在葡萄牙境内，公民的投票权得由本人亲自行使。

**第一百二十二条　被选举资格**

凡年满三十五岁、本土出生、并登记为选民的葡萄牙公民，均有被选举资格。

**第一百二十三条　连选之被选举资格**

1. 共和国总统不得连任三届，第二届连任任满后五年之内不得再次当选。

2. 共和国总统如辞职，即不得作为下一届选举的候选人参加竞选，也不得在其辞职后的五年内参加竞选。

**第一百二十四条　提名**

1. 共和国总统候选人应由至少七千五百名、最多一万五千名登记选民提名。

2. 候选人提名得在选举日之前的三十天内提交宪法法院。

3. 候选人中有人死亡或因故丧失总统候选资格，选举程序应依照法律规定重新进行。

**第一百二十五条　选举日期**

1. 共和国总统选举得在前任总统任期届满前或总统缺位后的六十天内进行。

2. 总统选举不得在共和国议会选举日之前或之后的九十天内举行。

3. 鉴于前款之规定，总统选举得在前述规定时限结束后的十天之内举行，原任总统的任期得予以自动和必要的延长。

**第一百二十六条　选举制度**

1. 候选人获得过半数有效选票即当选为共和国总统；空白选票不予计算。

2. 如无任何候选人获得过半数选票，得在第一轮投票后的二十一天内进行第二轮投票。

3. 只有在第一轮选举中得票最多且未退出竞选的前两名候选人，才有资格参加第二轮选举。

**第一百二十七条　就职与宣誓**

1. 当选总统得在共和国议会宣誓就职。

2. 就职仪式应在原任总统任期的最后一天举行，或者，如系补缺选举，则在选举结果公告后的第八日举行。

3. 当选总统应在就职仪式上宣誓如下：

谨以本人的名誉宣誓：忠实履行赋予我的职责，遵守、实施和捍卫葡萄牙共和国宪法。

**第一百二十八条　任期**

1. 共和国总统任期五年，至新当选总统就职时结束。

2. 共和国总统如系缺位补选产生，则其任期得重新开始计算。

**第一百二十九条　离境**

1. 非经共和国议会同意，或在议会闭会期间非经其常务委员会同意，共和国总统不得离开国土。

2. 过境旅行或是不超过五天的非官方身份的访问，可以省掉前述之同意程序，但共和国总统必须事先告知共和国议会。

3. 违反第一款之规定，共和国总统将自动丧失其职位。

**第一百三十条　刑事责任**

1. 共和国总统履职时所犯之罪行，得由最高法院审理。

2. 共和国议会唯有在全体议员五分之一议员动议且三分之二多数通过决议时，方可对共和国总统提起诉讼。

3. 共和国总统如被证明有罪，应即免除其职务并且宣布其无资格再次当选。

4. 共和国总统所犯的与履职无关的罪行，得在其任期届满后立即交由普通法院审理。

### 第一百三十一条　辞职

1. 共和国总统得以辞呈的形式向共和国议会提出辞职。

2. 共和国议会知晓总统辞呈后，辞职即生效，但不影响随后在共和国公报上公布该项辞呈。

### 第一百三十二条　代总统

1. 在共和国总统因故暂时不能视事期间，以及新当选总统就职前的缺位期间，由共和国议会议长代行总统职权；如议长因故不能视事，由代理议长代行总统职权。

2. 在暂时代行共和国总统职务期间，议长或代理议长的议员职权即自动中止。

3. 在共和国总统因故暂时不能视事期间，他的总统职位固有的权利和特权仍得以保留。

4. 代总统享有总统职位赋予的全部荣誉与特权，但其权利却得与其本人实际当选的职位相符。

## 第二节　权　责

### 第一百三十三条　与其他机关相关的权责

相对于其他主权机关，共和国总统的权责是：

（1）主持国务委员会；

（2）依选举法确定共和国总统、共和国议会议员、欧洲议会议员以及自治地区立法议会议员的选举日期；

（3）召集共和国议会特别会议；

（4）向共和国议会和自治地区立法议会提出咨文；

（5）遵照第一百七十二条之规定，并在征询拥有议席的政党及国务委员会意见后，解散共和国议会；

（6）依照第一百八十七条第一款之规定任命总理；

（7）依照第一百九十五条第二款的规定解散政府，依照第一百八十六条第四款的规定罢免总理；

（8）根据总理建议任免政府成员；

（9）应总理请求主持部长会议；

（10）在征询国务委员会及在自治地区立法议会中拥有席位的政党的意见后，在作必要变通的基础上适用本法第一百七十二条之规定，宣布解散自治地区立法议会；

（11）在征询政府意见之后，任免派驻自治地区的共和国代表；

（12）根据政府建议任免共和国审计法院院长和首席检察官；

（13）任命五名国务委员会成员和两名最高司法委员会成员；

（14）主持国家最高防务委员会；

（15）根据政府建议任免武装部队总参谋长，并在征询总参谋长意见后任命副总参谋长和三军参谋长。

**第一百三十四条　个人行动的权责**

共和国总统得亲自负责如下事务：

（1）履行武装部队总司令职务；

（2）颁布法律、法令和条例并予以公布，签署共和国议会有关通过国际协定的决议，批准其他政府命令；

（3）依据本法第一百五十五条及二百三十二条第二款、二百五十六条第三款之规定，将关乎国家利益的重大事项提交公民投票；

（4）遵照第十九条和第一百三十八条之规定，宣布实施戒严或紧急状态；

（5）就攸关共和国存亡的任何严重事态发表意见；

（6）听取政府意见后决定赦免或减刑；

（7）要求宪法法院审议法律、法令与国际协定之连续性标准的合宪性；

（8）要求宪法法院宣布立法标准违宪，并确认因失职而导致的违宪之存在；

（9）依法授勋并履行葡萄牙勋级委员会总裁的职责。

**第一百三十五条　在国际事务中的权责**

在国际事务中，共和国总统的权责有：

（1）根据政府建议任命大使和特使，接受外国外交代表；

（2）批准经正式通过的国际条约；

（3）在面临或遭到入侵时，根据政府建议并在征询国务委员会的意见后，由共和国议会授权（在议会闭会期间或无法立即复会时，则由其常务委员会授权）宣战与媾和。

**第一百三十六条　颁布与否决法案**

1. 在收到共和国议会制定并交付批准的法案后的二十日内，或在宪法法院未就该法案做出违宪裁判的决定公布后的二十日内，共和国总统得予以颁布成其为法律，或是行使否决权并以说明理由的文书要求共和国议会对该法案进行复议。

2. 如果共和国议会以全体成员以绝对多数票再次通过该法案，共和国总统应在收到该法案后的八日内予以颁布。

3. 依据组织法，下列相关事项的立法，得在全体议员三分之二以上多数出席并获绝对多数支持的情况下方能再次通过：

（1）外交事务；

（2）公有制、私有制与合作所有制的界限；

（3）未以组织法形式出现的有关宪法规定的选举活动的细则。

4. 共和国总统应在收到政府任何法令后的四十日内，或自宪法法院未能裁定该法令违宪之判决公布后四十日内，予以颁布或行使否决权，并向政府发出书面通知说明否决理由。

5. 共和国总统还可依照第二百七十八条和第二百七十九条的规定行

使否决权。

**第一百三十七条　未经颁布或批准**

本法第一百三十四条所列但却未经总统签署和颁布的任何法案，均无法律效力。

**第一百三十八条　戒严或紧急状态的宣布**

1. 宣布戒严或紧急状态得事先征询政府意见并得由共和国议会授权，在议会闭会期间或无法立即复会时，得由其常务委员会授权。

2. 由共和国议会常务委员会授权实施的戒严或紧急状态，得尽快召集议会全体会议予以确认。

**第一百三十九条　共和国代总统的行为**

1. 共和国代总统不得采取第一百三十三条第五款、第十二款，以及第一百三十四条第三款所规定的行为。

2. 共和国临时总统仅能在征询国务委员会意见后，采取第一百三十三条第二、三、六、十一、十四款、第一百三十四条第一款及第一百三十五条第一款所规定的行为。

**第一百四十条　政府副署**

1. 共和国总统签署第一百三十三条第八、十、十一、十二、十五款、第一百三十四条第二、四、六款及第一百三十五条第一、二、三款所规定的法令时，得由政府副署。

2. 未经政府副署之法令，均无法律效力。

## 第三节　国务委员会

**第一百四十一条　定义**

国务委员会是共和国总统的政治咨询机构。

**第一百四十二条　组成**

国务委员会由共和国总统主持并由下列成员组成：

（1）共和国议会议长；

（2）总理；

（3）宪法法院院长；

（4）国家监察专员；

（5）地区政府首脑；

（6）曾依现行宪法当选并且未遭罢免的共和国前总统；

（7）由共和国总统指定的五名公民，其任期与总统任期同；

（8）由共和国议会根据比例代表制原则推举的五名公民，其任期与该届议会的任期同。

### 第一百四十三条 任命与任期

1. 国务委员会成员由共和国总统任命。

2. 第一百四十二条第一款至第五款所规定的国务委员会成员，其任期与其各自本职的任期相同。

3. 第一百四十二条第七款与第八款所规定的国务委员会成员，其任期截至其继任者被任命履职之时。

### 第一百四十四条 组织与程序

1. 国务委员会有权制定其内部议事规则。

2. 国务委员会会议不向公众公开。

### 第一百四十五条 权责

国务委员会的权责有：

（1）就解散共和国议会和自治地区立法议会提供意见；

（2）依据第一百九十五条第二款的规定，就解散政府提供意见；

（3）就对外宣战与媾和提供意见；

（4）依据本法第一百三十九条之规定，就共和国代总统的行为提供意见；

（5）在宪法规定的其他场合提供意见，并且应共和国总统的请求，一般地就总统行使职务提出建议。

**第一百四十六条　意见与建议之发布**

第一百四十五条第一款至第五款所述国务委员会的意见与建议，应在共和国总统召集的专门会议上提出，一经采纳即予公布。

## 第三章　共和国议会

### 第一节　地位、作用与选举

**第一百四十七条　定义**

共和国议会是全体葡萄牙公民的代表会议。

**第一百四十八条　组成**

依照选举法的规定，共和国议会至少由一百八十名、至多由二百三十名议员组成。

**第一百四十九条　选区**

1. 议员由依法按地理环境划定的各选区选举产生。法律得创制附属选区和单一选区，规定其性质并实现互补，以此确保选票依据比例代表制和顿特最大平均数法则转换为议席。

2. 除全国大选区外，每一选区中应选议员的名额得同该选区登记选民的人数成正比。

**第一百五十条　被选举资格**

凡系登记选民的葡萄牙公民均有被选举资格，但因地方禁例或执行某项职务而受选举法限制者除外。

**第一百五十一条　提名**

1. 依照法律规定，候选人由政党提名，政党可单独提名，也可以联合提出候选人名单，后者可以包括不是各该党成员的公民。

2. 除非有全国性大选区，任何人不得同时登记为一个以上选区的候选人，亦不得同时列入一份以上的候选人名单。

**第一百五十二条 选举制度**

1. 法律不得规定全国性的最低选票百分率作为对按得票多少分配议席的限制条件。

2. 议员得代表全国而非其选区。

**第一百五十三条 任期的开始与终止**

1. 议员任期自选举后的共和国议会第一次会议开始,到下次选举后的共和国议会第一次会议结束,但不妨碍中止或个别终止任期。

2. 议席出缺的填补办法,以及因故临时替补议员的办法,得由选举法规定。

**第一百五十四条 禁例**

1. 被任命为政府成员的议员,除非离开政府,否则不得行使其议员职权,并得依照前条规定予以替补。

2. 法律得规定其他禁例。

3. 法律得就议员寻求共和国议会批准担任陪审员、仲裁人、专家和证人的情形作出规定。

**第一百五十五条 议员履职**

1. 议员应自由行使其职权,其有效履行职责、特别是其不可或缺的接触选民、定期接受情况通报的权利和条件得予以保障。

2. 在法律规定的条件下,议员因议会开会期间不在或因出访不在,或相反因参与官方活动或官方行为,即构成议会休会的合法理由。

3. 依据法律规定,公共主体有义务配合议员的履职活动。

**第一百五十六条 议员的职权**

议员拥有如下职权;

(1) 提出宪法修正草案;

(2) 提出个人法案、议事规则的修正草案、决议案草案特别是同公民投票相关的草案,以及提出将上述议案编入辩论日程的要求;

(3) 依据议事规则,参加议会辩论并在辩论中发言;

（4）就政府之任何行为或公共行政事务提出质询，并有权在合理的期限内获得答复，但事关国家机密者得以依法例外视之；

（5）要求并得到其认为有助于履职的政府或其他公共主体之信息、文件和官方出版物；

（6）要求成立议会调查委员会；

（7）议会议事规则所规定的其他职权。

### 第一百五十七条　豁免权

1. 议员不得因其履行职责时的投票行为及其所发表的意见而负民事、刑事或纪律责任。

2. 非经议会许可，任何议员不得作为证人或被告出庭。但在有充分证据表明议员犯有最高可判三年监禁之严重罪行的情况下，议会得强制授权，令该议员作为被告出庭。

3. 非经议会许可，得被拘留、逮捕或监禁议员，但犯有前款所述之严重犯罪者及现行犯除外。

4. 如议员被提起刑事诉讼并已确定负有罪责，议会应决定应否暂停该议员的职务，以使诉讼程序得以继续进行。在议员被控犯有前述罪行的情形下，议会得强制中止其职权。

### 第一百五十八条　权利与特权

议员享有如下权利和特权：

1. 暂缓服兵役，承担公民服务或民防义务；

2. 自由过境，在国外公务旅行期间持有特别护照；

3. 持有特别身份证；

4. 法律规定的津贴。

### 第一百五十九条　义务

议员有下列义务：

（1）出席议会全院会议及其所属的各议会委员会会议；

（2）根据议会党团的建议，在议会中履行义务或担任指定的职务；

（3）参加投票。

### 第一百六十条　丧失职务与辞职

1. 议员得因下列情形丧失其席位：

（1）因法律规定被取消资格或违反法律规定的禁例；

（2）当选后未到议会就职或缺席次数超过议事规则规定的限度；

（3）获得一党选票当选后又在另一党登记；

（4）在履职期间犯下罪行、被法院定罪且被判决应当承担刑事责任者，因加入持种族主义或法西斯主义意识形态的组织而被定罪者。

2. 议员得以书面声明的形式辞职。

## 第二节　职　权

### 第一百六十一条　政治与立法权责

共和国议会有权：

（1）依本法第二百八十四条至第二百八十九条之规定通过宪法修正案；

（2）通过自治地区的政治和管理章程以及规范其立法议会议员选举的法案；

（3）制定各方面的法律，但本宪法为政府保留的事项除外；

（4）审查批准政府立法；

（5）依本法第二百二十七条第一款第二项之规定，审查批准自治地区立法议会制定的法案；

（6）同意特赦和大赦；

（7）在政府建议的基础上，批准国家计划与预算法案；

（8）通过限定相应的基本条件并规定每年由政府批准的副担保的最大限度，授权政府签订贷款合同、批准贷款、议定其他不处于浮动状态中的信贷业务；

（9）批准条约特别是关于葡萄牙参加国际组织及友好、和平、防卫、修改边界、军事等条约的协定，以及相关事项专属于议会权限范围之内的国际协议，或者政府认为必须提交议会考虑的法案；

（10）建议共和国总统就关乎国家利益的重要事项提交公民投票；

（11）授权和确认宣布实施戒严或紧急状态；

（12）授权共和国总统宣战与媾和；

（13）依法在本国就欧盟体制下悬而未决的事项行使排他性立法权；

（14）履行宪法和法律赋予的其他职责。

**第一百六十二条 监督的责权**

为执行监督职能，共和国议会有权：

（1）监督对宪法与法律的遵守，并审议政府与行政机构的活动；

（2）审议业已实施的戒严或紧急状态的情况；

（3）审议政府行使专有立法权而发布的法令之外的行政法规，审议依据本法第二百二十七条第一款第二项制定的地方法令，以决定是否修正或者取消这些法律。

（4）审查政府及法律规定的其他公共机构的账目，后者得于次年12月31日前连同审计法院的报告及其他为进行审议所必需的项目一并提交；

（5）审议国家计划的执行报告。

**第一百六十三条 与其他机关相关的权责**

相对于其他主权机关，共和国议会的权责在于：

（1）见证共和国总统就职；

（2）同意共和国总统离开葡萄牙国土；

（3）对共和国总统履职时所犯罪行提出弹劾，并在出现第一百九十六条规定的情形时决定政府成员的停职；

（4）审议政府施政纲领；

（5）通过对政府的信任案或不信任案；

（6）依法监督和审查葡萄牙参与欧盟建设的事项；

（7）按比例代表制原则遴选五名国务委员会成员，任命得由议会推举的部分最高检察官委员会成员；

（8）以出席议员的三分之二多数且超过全体议员绝对多数的表决结果，遴选十名宪法法院法官，一名国家监察专员，经济和社会事务委员会主席，七名最高法官委员会成员，媒体监管机构成员，以及其他法律授权共和国议会任命的宪法机构成员。

（9）依法监督安全部队和特遣部队参与国外军事行动。

### 第一百六十四条 专属立法权

共和国议会对如下事项拥有专属立法权：

（1）国家主权机构的选举；

（2）公民投票的规则；

（3）宪法法院的组织、运作及其程序；

（4）国防的组织及与国防有关的义务的确定，以及武装部队之组织、运作、再武装和纪律的一般准则；

（5）实施戒严与紧急状态的规则；

（6）葡萄牙公民权的获得、丧失与恢复；

（7）对领水、专属经济区以及葡萄牙有权拥有的近海海域界限的确定；

（8）政党与政治团体；

（9）教育体制的基本构成；

（10）自治地区立法议会议员的选举；

（11）地方政府官员选举，其他直接的普选以及其他宪法机构的选举；

（12）明确国家主权机关、地方政府机构、其他宪法主体以及一切直接普选产生的机构的官员的地位和作用；

（13）在不影响自治地区自治权利的情况下，创建、取消或变更地方政权及其治理规则；

（14）规范和限制动用常备军力、现役军人、警察和安全机构人员行使权利的活动；

（15）有关任命除欧洲委员会之外的欧盟机构官员的规则；

（16）管理共和国情报系统和保守国家机密的规定；

（17）规范国家、自治地区和地方预算编制及其组织的条例；

（18）有关国家象征或标识的条例；

（19）管理自治地区财政的规则；

（20）管理警察力量和安全部门的条例；

（21）规范情报系统和国家秘密机关及其行动的条例。

**第一百六十五条　有限排它性的立法权**

1. 共和国议会对下列事项拥有专属立法权，但授权政府立法者除外：

（1）人的地位与行为能力；

（2）权利、自由与保障；

（3）关于犯罪、刑罚、治安措施及其要件的界定，以及刑事诉讼程序的制定；

（4）关于惩治违纪和违法行为及适用相关程序的基本条例；

（5）关于根据公共需要征购与征用的基本规则；

（6）社会保障与国民保健体系的基本构成；

（7）环境、生态平衡与文化遗产保护的制度基础；

（8）规范城乡租赁的一般条例；

（9）规范税收和财政体系的建构、管理关税及其他公共主体收入的条例；

（10）关于生产资料各种所有制，包括禁止私营企业及其他同类性质的实体经营的基础经济部门的规定；

（11）出于公共利益对生产资料实行干预、征收、国有化与社会化的途径与手段及确定补偿的标准；

（12）有关经济和社会发展计划及国家经济和社会委员会构成的规则；

（13）农业政策的基本内容，包括确定私营农业单位占有土地数量的最低和最高限制；

（14）币制与度量衡标准；

（15）法院与检察署的组织与权责、相应的法官和检察官的地位，以及以非司法性手段解决争端的实体的组织及其权责；

（16）地方政权的地位和作用，包括地方政府财政的管理；

（17）居民组织参与地方政府治理；

（18）公共社团的保障以及行政机关的民事责任；

（19）治理公共行政及其范围的规范基础；

（20）公共公司和公共基金地位和作用；

（21）共有财产的界定及其管理规范；

（22）管理合作经济和社会部门所有的生产资料的规则；

（23）乡村、城镇和都市规划的基本构成；

（24）有关市政警力形式和体制的规范。

2. 授权立法令应说明授权的事项、意图、范围与期限；授权必要时可延续。

3. 立法授权不得重复行使，但不妨害其部分实行。

4. 对政府的授权得随政府的辞职或解散、共和国议会的任期届满或解散而终止。

5. 预算法对政府的授权得遵守本法条之规定，而且，若涉及财政事务，则该授权唯有在当前财政年度结束时方得失效。

**第一百六十六条 议案的形式**

1. 涉及第一百六十一条第一款规定的议案，得采用宪法性法律的形式；

2. 涉及第一百六十四条第一款第一项至第六项、第八项、第十项、第十一项第一部分、第十六项、第十九项以及第二百二十五条规定的议案，得采用组织法的形式；

3. 涉及第一百六十一条第二款的议案得采用法律的形式；

4. 涉及第一百六十三条第四款和第五款规定的议案，得采用动议的形式；

5. 共和国议会的其他议案，以及第一百七十二条第三款第五项和第六项规定的议会常务委员会的议案，得采取决议案的形式；

6. 决议案无论颁布与否，均应发表。

**第一百六十七条　立法和公民投票的创议权**

1. 立法和公民投票创议权属于议员、议会党团、政府，以及有法律条款规定的登记选民群体，在各自治地区，则属于立法议会。

2. 在当下的财政年度里，议员、议会党团、自治地区立法议会或登记选民群体不得提出增加预算规定的政府支出或削减预算规定的政府岁入的法案、提案、法令或修正案。

3. 在当下的财政年度里，议员、议会党团或登记选民群体不得提出增加预算规定的政府支出或削减预算规定的政府岁入的公民投票案。

4. 业已否决的法案和公民投票提案不得在同一议会会期内再度提出，除非共和国议会重新改选。

5. 在本次议会会期未交付表决的提案和法案在下一议会会期内无须重新提出，除非议会任期届满。

6. 政府提出的法案和公民投票议案随政府辞职或卸任而失效。

7. 自治地区立法议会提出的法案随其任期届满而失效，但其基本原则已获共和国议会通过的法案，仅随后者任期届满而失效。

8. 除非法案被撤回，在不损害法案和公民投票议案意旨的情况下，有关议会委员会可提出法案的替代文本。

**第一百六十八条　讨论与表决**

1. 对提案和法案的讨论由一般辩论和细节辩论组成。

2. 表决分为一般表决、细节表决，以及最终的整体表决。

3. 议会按上述方式进行辩论时，一般表决所通过的文本应由有关议会委员会进行细节表决，但不妨碍议会授权委付全院委员会作细节表决或最终的整体表决。

4. 有关第一百六十四条第一至六款、第八、十三和第十四各款及第一百六十五条第一款第四十六项规定事项的立法，得由全院委员会进行细节表决。

5. 在付诸最终整体表决时，组织法得相应规定法案获得全体议员绝对多数支持始得通过。依本法第二百五十五条之规定，有关自治地区边界的法案也得以同样的绝对多数通过。

6. 如下相关法案得以出席议员的三分之二多数及超过全体议员的绝对多数通过：

（1）媒体管理机构的规范；

（2）本法第一百一十八条第二款规定的事项；

（3）为本法第一百二十一条第二款规定的事项立法；

（4）为本法第一百四十八条、第一百四十九条规定事项以及第二百三十九条第三款涉及的有关实体的体制及选举方式立法；

（5）规范本法第一百六十四条第十四款所及事项的管理；

（6）制定自治地区的政治和行政章程，确定自治地区立法权力范围之内的事项。

### 第一百六十九条　议会审议

1. 除政府行使专属立法权予以通过者外，任何法令，在其公布后不计算议会休会时长的三十日内，经十名议员动议后，可以提交共和国议会审议，以期予以废止或是修正。

2. 对于授权制定的行政法规，在相关的审议或修正动议通过后，议会可以在拟定的修正案正式公布之前或所有修正案遭否决以前，全部或部分地中止其法律效力。

3. 若议会届时不做出相关决议，则上述中止得在十次全院委员会会议后失效。

4. 关于行政法规的中止，得由《共和国公报》公开其决定并得在公开之日起生效。相应地，被中止的法令不得在议会同一会期内再次公布。

5. 在如下情形下，审议被视为自动失效：审议动议获得通过但议会没有就此一审议的结果公开作出决议，议会已决定修正相关法令但在当次会期结束前已无法委付表决，以及至少十五次议会全院会议后审议尚无结果。

6. 行政法规的审议程序具有议会议事规则之下的优先地位。

### 第一百七十条 紧急程序

1. 根据议员、议会党团或政府倡议，共和国议会可宣布对任何提案、法案或决议案进行紧急审批。

2. 根据自治地区立法议会的倡议，共和国议会可以宣布紧急审批自治地区政府的任何法案。

## 第三节 组织与程序

### 第一百七十一条 立法机关

1. 每届议会得拥有四个会期。

2. 如果议会被解散，改选后的议会任期应重新开始，并应加上改选前举行的常会至其会期结束所剩余的时间。

### 第一百七十二条 解散

1. 共和国议会当选后的六个月内、共和国总统任期的最后六个月内，以及实施戒严或紧急状态期间，不得解散共和国议会。

2. 不遵守前款规定的解散令，均无法律效力。

3. 议会解散后，至改选后的议会举行第一次会议前，在此期间，议员继续任职及议会常务委员会的继续履职不受影响。

### 第一百七十三条 当选后的召集

1. 共和国议会应在选举最后结果核实后的第三天自行召集，若系任期届满的改选，而上述日期在上届议会任期之内时，则改在新届议会任期开始的第一天自行召集。

2. 如果上述日期不在议会实际工作期内，议会应依第一百七十五条的规定自行召集。

### 第一百七十四条 议会会期，工作期及其召集

1. 议会每次常会会期为一年，自每年的九月十五日开始。

2. 共和国议会的正常工作期为九月十五日至次年六月十五日，但不妨碍经议会以出席议员三分之二多数议决的休会。

3. 除前款规定的工作期间外，根据常务委员会的动议，或者，如无此种可能性以及在紧急情况下，则根据过半数议员的动议，共和国议会可依全院会议的决定，延长正常工作期进行活动。

4. 在非常情况下，共和国总统亦可召集专门讨论特殊议程的议会会议。

5. 在议会依据本条第二款做出决议后，不论全院会议是否持续，各议会委员会的会议仍可自主开会。

### 第一百七十五条 议会的内部权责

共和国议会有权：

（1）遵照宪法制定其议事规程；

（2）以全体议员的绝对多数选举议长及院务委员会其他成员，四名副议长得根据四个最大议会党团的推荐选出；

（3）设立常务委员会及各议会委员会。

### 第一百七十六条 全院会议的议程

1. 共和国议会议长依照议事规程规定的优先次序安排议事日程，但不妨碍议会全院委员会的以及本法第一百七十四条第四款赋予共和国总统的发起议程权。

2. 政府和议会党团可要求将关乎国家利益亟待解决的问题优先列入议程。

3. 每一议会党团均有权根据议事规程规定的准则决定某些会议的议程，并得在制定这些议程时尊重和保障少数党及在野党的地位。

4. 自治地区的立法会议可以要求将关乎其利益且亟待解决的事项优先列入议事日程。

### 第一百七十七条 政府成员的参与

1. 各部部长有权出席共和国议会全体会议，并可由国务秘书协助或替代，出席会议的部长或国务秘书均有权依照议事规程的规定在会议上发言。

2. 举行由政府成员出席并以口头或书面说明答复议员质询和要求的会议，得按议事规程所规定的最小间隔、在与政府商定的日期举行。

3. 政府成员可以要求参加各议会委员会的会议，并得应议会委员会要求出席其会议。

### 第一百七十八条 议会委员会

1. 共和国议会依照议事规程设立各类议会委员会，并可成立调查委员会或其他专门委员会。

2. 各议会委员会应按照各政党的议席比例组成。

3. 向议会递交的请愿书，应先由有关的议会委员会或是由相应成立的特别成立委员会审议，受理请愿的委员会有权要求任何公民作证，并可要求就请愿事项负有责任的其他委员会的相关说明。

4. 除依据正常规则成立的议会调查委员会之外，但凡全体议员五分之一动议通过，即得成立相关调查委员会，每位议员每次会期均可有一次机会提出此类动议。

5. 议会调查委员会享有与司法当局相同的调查权。

6. 各议会委员会的主席职位，大体按照各议会党团的议席比例分配。

7. 依据议事规则，自治地区立法会议的立法建议进行委员会审议时，前者可派代表参加该委员会的会议。

### 第一百七十九条 常务委员会

1. 在共和国议会休会、闭会期间、被解散期间或宪法规定的其他情况下，由议会常务委员会履行职能。

2. 常务委员会由共和国议会议长主持，其成员包括副议长和由各政党按其议席比例指定的议员。

3. 常务委员会行使下列职权：
（1）监督政府和行政机关的活动，检查它们遵守宪法和法律的情况；

（2）行使与议员职务有关的议会职权；

（3）必要时召集议会开会；

（4）筹备议会会议的召开；

（5）同意共和国总统离开国土；

（6）授权共和国总统宣布戒严或紧急状态、宣战与媾和。

4. 如遇前款第六项所说的情形，常务委员会得尽快召集议会开会。

**第一百八十条　议会党团**

1. 每个政党或政党联盟选举的议员都可组成一个议会党团。

2. 每一议会党团都享有如下权利：

（1）按各自议席的比例，参加各类议会委员会，并指定本党在这些委员会中的代表；

（2）对排定的议事日程发表意见并可吁求全院委员会反对该日程；

（3）正式要求政府在每次常会会期就与总政策有关的事项公开辩论两次；

（4）要求举行紧急议会辩论以讨论当下紧急的公共事务，政府得参加此类会议；

（5）每一会期可召唤政府参加议会会议，以就一般或者局部政策问题举行辩论；

（6）要求常务委员会召集全院会议；

（7）动议成立议会调查委员会；

（8）行使立法创议权；

（9）动议否决政府的施政纲领；

（10）动议提出对政府的不信任案；

（11）定期直接听取政府关于主要公共事务发展状况的报告。

3. 每一议会党团均有权在议会中拥有办公场所，并依法律选择其所需的技术与行政人员。

4. 得向未参加任何党团的议员提供议事规则所规定的最基本的权利

和保证。

**第一百八十一条　议会雇员与专家**

议会及其委员会的活动，由常设的技术与行政机构以及应邀或临时聘约的专家予以协助，其人数由议长视需要而定。

## 第四章　政　府

### 第一节　结构与功能

**第一百八十二条　定义**

政府是实施国家总政策的机构，也是最高行政机构。

**第一百八十三条　组成**

1. 政府由总理、各部部长、国务秘书与副国务秘书组成。

2. 政府可设一名或数名副总理。

3. 各部部长与国务秘书的人数、职衔、权责和相互间协调的方式，得依行政法规委任或由各部政务官员分别任命。

**第一百八十四条　部长会议**

1. 部长会议由总理、副总理、各部部长组成。

2. 法律得为某些特殊事项设立特别部长会议。

3. 国务秘书与副国务秘书可应召参加部长会议举行的会议。

**第一百八十五条　政府成员之署理**

1. 如果未设副总理，在总理出国或不能履职期间，得由总理向共和国总统推荐的部长代行总理职务，如无此种推荐，则由共和国总统指定的部长代理。

2. 在任一部长出国或不能履职期间，得由该部长向总理推荐的国务秘书代行部长职务，如无此种推荐，则由总理指定的一名政府成员代理。

**第一百八十六条　任职的开始与终止**

1. 总理职务从就职时开始，至被共和国总统免职时终止。

2. 政府其他成员职务从就职时开始，到他们被免职或者总理被免职时终止。

3. 国务秘书与副国务秘书职务随各自部长的免职而终止。

4. 政府辞职或解散后，原任总理得在新总理就职之日解职。

5. 施政纲领未经共和国议会审议之前，或政府辞职、解散之后，政府行为仅限于绝对必要的、基本的公共保障事务。

## 第二节 设立与权责

### 第一百八十七条 设立

1. 总理由共和国总统在同共和国议会拥有议席的各政党协商后并根据选举结果予以任命。

2. 政府其他成员由共和国总统根据总理建议任命。

### 第一百八十八条 施政纲领

施政纲领包括主要政治方针以及就治理领域的各个方面所采取或提出的各项措施。

### 第一百八十九条 集体责任

政府成员对施政纲领和部长会议决议承担集体责任。

### 第一百九十条 政府权责

政府得对共和国总统和共和国议会负责。

### 第一百九十一条 政府成员之负责

1. 总理对共和国总统负责，并就政府的政治责任向共和国议会负责。

2. 副总理与各部部长对总理负责，并就政府的政治责任向共和国议会负责。

3. 国务秘书与副国务秘书对总理及各自的部长负责。

### 第一百九十二条 对施政纲领的审议

1. 施政纲领至迟应在总理被任命后十日内，以总理声明的形式提交共和国议会审议。

2. 如果正值共和国议会休会，议长应强制复会予以审议。

3. 辩论不得超过三天，辩论结束之前，每个议会党团均可动议否决该纲领，政府亦可以要求信任投票以批准之。

4. 否决施政纲领需以全体议员的绝对多数通过。

**第一百九十三条　要求信任投票**

政府可要求共和国议会就总政策声明或重要国务问题对是否信任政府进行投票。

**第一百九十四条　不信任动议**

1. 共和国议会可根据全体议员的四分之一或任何议会党团的动议，就政府施政纲领的实施或重要国务问题对政府进行不信任投票。

2. 不信任动议须在其提出四十八小时后方可审议，相关辩论不得超过三天。

3. 如不信任动议未获通过，动议签名者不得在同一会期再度提出不信任动议。

**第一百九十五条　政府的辞职或解散**

1. 凡有下列情形之一，政府得即辞职：

（1）新一届议会开始履职；

（2）共和国总统接受总理的辞呈；

（3）总理死亡或永久性不能视事；

（4）政府施政纲领被否决；

（5）信任动议未予通过；

（6）全体议员的绝对多数通过对政府的不信任动议。

2. 唯有为保障或调节民主体制正常运行所必需，并同国务委员会磋商后，共和国总统方可解散政府。

**第一百九十六条　政府成员刑事豁免权的剥夺**

1. 非经共和国议会批准，任何政府成员不受拘留、逮捕或囚禁，但现行犯或者犯有可判三年以上刑期重罪者除外。

2. 在政府成员面临刑事诉讼且被确定为被告后，共和国议会应决定应否暂停该政府成员的职务以使诉讼程序继续进行。若犯有前款所及的罪行种类，则共和国议会得强制停止该政府成员的职务。

## 第三节 职 权

### 第一百九十七条 政治权责

1. 政府在行使政治职能时，得有如下权责：

（1）依本法第一百四十条之规定，副署共和国总统所签署的法令；

（2）谈判和完成国际协定；

（3）批准无须共和国议会批准或不必向共和国议会提交的国际协定及条约；

（4）向共和国议会提出法案与决议草案；

（5）依据本法第一百一十五条之规定，建议共和国总统将事关国家利益的重大事项委付公民投票；

（6）就宣布戒严或紧急状态提供意见；

（7）建议共和国总统宣战或媾和；

（8）遵照第一百六十二条第四款的规定，向共和国议会提交国家及法律规定的其他公共实体的账目；

（9）出于本法一百六十一条第十三款、第一百六十三条第六款之目的，及时将有关欧盟建设进程的信息提交共和国议会；

（10）履行宪法或法律赋予的其他职能。

2. 政府得以政令的形式批准条约或国际协定。

### 第一百九十八条 立法权责

1. 政府行使下列立法职能：

（1）就共和国议会未保留立法权的事项制定行政法规；

（2）就共和国议会部分排他性立法权责范围中的事项，由前者授权制定法令；

（3）在法律限定的范围内，就发展法制的原则或一般基础制定法令。

2. 有关政府自身组织与程序方面的事项，其立法权为政府所专有。

3. 前述第一款第二项、第三项所及之法令得明确援引授权其立法的法律或基本法法源。

**第一百九十九条　行政权责**

政府行使下列行政职能：

（1）根据有关法律，在各项战略规划目标的基础上起草国家计划并负责实施；

（2）执行国家预算；

（3）制定为恰当地实施法律所必需的条例；

（4）直接指导国家民用和军事部门及其服务和活动，指导自治机构行政并监督间接行政；

（5）履行法律可能要求国家行政人员与代理人及其他公共法人的一切行为；

（6）保卫民主法治；

（7）为促进经济与社会发展、满足公众需求采取一切必要的行动与措施。

**第二百条　部长会议的权责**

1. 部长会议有权：

（1）就政府政策及其实施纲要作出界定和阐释；

（2）决定是否提请共和国议会通过政府信任案；

（3）批准法律草案与决议草案；

（4）批准行政法规以及不必向共和国议会提交的法令与国际协定；

（5）批准国家计划；

（6）通过增减公共收支的政府法案；

（7）决定政府法定权限中可能需要立法的事项，或是决定由总理或部长提交的其他事项。

2. 特别部长会议的权限由法律规定或由部长会议委托。

**第二百零一条　政府成员的权限**

1. 总理有权：

（1）指导政府的总政策，定向和协调各部部长的行动；

（2）指导政府的工作以及政府同其他国家机关的整体关系；

（3）向共和国总统通报国家内政和外交政策的有关情况；

（4）履行宪法和法律所赋予的其他职责。

2. 各部部长有权：

（1）执行为各部制定的政策；

（2）在各部的范围内确保政府同其他国家机关的一般关系。

3. 行政法规以及政府颁布的法令得由总理签署、主管部长副署。

## 第五章　法　院

### 第一节　一般原则

**第二百零二条　司法权力**

1. 法院是以人民的名义行使审判的主权机关。

2. 在行使审判权时，法院得保证捍卫公民法定受保护的权利和利益，制止破坏民主法治的行为，解决公共与私人领域之间的利害冲突。

3. 在履行职能时，法院有权获得其他公共当局的配合。

4. 法律得以制度化的形式规范非司法性的裁判手段以及冲突管理的方式。

**第二百零三条　司法独立**

法院是独立的且只服从法律。

**第二百零四条　合宪性原则**

法院在审判过程中不得适用违反本宪法的规定或违反本宪法所包含的

原则的规范。

### 第二百零五条　法院判决

1. 除非单纯的行政性判决，法院判决得以法律规定的形式阐明其理由。

2. 法院判决对所有自然人、公私法人实体均具有强制力，其效力高于任何其他当局的决定。

3. 法律规定任何有关当局执行法院判决的期限，并规定对不执行判决的自然人、法人的制裁办法。

### 第二百零六条　法庭听证

除非出于保护当事人的尊严、公共伦理的价值或是出于确保正常运作的目的，法庭听证得公开进行。

### 第二百零七条　陪审团，公众参与及技术顾问

1. 对于严重罪行，在法律可能规定的组织形式及情形下，特别是在诉讼双方任何一方的要求下，可以有陪审团参加审判，但恐怖主义犯罪和有严密组织的犯罪除外。

2. 法律得规定地方治安法官参与有关劳动诉讼、危害公共健康、未成年人犯罪、判决执行以及其他违反公共价值规范的特别案件的审判。

3. 法律得规定技术顾问参加某些特定案件的审判。

### 第二百零八条　法律代理

法律得确保律师享有行使委托权利所必需的豁免权，并得确认法律代理系司法行政所不可或缺的构成部分。

## 第二节　法院的组织

### 第二百零九条　法院的分类

1. 除宪法法院外，法院有如下类别：
（1）一审法院、二审法院及最高法院；

（2）最高行政法院及其他行政和税务法院；

（3）审计法院；

2. 可设立海事法院、仲裁法院和治安法院。

3. 法律得规定由前款所列各类法院单独或共同设立纠纷法庭的情形和方式。

4. 禁止对审判某些类别的犯罪享有专属管辖权的法院存在，但有关军事法庭的规定不在此限。

**第二百一十条 最高法院和其他法院**

1. 在不影响宪法法院的专属管辖权的条件下，最高法院是法院序列中等级最高的机关。

2. 最高法院院长选举产生本院院长。

3. 初审法院循例得是地方法院，后者的地位得同本法下一条第二款所列之权责相匹配。

4. 二审法院循例得是上诉法院。

5. 最高法院在法律规定的情形下行使审判职能。

**第二百一十一条 法院的专业与权责**

1. 法院得是普通法院，对民事和刑事案件以及其所有未分派给其他司法机构的领域拥有管辖权。

2. 初审法院可以在特定案件审理中拥有特别权责，或是对某些案件拥有特殊管辖权。

3. 依据法律规定，审理属于完整意义上的军事罪行的案件时，各级主审法院的组成中必须包含一名以上的军法官。

4. 上诉法院和最高法院可依照特别规定执行职能。

**第二百一十二条 行政和税务法院**

1. 在不影响宪法法院的专属管辖权的条件下，最高行政法院是行政和税务法院序列中级别最高的法院。

2. 最高行政法院在其成员中选举产生本院院长。

3. 行政和税务法院审理行政争议和上诉案件,旨在解决行政和财政领域中出现的法律争端。

**第二百一十三条 军事法院**

战争期间得成立对完整军事意义上的罪行享有管辖权的军事法庭。

**第二百一十四条 审计法院**

1. 审计法院是拥有审查公共开支的合法性以及依法应提交其审计之账目的权责的最高司法主体,得特别负责如下事项:
(1) 就包括社会安全账目在内的国家总账目出具审计意见;
(2) 就亚速尔和马德拉自治地区的账目出具审计意见;
(3) 依法追究财政违纪责任;
(4) 履行法律所授予的其他权责。
2. 在不违反第一百三十三条第十二款的情形下,审计法院院长任期四年。
3. 在地方层面上,审计法院得依法采行分权体制。
4. 在亚速尔和马德拉自治地区,得依法分别组建拥有完整责权的地方审计法院。

## 第三节 法官的地位

**第二百一十五条 法院法官**

1. 各级法院的法官构成统一体,并受同一规范约束。
2. 法律规定录用一审法院法官的资格要求与细则。
3. 二审法院法官,应在一审法院法官中竞争性选任,功绩卓著者优先录用。
4. 进入最高法院任职,需依照法律规定,从司法官员、检察官及其他司法领域中功勋卓著的法律专家中竞争性选任。

**第二百一十六条 保障与禁例**

1. 保障法官职位的稳定性,除非有法律明确规定的情形,法官不得被调动、停职、退职或免职。

2. 除非法律另有规定，法官不为其所作出的判决承担个人责任。

3. 在职法官不得出任其他公私职务，但依法担任不领受报酬的法律教职或从事法律研究不在此限。

4. 非经各自所属的主管的最高法官委员会的批准，在职法院法官不得接受与本序列法院活动不符的司法任命。

5. 法律得就其他法官履职的禁制作出规定。

### 第二百一十七条 法官的任命、分案、调动与晋升

1. 各级法院法官的任命、使用、调动、晋升以及纪律处分，由最高法官委员会依照法律决定。

2. 各级行政和税务法院法官的任命、使用、调动、晋升以及纪律处分，由各自对应的最高委员会依据法律决定。

3. 法律将遵照宪法规定的保障，就其他各类法院法官的履职、调职、晋升以及纪律处分等事宜作出规定并确定对上述事宜管辖权的归属。

### 第二百一十八条 最高法官委员会

1. 最高法官委员会由最高法院院长担任主席，并得包括如下成员：

（1）两名共和国总统指定的委员；

（2）七位共和国议会选举产生的委员；

（3）法官们依比例代表制原则在其同侪中选举产生的七位委员。

2. 关于法官的保障与禁例的规定，同样适用于法官最高委员会的成员。

3. 法律可以准许司法行政官员经同侪选举后出任最高法官委员会成员，但其仅能参加有关司法行政官员的使用、专业绩效及纪律处分的讨论和表决。

## 第四节 检察署

### 第二百一十九条 职能、地位和作用

1. 检察署代表国家保护法定的利益，依据法律和本条下款内容之规

定，参加主权机构制定的打击犯罪政策的实施，依罪刑法定原则提起刑事公诉，以捍卫民主的法治。

2. 检察署依法享有独立地位。

3. 法律得创制专门的支援形式，以便检察署处理完全意义上的军事犯罪。

4. 检察署官员得是适任的司法行政官员，形成并从属于等级制的关系和体制，除法律规定的情形外，不得被调职、停职、退职和免职。

5. 对检察署代理人的任命、履职、调动、晋升以及执行纪律处分的权限，属于共和国检察长。

第二百二十条　共和国总检察署

1. 共和国总检察署是检察署的最高机关，其组织和权责得由法律规定。

2. 共和国总检察署由首席检察官担任首脑，并且包括从检察署的司法行政官中选出的成员组成的最高检察官委员会。

3. 在不违反本法第一百三十三条之规定的情形下，首席检察官任期六年。

## 第五节　宪法法院

第二百二十一条　定义

宪法法院对实质上关乎合法性与合宪性问题的案件拥有专属管辖权。

第二百二十二条　宪法法院的组成及法官的地位

1. 宪法法院由十三名法官组成，其中十名由共和国议会任命，另外三名由前述十名法官提名增选产生。

2. 宪法法院的法官无论共和国议会任命还是由法官增选产生，其中六名必须从其他法院的法官中挑选，其余七名则必须是法学家。

3. 宪法法院的法官任期九年且不得再次获任。

4. 宪法法院的法官得以选举形式产生宪法法院院长。

5. 宪法法院法官同样享有独立地位的保障、职位的稳定性,同样得遵守公正无私原则和司法回避制度,并得适用于其他法院法官相类似的禁制规定。

6. 法律得明确规范宪法法院法官的地位及其豁免权。

### 第二百二十三条　权责

1. 宪法法院有权依照第二百七十七条及其以后各条之规定,作出违宪与违法的裁定。

2. 宪法法院亦有权:

（1）确认共和国总统的死亡,宣布其永久性不能视事,或者确认其暂时不能履行职务;

（2）在第一百二十九条第三款和第一百三十条第三款规定的情形下,确认共和国总统丧失职务;

（3）依据法律规定,对选举的正当性和有效性作出终审裁决;

（4）依照第一百二十四条第三款规定,确认共和国总统候选人死亡和宣布其无行使总统职务的能力;

（5）依据本宪法和法律的规定,审核政党与政治联盟的合法性,包括其名称及其简写,以及象征性标识的合法性,并且判令取缔相关政党和政治联盟;

（6）预先审查全国性、地区性和地方性公民投票的合宪性与合法性,其中包括对各种公民投票中选民资格要求的评估;

（7）应议员要求并依照法律规定,对共和国议会和自治地区立法议会主持的选举以及有关丧失议席的事项行使上诉管辖权;

（8）裁决有关选举争议以及各政党机构之间决议冲突的上诉案件。

3. 宪法法院得履行宪法和法律所赋予的其他职能。

### 第二百二十四条　组织与程序

1. 法律得就宪法法院的席位、组织方式和程序作出规定。

2. 除非是出于抽象地评估合宪性与合法性之目的,法律可以要求宪法法院的运作有章可循。

3. 法律得明确赋予宪法法院对规范相同领域但彼此矛盾的不同法规及相关诉讼具有最终的上诉管辖权和裁定权。

## 第六章  自治区

**第二百二十五条  亚速尔与马德拉的政治和行政体制**

1. 根据亚速尔群岛和马德拉群岛的地理、经济、社会与文化特点，以及历史地形成的岛民自治愿望，在上述两群岛分别实行特殊的政治和行政体制。

2. 区域自治的目的，在于确保本地区公民的民主参与，促进经济与社会发展，增进与保护地方利益，以巩固国家统一和全体葡萄牙人的团结。

3. 地方的政治和行政自治，不得损害国家主权的完整，并须在本宪法的整体框架下实行。

**第二百二十六条  地位和选举法**

1. 自治地区的政治和行政章程草案以及与自治地区立法议会议员选举相关的政府法案，由自治区立法议会起草并提交共和国议会，后者有审议、通过或否决之权力。

2. 如共和国议会对草案或法案予以否决或修正，该草案或法案得退回自治地区立法议会审议并出具意见。

3. 自治地区立法议会的意见一经出具，共和国议会得将就该草案或法案进行最后的辩论和表决。

4. 以上条款的规定，同样适用于自治地区政治和行政章程以及立法议会选举法规的修改。

**第二百二十七条  自治地区的权力**

1. 自治地区得是地域性的公共法人实体，享有如下得分别由其章程所明确的权力：

（1）在本地区范围内，就自治区政治和行政章程所设定的事项以及不属国家主权机关权限的事项立法；

（2）在共和国议会的指导下，就属于议会有部分排他性权责的事项立法，但本法第一百六十五条第一款第一至三项、第四项第一部分、第六项、第七项、第十二项第二部分，以及第十四、十五、十六、十八、十九、二十一、二十二及二十四项所及之事项除外；

（3）在管理自治地区的法律原则或法律基础之上，确定和发展适用于本自治地区范围之内的法律基础或是法规体系；

（4）为地方法规和由主权机关制定但主权机关不保留细则制定权的普通法制订细则；

（5）依照本法第二百二十六条之规定，创议自治章程和自治地区立法议会议员选举法规；

（6）依据本法第一百六十七条第一款之规定，通过向共和国议会提出地方政府法案或修正草案的方式行使立法创议权；

（7）行使各属于它们的执行权；

（8）管理和处置属于自治区议会的资产，签订与其利益有关的契约与合同；

（9）依法行使自治区地方税务权，在共和国议会所通过法律的框架下对国家的财政体制做出适度调整，以适应本地区的特殊情况；

（10）根据本地区自治章程及其资产管理法律，支配可由本地创制和征缴的税收、部分基于保证国家团结原则划拨的国税，以及其他属于自治地区的税收，用于自治地区的公共开支；

（11）依法设立或撤销下属地方机关并调整其辖区；

（12）对下属地方政府行使监督权；

（13）改善乡村居住状况至城镇水平；

（14）根据自治区利益的需要，对专门或主要在自治区活动的公共与国有事业、机构与团体等实施监督；

（15）批准自治区的经济和社会发展计划、预算法案和审计结论，并参与制定国家计划；

（16）在不违反第一百六十五条第一款第四项规定的前提下，对行政违法行为及其惩治作出规定；

（17）参与制定并实施财政、货币、金融与外汇政策，以确保自治区在流通方面和筹措自治区经济与社会发展所需投资方面控制支付手段；

（18）参与制定关于领水、专属经济区和近海海底的政策；

（19）参与与其直接有关的条约和国际协定的谈判，并从中受益；

（20）在遵循国家主权机关和外交事务部门制定的有关方针的基础上，同国外地区实体合作或是参加旨在增进跨国的地区之间合作与对话的组织；

（21）在欧盟建设进程中，可以独立创议、或是在国家主权机关咨询时发表意见，就其中关乎自身权责和特殊利益的事项参与葡萄牙国家立场的协调；

（22）在自身权益受到威胁的情况下参与欧盟建设进程，参加欧盟地区机制、派代表参加欧盟政策制定过程，以及依据本法第一百一十二条之规定对欧盟法律进行变通。

2. 自治地区政府寻求立法授权的议案得附有该项授权所要颁行的法令草案，如获立法授权，相应立法得适用本法第一百六十五条第二款、第三款之规定。

3. 前项所指的立法授权得随授予它的共和国议会或自治地区立法议会任何一方的解散或任期届满而失效。

4. 本条前述第一款第二项、第三项相关之自治地区立法，得分别明确赋予其立法授权的法律或是法律基础，并得变通适用本法第一百六十九条之规定。

**第二百二十八条　立法自治**

1. 自治地区的立法自治权适用于其各自的政治和行政章程所确立、并非国家主权机关专属责权范围内的事项。

2. 自治地区未专门立法但又并非国家主权机关专属责权范围之内的

事项，得适用现行的全国性法律。

**第二百二十九条　国家主权机关和地方自治机关之间的合作**

1. 在同地方自治主体合作时，国家主权机关得特别注意纠正缘自自治地区孤悬海外之特质的各方面的不平等，以确保其经济与社会的发展。

2. 国家主权机关得经常性就其权责范围内的涉及自治地区的事项向自治区自治主体咨询。

3. 共和国与自治地区之间的财政金融关系，得受本法第一百六十四条第十九款之规范。

4. 共和国政府和自治地区自治政府可就其他形式的合作达成共识，特别是在代表授权、财政转移支付以及金融监管机制等诸多方面。

**第二百三十条　共和国派驻自治地区的代表**

1. 在每一自治区都得派驻一名共和国代表，后者由共和国总统咨询政府之后予以任免。

2. 除非被解职，共和国派驻自治地区的代表的任期得与共和国总统相同，且得在新的共和国代表就职之时卸任。

3. 在共和国派驻自治地区代表出缺、缺席或者被阻止履职时，其职权得由自治地区立法议会议长署理。

**第二百三十一条　自治政府主体**

1. 每个自治地区都得有由地方政府和立法议会共同组成的自治政府。

2. 立法议会得由普遍、直接和秘密的选举产生，选举得适用比例代表制的原则。

3. 自治地区的地方政府向立法议会负政治责任，共和国代表得依据立法议会选举的结果任命该地方政府的首长。

4. 共和国代表在自治地区地方政府首长的建议下任免其他政府官员。

5. 自治地区地方政府得在本地区立法议会就职。

6. 自治地区地方政府得就自身组织与议程相关的事项拥有专属的权责。

7. 自治地区自治政府官员的地位和作用得由其政治和行政自治章程明定之。

**第二百三十二条　自治地区立法议会的权责**

1. 行使本法第二百二十七条第一款第一项、第二项和第三项，第四项第二部分，第六项，第九项第一部分，以及第十一项、十三项和第十六项所列之专属权责，就批准自治地区的预算法案、经济社会发展计划和审计结果，以及根据本地区特点适度调整国家财政体制行使专属权责。

2. 自治地区立法议会有权提交本地区公民投票案，通过共和国总统召集本自治地区登记选民就当下攸关本地区特殊利益的重要事项进行意见表达。本法第一百一十五条之规定得经变通后适用于此类公民投票。

3. 自治地区立法议会可依据本法及其政治和行政章程起草和通过自己的议事规则。

4. 本法第一百七十五条第三项，一百七十八条第一至第六款，一百七十九条除第三款第五、六项和第四款外，以及第一百八十条的内容，得经变通后适用于自治地区立法会议及其议会党团。

**第二百三十三条　共和国代表的签署与否决**

1. 共和国代表有权签署命令颁布自治地区的立法性法令和条例性法令。

2. 呈送共和国代表签署的自治区议会法令或宪法法院关于未发现法令内容违宪的裁定公布后，共和国代表得自收到日起十五天内签署该法令，或行使否决权。行使否决权时，得有说明否决理由及要求退回法案至自治立法会议会复议的文书。

3. 如果自治区议会再次以全体议员的绝对多数票通过该法案，共和国代表得在收到该法案后八天内予以签署。

4. 呈送共和国代表签署的自治地区地方政府的政令，共和国代表得在收到日起二十天内予以签署或拒绝签署；若拒绝签署，得向自治区政府发出书面通知，以说明拒绝签署的理由；自治区地方政府可将该政令变换为法案形式提交给自治地区立法议会。

5. 共和国代表得依本法第二百七十八条和第二百七十九条之规定行使否决权。

### 第二百三十四条 自治地区自治机关的解散

1. 在征询国务委员会和在自治地区立法议会中拥有议会席位的各政党意见之后，共和国总统可以解散该立法议会。

2. 自治地区立法议会如被解散，则该地区地方政府也得在其后选举选出的新政府就职之时卸任；此间，该地区政府权责仅限于确保公共服务运转的有限领域。

3. 在其后的选举选出的新立法议会第一次集结开会之前，自治地区立法议会的解散不影响其议员和常务委员会继续行使权责。

## 第七章 地方政府

### 第一节 一般原则

### 第二百三十五条 地方自治主体

1. 民主的国家组织体系得包括地方自治主体。

2. 地方自治主体是拥有为本地区人民利益服务的代表机关的区域性共同体。

### 第二百三十六条 地方自治主体的分类与行政区划

1. 在大陆，地方自治机关分为教区、自治市和行政区三级。

2. 在亚速尔自治区和马德拉自治区，地方自治主体为教区和自治市。

3. 在大都市和海岛，法律可以根据其特殊情况，创制其他的区域性自治主体形式。

4. 法律得就葡萄牙领土的行政区划方式作出规定。

### 第二百三十七条 行政分权

1. 法律得依据行政分权的原则，就地方自治主体及其机关的组织和权责作出规定。

2. 所有地方自治议会皆有权行使法律赋予的权责，包括通过本地区预算和发展计划纲要的权力。

3. 市政警察力量得合作维持公共秩序、保护社区安全。

### 第二百三十八条　地方资产与财政

1. 地方自治主体得有自己的资产和财政。

2. 地方财政的管理由法律规定，其目的在于经由国家和自治机关公平分配公有资源，并对同级自治主体间的不平等作必要的调节。

3. 经营其资产的收益和相关服务收费，得强制纳入地方自治机关的收入当中。

4. 在法律规定的范围和情形下，地方自治机关可以拥有课税的权力。

### 第二百三十九条　决策和执行机关

1. 地方自治机关的组织得包括经选举产生并享有决策权的议会，以及集体对该议会负责的执行机关。

2. 自治议会得按比例代表制原则，由当地登记选民以直接、秘密、普遍的投票选举产生。

3. 集体执行机关得有适当数量的成员组成；依据相关法律规定，列名候选名单且在选举时得票最多的当选者得被任命为自治议会或其执行机构的首长；法律还得就自治议会选举过程、组织与解散议会及其执行机构的要求，以及它们的运转、程序作出规定。

4. 地方自治选举由政党单独或联合提名，或由登记选民的群体提名，一切皆得依法进行。

### 第二百四十条　地方公民投票

1. 在法律就其影响、范围和情形作出规范的条件下，地方自治主体可以就其权责范围内的相关事项提请本地登记选民公投决定。

2. 法律得保障登记选民自行发起公民投票的权利。

**第二百四十一条　制定规章权**

在宪法和法律规定的范围内，地方自治主体得拥有自己制定规章的权力，但所制定的规章须经由上级自治主体或负有监督权力的治理主体发布。

**第二百四十二条　行政监督**

1. 对地方自治机关的行政监督，得包括审查自治机关对法律的遵守情况；行政监护应在法定场合并按法定方式施行。

2. 限制地方自治的行政监督措施，得事先征询地方自治机关的意见并得按法定方式进行。

3. 地方自治机关，唯有因严重违法行为或失职才可被解散。

**第二百四十三条　地方自治机关的人员**

1. 地方自治机关得依法拥有自己的人员编制。

2. 法律规定的国家公务人员与机构设置，经变通后适用于地方自治机关。

3. 在不损害地方自治的情况下，法律得规定国家向地方自治机关提供技术与人力援助的方式。

## 第二节　教　区

**第二百四十四条　教区机关**

1. 教区的代表机关为教区议会和教区委员会。

2. 法律可以作出规定，在人口较少的教区以登记选民的全体会议取代教区议会。

**第二百四十五条　教区委员会**

教区委员会得是集体向本教区负责的执行机构。

**第二百四十六条　教区协会**

教区可以依法组织各种协会管理共同利益。

#### 第二百四十七条　任务型授权

教区议会可以授权各种居民组织代其从事不涉及行政权力行使的其他任务。

### 第三节　自治市

#### 第二百四十八条　自治市的变更

市的设立、撤销以及市的辖区的变更，应事先征询地方自治机关的意见，然后依法执行。

#### 第二百四十九条　市自治主体

自治市的自治机构包括市议会和市政厅。

#### 第二百五十条　市议会

市议会得是自治市的决策机构，得由辖区内所有教区自治机构的首长以及其他由直接选举产生的成员组成，后者人数得多于前者。

#### 第二百五十一条　市政厅

市政厅得是自治市的合议性执行机关。

#### 第二百五十二条　协会和联合会

自治市可以组织法律授予责权的协会和联合会，以管理本市公众的共同利益。

#### 第二百五十三条　分享直接税的收入

1. 各市根据自身权利并依照法律规定的条件分享直接税的收入。
2. 依据法律规定，自治市可以拥有自己的税收。

### 第四节　行政区

#### 第二百五十四条　依法设立

行政区得以法律规范的形式设立；法律得确定行政区的权责和组成、

自治机关的程序，并且明确不同行政区之间相关规则上的差异。

**第二百五十五条　惯例性体制**

1. 在具有普遍约束力的个人法惯例基础上形成行政区的体制，得合乎本法前一条的规定，并得经在全国以及各行政区范围内参加直接咨询投票的登记选民多数的支持。

2. 若在全国范围内的参与咨询投票的多数选民不愿意支持行政区的某些体制，则该行政区内与设立这些体制相关的立法得归于无效。

3. 前述两款规定所及之咨询投票，得在共和国总统征询共和国议会意见的基础上决定举行，投票得依照相关组织法的规定，本法第一百一十五条之规定经变通后适用于此种投票。

**第二百五十六条　权责**

除参与制定并实施地区计划外，各行政区应特别负责指导本区的公共部门及公共服务，包括遂行协调与扶助各自治市工作的任务，但得尊重自治市的自治地位、不得影响其权限。

**第二百五十七条　计划**

行政区的制定本区的计划且得参与国家计划的起草。

**第二百五十八条　行政区自治机关**

行政区自治机关由区议会、区行政委员会组成。

**第二百五十九条　区议会**

区议会得是行政区的决策机关，得由直接选举产生的成员、少量由行政区内各自治市议会指派代表依适用顿特最大均数计票法的比例代表制推选出的代表组成。

**第二百六十条　区行政委员会**

区行政委员会得是行政区的合议性执行机关。

**第二百六十一条　中央政府代表**

部长会议可以在行政区派驻自己的代表；在行政区内，中央政府代表行使与该区政府当局同等的职权。

## 第五节  居民组织

### 第二百六十二条  构成和地域

1. 为加强全体居民对地方行政管理活动的参与，可以成立覆盖地域小于教区的居民组织。

2. 在各种居民委员会的创议下，或是应它们或一定人数居民的要求，议会得划定归前款所及之组织所辖的地域，并得解决因此种划界而可能发生的争议。

### 第二百六十三条  机构

1. 基层区域公共组织的机构由法律予以规定，包括居民会议和居民委员会。

2. 居民会议由教区人口普查而登记的居民组成。

3. 居民委员会由居民会议选举产生，并得随时由居民会议解散。

### 第二百六十四条  权责

1. 居民组织有权：
（1） 就有关居民利益的行政事务向地方自治机关请愿；
（2） 派代表列席教区议会，但无表决权。

2. 基层区域公共组织得执行法律规定的或教区委托的任务。

## 第八章  公共行政管理

### 第二百六十五条  基本原则

1. 公共行政管理的目的是：尊重公民受法律保护的权利和利益，为公共利益服务。

2. 行政管理机构及代理机构应服从宪法，在其履行权责的行为中得尊重平等、衡平、正义、无私和诚信原则。

**第二百六十六条　行政管理机构**

1. 公共行政管理的机构应防止官僚化，使公共部门及其服务贴近地方公众，并确保利益相关者以合法形式特别是通过社团、基层公共组织或其他民主代表形式，参与公共行政的有效管理。

2. 为实施前款的规定，法律得规定地方分权和行政分权的适当形式，但不得妨害必要的行动效率和协调一致以及政府的指导、监督权。

3. 可以依法创制独立的行政管理实体。

4. 社团仅为满足特殊需要而设立，不得行使工会组织的特定职能，其内部组织得以尊重成员权利和机构形式民主化为基础。

5. 行政活动程序由专门法律规定，以确保相关资源得到行政部门及其服务的合理使用，并确保公民参与同自己相关的决策过程。

6. 行使公共职能的私营部门得依法纳入行政监管的范畴。

**第二百六十七条　被管理者的权利与保障**

1. 公民有权要求行政当局随时告知同他们直接有关的程序的进展情况及最后通过的决定。

2. 在不妨碍法律对内外安全事务、犯罪调查以及个人隐私之规定的情形下，公民得拥有获得行政档案和记录的权利。

3. 行政法案得依法定的形式告知利益相关者；如涉及公民受法律保护的权利和利益，得有可为利益相关者可以接受的明确的根据。

4. 公民受法律保护的权利和利益，特别是对这些权利和利益的确认、对各种形式的损害性行政法案的挑战、就即将到期的行政法规和损害性法规采取适当预防措施等，皆得享有来自有效司法监督的保障。

5. 对影响其权利的外在有效性或侵及其合法利益的行政法案，公民得拥有质疑和挑战的权利。

6. 基于满足上述本条第一款、第二款之目的，法律得明确规定行政当局作出回应的时间的上限。

**第二百六十八条　公务员制度**

1. 公共行政人员以及其他公职人员，在各自所属的部门中履行职责时，皆得忠于法定的公共利益。

2. 公共行政人员以及其他公职人员，不得因行使宪法规定的政治权利特别是政党政治权利而侵及相关权利或是从中受益。

3. 被告在纪律处置程序中的陈述和辩护权利得予以保障。

4. 除法律明确许可者外，公务或公职不得兼任。

5. 法律得规定执行公务、公职及从事其他活动时的禁例。

第二百六十九条　行使权利的限制

法律得根据其职责需要之程度，对现役的职业军人和武装人员、警察和安全机构人员行使表达、集会、示威、结社、集体请愿以及被选举的权利予以严格限制；至于警察和安全机构人员，即便其组织工会的权利得到承认，法律也可排除其参加罢工的权利。

第二百七十条　公务人员的责任

1. 不论其行为或程序是经哪一级批准，国家公务员及其他公务代理机构的工作人员得对其作为、不作为形成的公民受法律保护的权益的损害负民事、刑事或纪律责任。

2. 公务员或代理人遵照法定上级的命令或指示执行公务，如预先已要求得到这些指令的书面传达和批准，得不承担责任。

3. 如果执行命令或指示会导致犯罪，得停止执行。

4. 法律得规定任期，俾使国家及其他公共实体有权调整其职能机构中执行公务的人员。

第二百七十一条　警察

1. 警察的职责为保卫民主法制，维护国内治安和保护公民权利。

2. 警用措施得由法定，除非完全必要不得随意使用。

3. 犯罪预防，包括预防国家安全犯罪，必须遵守通用警务条例，尊重公民的权利、自由与保障。

4. 法律得确定安全部队的制度规范，确保葡萄牙境内每支安全部队在建制上的集中和统一。

## 第九章 国 防

**第二百七十二条 国防**

1. 国家得承担保证国防的义务。

2. 国防的目的是：在尊重宪政秩序、民主制度和国际条约的同时，保障国家独立、领土完整及人民的自由与安全不受任何外来侵略或威胁。

**第二百七十三条 最高国防委员会**

1. 最高国防委员会得依法组成且由共和国总统主持，该委员会得包括共和国议会选举产生的成员。

2. 最高国防委员会是关于国防及武装部队之组织、活动与纪律等事宜的特别咨询机构，享有法律赋予的行政管辖权。

**第二百七十四条 武装部队**

1. 武装部队得承担武装保卫共和国的职责。

2. 武装部队仅由葡萄牙公民组成，是葡萄牙全国单一建制的军事组织。

3. 依照宪法和法律，武装部队得服从相关负有权责的国家主权机关的指挥。

4. 武装部队得服务于葡萄牙人民，严格保持非党化性质，任何情况下其成员均不得利用武器、身份或职务干预政治事务。

5. 依据法律规定，武装部队得承担实现葡萄牙国家在军事领域中承诺的任务，得遂行葡萄牙所属国际组织承担的人道主义和维持和平的使命。

6. 依据法律规定，武装部队可以在完成民防任务、满足人民的基本需要、改善人民的生活质量，以及执行国家安全政策所需的军事与技术合作方面提供配合。

7. 有关实施戒严与紧急状态的法律，得规定出现此种情形时动用武装部队的条件。

### 第二百七十五条　保卫国家、兵役与民役

1. 保卫国家是全体葡萄牙人基本的权利和义务。

2. 法律得规范兵役以及自愿或义务服役的形式、服役的年限及内容。

3. 依法应服兵役但被认为不适合服武装兵役者，得根据其情况改服非武装兵役或民役。

4. 依法因道德或宗教原因拒服兵役者得服民役，其服役的期限和强度得与武装兵役同。

5. 法律可规定以民役替代或补足兵役，并可以使之成为未服兵役之公民的义务。

6. 不履行或停止履行兵役或民役的公民，国家或任何其他公共实体不得留用或雇用。

7. 不得因公民服军役或义务民役而妨害其就业、社会权益或终身受雇。

## 第四篇　宪法的保障与修改

### 第一章　违宪审查

### 第二百七十六条　因行为导致的违宪

1. 凡违反宪法条款或宪法所规定的原则的规定，均为违宪规定。

2. 经正式批准的国际条约在结构上和形式上的违宪性，除导致违反宪法基本规定之后果者以外，若条约的规定在他国法律系统中生效，则不得妨碍这些规定同样适用于葡萄牙。

### 第二百七十七条　对合宪性的预先监察

1. 对于提交共和国总统批准的国际条约，以及呈请颁布的法律、法令或提请共和国总统签署批准令的国际协定，共和国总统得要求宪法法院就其任何正式规定的合宪性预先作出审查。

2. 对于呈送其签署的行政区立法法令，共和国代表亦可要求宪法法

院就法令的合宪性作出预先鉴定。

3. 对合宪性进行预先审查的要求，得在收到法律文件之日起的八天之内提出。

4. 除了共和国总统本人，总理以及共和国议会全体议员中五分之一的人，也可以提请宪法法院就任何呈请共和国总统批准的组织法作预先的合宪性审查。

5. 在将任何组织法呈送共和国总统批准之时，共和国议会议长得同时知会首相和各议会党团。

6. 本条前述第四款所及之合宪性预先审查，得在本条前述第五款所及之时起的八日内提出。

7. 在不影响本条前述第一款之规定的情形下，共和国总统不得签署本条前述第四款所及之法案，除非宪法法院收到法案文本八日后未做结论、或是宪法法院被要求介入直至做出结论。

8. 宪法法院作出裁决的时限得为二十五天之内；在适用本条前述第一款时，共和国总统可以因紧急需要而缩短上述审查期限。

### 第二百七十八条　裁决的效力

1. 如果宪法法院裁决某一法令或国际协定的任一规定违宪，共和国总统或共和国代表得即予以否决，并将该文件退回原通过机关。

2. 在执行本条上述第一款规定时，如果原通过机关未将该法令中已被裁决为违宪的规定删除，或者未以出席议员的三分之二多数票再次通过，则该法令不得予以颁布或签署。

3. 如该文件或国际协定业经重拟，视其情形，共和国总统或共和国代表可要求再对新文本进行预先的合宪性鉴定。

4. 如宪法法院裁定某项国际条约中的任一规定违宪，则该条约只有在共和国议会以出席议员的三分之二以上多数票通过后方可被批准。

### 第二百七十九条　对合宪性与合法性的实际监察

1. 针对下列法院判决，可以向宪法法院上诉：

(1) 以违宪为理由拒绝执行某些规定的判决；

(2) 适用在诉讼期间发现有违宪问题的法规而作出的判决。

2. 对下列法院判决，亦可向宪法法院上诉：

(1) 以违反上位法因而不合法为由，拒绝适用某些法律规定；

(2) 以违反自治地区自治章程为由，拒绝适用自治地区法规中的某些规定；

(3) 以违反自治地区自治章程为由，拒绝适用共和国主权机关法令中的某些规定；

(4) 适用本条第一、第二、第三项规定所及之诉讼过程中发现有违宪问题的法规中的某些规定。

3. 依本法前述第一款第一项和第二款第二项之规定，若被拒绝执行的规定是国际协定、立法性法令或条例性法令的组成部分，共和国检察署得提起上诉。

4. 第一款第二项和第二款第四项所规定的上诉，只能由对违宪性与违法性提出质疑的当事人提起；提起此种上诉的程序得由法律规定。

5. 对适用宪法法院业已裁定某些法规为违宪或违法的判决而作出的法院判决，可以由检察署向宪法法院提起上诉。

6. 向宪法法院上诉的内容仅限于对是否违宪或违法提出的质疑。

**第二百八十条　对合宪性与合法性的抽象审查**

1. 对于如下情形，宪法法院得作抽象审查，并得发布具有普遍约束力的公告：

(1) 任何法规的合宪或是不合宪；

(2) 立法中的个别或部分规则因违反上位法而不合法；

(3) 地方法规中的个别或部分规则因违反自治地区自治章程而不合法；

(4) 国家主权机关发布的法令或章程中的个别或部分规则，因违反自治地区自治章程所坚守的个别或某些权利而不合法。

2. 如下主体可提请宪法法院就合宪性或合法性问题发布具有约束力

的公告：

（1）共和国总统；

（2）共和国议会议长；

（3）总理；

（4）监察专员；

（5）首席检察官；

（6）十分之一的共和国议会议员；

（7）在要求就违反自治地区自治权利或自治章程的法规做出违宪或违法公告的情形下，提请公告者可以是共和国代表，或者是自治地区立法会议、自治地区立法会议议长、自治地区地方政府首长，抑或十分之一的自治地区立法议会议员。

3. 凡在三种特定场合由宪法法院裁定为违宪或违法的法规，宪法法院可以审查并宣布其违宪或违法，并具有普遍约束力。

### 第二百八十一条 违宪或违法宣告的效力

1. 具有普遍约束力的宣布违宪或违法在被宣布为违宪或违法的规定适用时生效，并得使可能被违宪或违法法令所撤销或废止的规则恢复原状。

2. 但是，在出现前法违反后法以致违宪或违法的情形下，违宪或违法宣告得在后法生效之后生效。

3. 业已裁决的规则得继续有效，但宪法法院另有规定者，涉及刑事、纪律或纯属违犯社会治安的案件并且其内容不利于被告的规定除外。

4. 为满足法律确定性的需要，服务于公平及重大公共利益的需要，宪法法院可在较之本条第一款和第二款规定更为严密的范围内规定违宪或违法的涵义。

### 第二百八十二条 因失职导致的违宪

1. 应共和国总统、国家监察专员之请求，或是在自治区权利受到侵犯时应自治区议会议长的请求，宪法法院应审查并核实因失职不采取行宪所需之必要立法措施而导致的违宪。

2. 一俟存在因失职造成违宪的事实得到确认，宪法法院得即通知有关立法机关。

## 第二章 宪法的修改

**第二百八十三条 修改权限与时限**

1. 自最近一次的修宪法令公布之日起五年以后，共和国议会可以修改宪法。

2. 但是，共和国议会随时可以全体议员五分之四的多数的同意而行使修宪权。

**第二百八十四条 修宪动议权**

1. 议员均有动议修宪之权。

2. 在一项宪法修正案提出之后，其他宪法修正案得在三十日以内提出。

**第二百八十五条 通过与颁布**

1. 宪法修正案得以全体议员的三分之二多数通过。

2. 业已通过的对宪法的修改，得结集成为单一修正案的形式。

3. 共和国总统不得拒绝颁布修宪法令。

**第二百八十六条 宪法新文本**

1. 应通过可能且必要的置换、删除与增补等方式，恰当地将宪法修改条文嵌入宪法文本。

2. 宪法新文本得与修宪法令同时颁布。

**第二百八十七条 修宪的具体限制**

修宪法律必须尊重如下方面：

(1) 民族独立与国家统一；

(2) 共和政体；

（3）教会与国家分离；

（4）公民的权利、自由与保障；

（5）工人、工人委员会与工会的权利；

（6）生产资料所有制方面公有制、私有制、合作制和社会所有制并存；

（7）混合经济架构中经济计划要求的存在；

（8）通过普遍、直接、秘密和定期的选举任用国家主权机关、自治区机关与地方政府机关得选任的成员，实行比例代表的选制；

（9）表达与政治组织包括政党的多元化，以及民主反对的权利；

（10）国家主权机关分权与相互依赖；

（11）对适用法规的作为或不作为是否合宪的监察；

（12）法院独立；

（13）地方自治机关的自治；

（14）亚速尔群岛与马德拉群岛的政治与行政自治。

**第二百八十八条　修宪的环境限制**

在戒严或紧急状态期间不得修改宪法。

# 最后条款和过渡条款

**第二百八十九条　先前的法律**

1. 在不违反本条下一款之规定的情况下，1974年4月25日以后颁行的、本节未予保障的宪法性法律，得视为普通法。

2. 在不违反本宪法或其坚守的基本原则的条件下，在本宪法生效之前业已存在的普通法得予以保留。

**第二百九十条　大区**

1. 在行政区划尚未为约定俗成之时，它们所未覆盖的地域仍保持被分为大区的状态不变。

2. 在每一大区，将根据应由法律规定的条件，设立由各自治市代表组成的决策会议。

3. 总督在一个委员会的协助下，有权在大区辖区内代表政府和行使监督权。

**第二百九十一条　对 PIDE/DGS① 的控告与审判**

1. 1975 年 7 月 25 日的第八号法令，连同 1975 年 12 月 23 日的第十六号法令、1975 年 12 月 26 日的第十八号法令，继续有效。

2. 对于本条前款及第二条第二款、第三条、第四条第二项及第五条所列之罪行，法律可以更进一步明确其细节。

3. 法律得特别规范同一法令第七条所及之轻微、可以减轻处罚的情形。

**第二百九十二条　1974 年 4 月 25 日后国有化财产的再私有化**

在议会以绝对多数通过的相关框架法案，得以规范 1974 年 4 月 25 日后国有化的生产资料所有权或使用权的再私有化，后者得遵循如下基本原则：

（1）一般情况下，1974 年 4 月 25 日后国有化的生产资料所有权或使用权的再私有化得优先采取公开招标、股权交易或是公开认购的形式；

（2）再私有化的所得只能用于如下方面：赎回公债或是国有企业的债务、偿还国有化形成的债务，或是向产业部门追加新的投资；

（3）在再私有化的过程中，目标企业中的工人得保有其固有的权利和义务；

（4）在再私有化的过程中，目标企业中的工人得在认购公司股权的比例上享有优先权；

（5）再私有化的生产资料或其他资产得事先经过一家以上的独立会计机构的资产评估。

---

① The PIDE/DGS ( International and State Defence Police / Directorate – General of Security )：国际和国防警察/安全总署代理人与人员，系葡萄牙民主化之前独裁政权所掌握的政治警察力量。

2. 未直接国有化和处于基本经济部门之外的中小型企业，可以依据法律规定实行再私有化。

### 第二百九十三条　适用于地方政权的法规

待本法第二百三十九条第三款生效后，地方自治机关得依基于1992年11月25日第1/92号宪法修正案修正后的宪法文本而制定的相关法律组织和运作。

### 第二百九十四条　就欧盟条约举行的公民投票

本法第一百一十五条第三款之规定，不得妨碍就批准旨在建设和巩固欧盟的条约吁求和举行公民投票的可能。

### 第二百九十五条　宪法生效日

1. 制宪会议于1976年4月2日通过葡萄牙共和国宪法。
2. 葡萄牙共和国宪法于1976年4月25日生效。

（CONSTITUTION OF THE PORTUGUESE REPUBLIC SEVENTH REVISION［2005］, http://app. parlamento. pt/site_antigo/ingles/cons_leg/Constitution_VII_revisao_definitive. pdf. ）

# 葡萄牙政党管理法

(2003 年 8 月 23 日 2003 第 2 号组织法,
2008 年 5 月 14 日 2008 第 2 号组织法修订)

依据宪法第一百六十一条第三款之规定,共和国议会特此通过如下法案,它得拥有共和国普通法的地位。

## 第一章 基本原则

**第一条 政治和宪法职能**

在尊重民族独立、国家团结和政治民主原则的基础上,政党得有助益于公众多元意见的自由表达。

**第二条 目标**

政党的目标得包括如下方面:

(1) 有助益于公民多元意见的表达,以及其自由与政治权力的行使;

(2) 研究和辩论国内和国际层面上政治、经济、社会、文化生活领域中出现的问题;

(3) 提出政治议程并为选举准备纲领;

(4) 提名参加民选机构民意代表选举的候选人;

(5) 特别是基于反对的立场,就国家、自治地区和地方的公权力机关以及葡萄牙所属国际组织等诸多权责主体的行为提出批评;

(6) 参与就有关付诸国家、自治地区和地方公民投票的事项所作的说明;

(7) 推动和提升公民的训练和准备,促进公民直接、积极地参与民主的公共生活；

（8）概言之，政党得有助益于增进基本的自由和权利，得促进民主体制的发展。

### 第三条 本质及延续性

政党得是拥有适宜其达成目标与业绩的法律资格的法人，且得以无限期地存在。

### 第四条 自由原则

1. 组党自由且无须批准。

2. 政党自由致力于其目标且不受公权力机关的干预，唯宪法和法律规定的司法监督除外。

### 第五条 透明原则

1. 政党得公开致力于其目标。

2. 政党的如下事务及行为必须公开：

（1）政党的组织章程；

（2）政党官员的身份；

（3）原则性声明和政治性纲领；

（4）在国家和国际层面上的一般性行动。

3. 所有政党在任命其全国性领导人之后，以及在通过或修订其组织章程、原则性声明以及政治纲领之后，皆得及时将新领导人的身份以及章程、声明、纲领的相关变更情况知会宪法法院，以便于后者的可能的审查。

4. 政党经费的来源及使用情况，得依规范政党财政与选举的相关法律予以公开。

### 第六条 公民权准则

政党的党员得是拥有公民权利的公民。

### 第七条 捍卫民主宪政秩序

不允许武装的政党、军事化或实质上准军事化的政党存在，不允许信奉种族主义和法西斯主义意识形态的政党存在。

### 第八条　国家属性

不允许政党在其名称中带有地方色彩，或在其纲领中存在地方性指向或口径。

### 第九条　政党的权利

依据法律规定，政党得享有如下权利：

（1）向共和国议会、自治地区、地方当局、欧洲议会及其他经由直接、普遍选举产生且由政党占据席位、参加运作的机构提名候选人；

（2）监督、检查和批评国家机构、自治地区和地方机构以及葡萄牙所属国际组织的行为；

（3）使用广播电视的播出时段；

（4）结成各种政治联盟。

2. 政党在民选机关中拥有代表但却未构成该机关之执行机构一部分者，得拥有反对之权利且得享有具体法律所规定的地位。

### 第十条　联盟

1. 政党可以自由结盟。

2. 政党联盟持续的时段在结盟时确定，但可以相应地延长或者削减。

3. 政党联盟不得成为与组成它的各政党全然不同的政治实体。

4. 出于法定的目的与要求，政党结盟必须知会宪法法院。

5. 基于选举目的的政党结盟，得受选举法之规范。

### 第十一条　政党名称、简写和标识

1. 每一个政党皆得拥有自己的名称、简写和标识，但不得同业已成立的政党的相同或相似。

2. 党名不得基于人名，不得含有与任何宗教、国家机构直接相关的表达要素。

3. 政党的标识不得有彼此混淆之可能，也不得在形状或语音上有与国家标识或徽章、宗教形象或符号相关联之处。

4. 政党联盟的标识和简写，得严格限定在复制组成它的各政党的标志和简写的基础上。

### 第十二条　党内组织或关联组织

依据宪法和法律规定以及政党组织条款所确定的标准，政党可以在其内部组建各种组织，或者在其外部成立其他的关联性组织。

## 第二章　成立和终止

### 第一节　成　立

### 第十三条　在宪法法院注册

对政党及其法人资格的承认，以及政党开始其活动的前提，得在于其主动到宪法法院登记注册。

### 第十四条　注册申请

1. 政党的注册申请必须由不少于七千五百名的选民联名提出。

2. 政党的注册申请得采取书面形式，并得附有党的组织章程草案，原则声明或纲领，党的名称、简写和标识，以及签署提交组党申请的选民的完整姓名、身份证号码和选民证号码。

### 第十五条　注册及组织章程的公布

1. 一俟收到注册申请，宪法法院得将自己准予注册决定的摘要连同政党的组织章程一同送交《共和国公报》公布。

2. 前款所及之决定得包括宪法法院对政党合法性的确认。

3. 应检察署要求，宪法法院可在任何时候就政党组织章程的任一条款作出评估并宣布其非法。

### 第二节　终　止

### 第十六条　解散

1. 唯有在有权责的机关适用相关法规作出决定的情况下，政党始得以被解散。

2. 解散政党的决定得确定该政党资产的处置方式；党产只能转交给其他政党、政治性的非盈利组织，若两者皆不可能，得交给国家。

3. 解散政党的决定得知会宪法法院，以便其相应取消对该政党的注册。

### 第十七条　司法取缔

1. 在如下情形下，应检察署请求，宪法法院得下令取缔政党：

（1）政党被视为是武装的党、军事化或实质上准军事化的党存在，或是信奉种族主义和法西斯主义意识形态的党。

（2）政党连续六年未在任何一次的共和国议会选举、欧洲议会选举或是地方选举中提名候选人参选；

（3）政党在六年以上的时间内未提供其全国领导人更新的名单；

（4）政党连续三年未提供其经费审计报告；

（5）连续无法接触或告知政党备案资料中所提供名单上的任何一位全国性领导人。

2. 应检察署或任何一位党员的要求，取缔政党的决定得确定收归国家的党产的处置方式。

## 第三章　党　员

### 第十八条　党员的自由

1. 任何人皆不得被迫加入或是退出任何政党，也不得以任何方式被迫继续充当党员。

2. 任何人皆不得以血统、性别、种族、语言、地域、宗教、教育、经济或社会地位被拒绝加入或被开除出任何政党。

3. 任何人皆不得以其政党党员的身份而获致特权、利益或偏见，亦不得因此而被剥夺任何权利、免除任何义务。

4. 外国人和无国籍人士合法定居在葡萄牙且加入政党者得享有与其

被赋予的政治权利地位相适应的参与权利。

### 第十九条 党员

1. 政党党员资格得以自然人身份取得且不得让渡、不得授予任何物质的权利。

2. 任何人不得同时作为一个以上政党的党员。

### 第二十条 限制

1. 政党不得在如下领域中发展党员或成员：

（1）现役军人、服役的武装人员；

（2）安全部门、现役武装力量。

2. 如下各相关主体不得从事公开的政党活动：

（1）现任法官；

（2）现任检察官；

（3）现任职业外交官。

3. 如下人员不得从事政党的政治执行机构的管理活动：

（1）公共管理部门的董事长；

（2）公共机构执行部门的总裁；

（3）独立的管理机构的成员。

### 第二十一条 党内纪律

1. 政党内部纪律不得影响宪法和法律所规定的权利的行使和义务的履行。

2. 政党内部纪律得由负责执行纪律的部门来适用，后者得向党内相关主体提供听证、辩护的机会，以及作出投诉和上诉的可能。

### 第二十二条 党籍当选者

因政党提名名单当选的公民，得依该党章程的相关规定、当选职位所属机关的规则，自主行使其职权。

## 第四章　党内组织

### 第一节　政党主体

**第二十三条　全国组织**

任何政党皆得有如下全国性组织，并得在其组织章程中规定其责权与构成：

（1）代表党员的代表会议；

（2）司职政治管理的机构；

（3）司职内部裁判的机构。

**第二十四条　代表会议**

1. 政党代表会议得由党员民主选举出来的代表组成。

2. 政党组织章程也可依法合理地规定自然当选代表会议代表的情形。

3. 在其代表权利不受影响的前提下，代表会议得对如下事项负特别责任：

（1）批准党的组织章程、政治纲领及原则性声明；

（2）在适当的情形下，决定政党的解散，或是决定同其他一个或多个政党合并。

**第二十五条　政治管理机构**

政党的政治管理部门得由全体党员以直接或间接的方式民主选举产生。

**第二十六条　内部裁判机构**

政党内部裁判机构的成员由民主选举产生，不得由政党政治管理机构成员或党的核心领导层成员充任，且得确保其能够独立、公正地履行职权。

**第二十七条　政治参与**

政党的组织章程得确保男性、女性党员直接、积极和平等地参与政治活动，得避免在党内管理机构选举和本党公职候选人的提名中出现性别的歧视。

**第二十八条　有限任期原则**

1. 党务职位不得终身委任。

2. 前述条款之规定不适用于荣誉性职务。

3. 党务职位的任期得由政党组织章程加以明确,后者亦得就连任党职作出限制。

**第二十九条　政党组织的决议**

1. 政党任何组织的决议皆得提交适当层级的裁判机构,由其就是否违背党的组织章程或法律的相关规定作出评议。

2. 因党内裁判而权利受损的党员或组织部门,可以依据同管理政党的组织、运行和程序相关的法规,向宪法法院提请上诉。

**第三十条　解除职务**

1. 在如下情形下,可以解除政党成员在政党诸组织机构中担任的党职,以作为司法制裁附加的处罚措施:

(1) 出任国家、自治地区和地方公职期间,在履职时犯有罪行且该罪行已被法院确认;

(2) 被法院确认参加了武装组织或军事组织,实质上的军事化、准军事化组织,种族主义组织以及信奉法西斯主义意识形态的组织。

2. 除前款规定所及之情形以外,只能以组织章程所规定的原因和形式去解除党务官员的职务。

**第三十一条　内部公决**

1. 政党组织章程可以设置内部公决的程序,以便在全党范围内就党内重要事项进行表决。

2. 依据政党的组织章程,同代表大会相关的事项若委付党内公决,则应由代表大会做出举行公决的决议。

## 第二节 选 举

### 第三十二条 普选

政党内部选举或公决，得采取一人一票无记名投票的方式。

### 第三十三条 选举程序

1. 政党选举得遵循如下规则：

（1）得制作选民名册，且得保证该名册在合理时限中有效、可用；

（2）候选人得享有相同的机会并得受到公平的待遇；

（3）选举行为是否得体、选举过程是否有效，得由党内裁判机构作出评估。

2. 任何选举人或候选人皆可就选举的程序问题提交党内裁判机构评议。

3. 由前款所及之程序而产生的裁判决定，可以上诉至宪法法院。

## 第五章 政党组织的行为方式

### 第三十四条 合作的形式

1. 政党创设同公共和民间机构合作的形式，但得尊重彼此的自治与独立。

2. 政党同公共机构的合作得仅仅限于特定的和临时的目的。

3. 公共机构得负有无差别歧视地对待所有政党之义务。

### 第三十五条 国际合作

政党得有同外国政党交往、自由加入政党国际联盟的权利。

### 第三十六条 财务规则

政党及其选举的财务，得由特别法律规范之。

### 第三十七条 劳资关系

1. 政党及其党工之间的劳资关系得由普通劳动法规范之。

2. 如下事实可以视作解雇党工的合理缘由：不再是本党党员，从事反对雇用自己的政党的宣传，或是在选举中支持本党的竞争对手。

## 第六章　终结条款

### 第三十八条　适用既有政党

本法自起生效日起适用于全部的既有政党，后者得在最多两年之内完成对其组织章程的必要的修正，以适应本法之要求。

### 第三十九条　废止法律

如下法律因本法而废止：

（1）1974 年 11 月 7 日第 595/74 号行政法，以及修正该法的 1975 年 3 月 13 日第 126/75 号行政法、1976 年 3 月 6 日第 195/76 号行政法、1997 年 9 月 16 日第 110/97 号行政法；

（2）1974 年 12 月 5 日第 692/74 号行政法；

（3）1989 年 3 月 17 日第 5/89 号法律。


（Law governing Political Parties Organisational Law no. 2/2003 of 22 August 2003, http://www.partylaw.leidenuniv.nl/party-law/506abdbf-bed8-4828-9f24-098484e5412d.pdf.）

# 葡萄牙社会党党章

（全国委员会 2008 年 11 月 29 日修订）

## 第一章 总 则

### 第一条 党员

1. 意欲加入本党者，得接受本党章程、原则性声明和党纪法规，经登记并为党的相关组织或机构接纳为中坚党员。

2. 除葡萄牙公民外，合法居住在葡萄牙境内的欧盟成员国公民、葡语国家共同体成员国的公民也可加入本党。

### 第二条 简写、标识、党旗和党歌

1. 社会党简写拼做"PS"。

2. 社会党的标识为两个同心圆，内圆为红底、中间是黄色的紧攥的左拳，外圆内侧为金黄底、红色字母书写的葡文"社会党"字样。

3. 社会党党旗为红色矩形，其左上角缀有社会党的标识。

4. 社会党的党歌系《国际歌》，其歌词为本党通过的葡语版本。

### 第三条 国际组织的成员

葡萄牙社会党是欧洲社会党成员，也是社会党、社会民主党和工党组织——社会党国际的成员，奉行不干涉成员党内部政治路线及权力的理念。

### 第四条 政党自治

社会党独立于其他政治组织，或是其他国家、政府、超国家组织、宗教或伦理组织。

### 第五条 批评与发表意见的自由

社会党承认党员批评与发表意见的自由，但要求其尊重本党依党章所作出的民主的决议。

### 第六条 结成派系的权利

1. 社会党承认，在尊重党纪的前提下，党员有在党内依不同的意见和目标而结成党内派系并公开发表其意见的权利。

2. 任何党内派系都不得结成自治的组织，或是对外使用自己的政治名义。

## 第二章 中坚党员及党的支持者

### 第七条 入党和党内登记

1. 个体意欲加入社会党成为中坚党员，可向本党任何一级组织提出申请，递交妥帖签名的登记表，并得由两名党龄六个月以上的党员推荐。

2. 允许通过适当使用计算机网络途径临时吸收党员。

3. 中坚党员按地域关系组织起来，必须隶属如下不同场所中的某个党部：居民社区、工作场所或是公职选举的选区，包括参与党内选举、吸收和输送新党员的选区。

4. 党员也可加入本章程第二十五条、第三十六条所及的党部组织，但得向其所在之社会党部及其上级组织报告。

5. 所有认同社会党章程和原则声明者，都可在本党全国书记处所属的文档中心申请登记成为社会党的支持者。

6. 在以前款规定申请登记社会党支持者时，后者得表明其是否倾向于被编入某些基层党部。

7. 每年3月底为党员登记普查日，各基层党部、组织得将党员和支持者的登记情况汇总报告给全国书记处。

#### 第八条　接受申请

1. 加入本党中坚党员党部的申请，得立即报告居住社区的党的委员会，并得同时报告相关注册机构。

2. 在依前款规定递交申请的三十日内，在不影响下款规定的情况下，若社区党的委员会书记并未给出否决意见，则申请者得被正式接纳为社会党中坚党员。

3. 若为社会党前核心党员或原为其他政党党员者申请成为中坚党员，党的全国政策委员会得在相关责任层级党的委员会及其书记的建议下，对此类入党申请进行审议。

4. 中坚党员的注册只有在其原始登记表格提交至全国委员会，由该委员会完成其定期性的批准程序之后，方始有效。

#### 第九条　对申请注册批复决定的申诉

1. 所有党的社区委员会书记否决申请的决定，都得有正当的理由并得告知申请人；在告知后的十五日内，申请人可向上一级委员会申诉；若对申诉的结果不满，可在十五日内向党的全国政策委员会申诉。

2. 若申诉的最终结果为同意接纳申请人入党，则新党员的入党日期依前条第四款之规定计算。

#### 第十条　党员信息的管理与存档

1. 中坚党员与党的支持者的相关信息，由党的全国书记处负责管理。

2. 所有中坚党员信息的相关变化，皆得在三十日内，由其所属组织的委员会报告给党的全国书记处。

3. 第七条第七款所及之登记普查信息，得成为新党员入党次年参加党组织的选举或被选举的依据。

#### 第十一条　登记成为"青年社会主义者"的成员

年满十八岁，获致成为社会党一般联系成员的资格，并向党的全国委员会提交打印的表格者，可以定期地登记成为"青年社会主义者"成员。

**第十二条　丧失民事和政治权利者**

依据法律规定，丧失民事和政治权利者不能加入社会党。

**第十三条　权利和义务**

1. 依据本章程，社会党党员拥有平等的权利和义务。

2. 社会党的登记支持者拥有本章程所明确的权利和义务。

**第十四条　权利**

1. 社会党中坚党员的权利为：

（1）参加党的活动；

（2）在党的机构选举中拥有选举权和被选举权，并就一般事务行使投票权；

（3）收阅党的官方报纸《社会主义行动》；

（4）在党的各层级组织上自由发表意见，并就党的组织、导向和行动向相关党的机构提交自己的意见、建议；

（5）在相应层级党的主管机构的组织下，参加对违反党内生活规范的行为的认定，在非经事先听证、没有辩护保障的情况下不受党纪制裁；

（6）就党的有关组织的任何违反章程规定的行为，向适当的党的机关提出质疑；

（7）因正当理由辞去选任或委任的职务；

（8）为履行中坚党员的职责，要求并获得技术支持及相关的政策和培训；

（9）党龄不间断满二十五年和五十年时，获致特别纪念奖及荣誉；

（10）本章程及其他规则所及之权利。

2. 未及时交党费的党员可能不得行使前款所列之第二、第四和第八项权利。

3. 社会党支持者的权利为：

（1）被告知党的活动，并参加其中并非仅由中坚党员参加或行使选举权的活动；

（2）参加注册其本人为支持者的党的基层党部的活动；

（3）在党的各层级组织上自由发表意见，并就党的组织、导向和行动向相关党的机构提交自己的意见、建议；

（4）要求和接受政治支持和培训。

**第十五条　义务**

1. 社会党中坚党员的义务是：

（1）在其登记所在的基层党部及其所参加的机构中发挥积极作用，并参与党的一般性事务活动；

（2）积极勤勉、忠于职守，认真履行来自党内外的选任、委任或委托的职务责任；

（3）关注和执行党的章程和规范，以及党的组织的决议；

（4）保守党的活动和组织的秘密；

（5）因被选任或委任其他职务而失去所任现职之资格时，提出相应的解职要求；

（6）根据全国书记处的要求缴纳党费，后者除不超过百分之五十的份额用作支撑《社会主义行动》等党刊出版发行以外，其余依一定比例转移支付给基层党部；

（7）遵循民事法规和党纪规范，非经党的适宜的主管机构批准，不得代表本党承担债务与合同责任；

（8）本章程及其他规则所及之其他义务。

2. 社会党支持者的义务是尊重党的名誉和尊严。

**第十六条　中坚党员权利的暂停和丧失**

1. 党员两年不交党费得暂停其权利，此种情况得在当事党员及其所隶属的党组织、党的全国书记处登记部门之间进行沟通，并得在六十日内予以改正或补救。

2. 若无改正或补救，得将此情形报告至党的相关登记部门，这将导致当事者丧失其党籍。

3. 中坚党员不交党费或被停权，即不能够参加党内选举，亦将被排除在本章程第七条第七款所及之登记普查之外。

**第十七条　党务干部的义务**

全国或地方党组织的党务干部及参与党务的中坚党员，得依据党的领袖机关所确立的日程，经常性地参与基层党组织的活动。

**第十八条　选举资格**

1. 以本章程第七条第七款登记普查结果为依据，凡党内选举前登记时间在六个月以上的党员，皆享有选举权。

2. 社会党内部机构选举中，登记时间六个月以上者皆有被选举权；但参选总书记者，其登记入党时间得在十八个月以上。

**第十九条　党内选举**

1. 党的组织的选举以及同个体相关的投票，皆得采用秘密投票的方式。

2. 其他情况下，投票可采用由特定功能团体集体投票的形式。

3. 党的领导机关选举得以采用比例代表制、顿特最高均数法的选制选举产生。

4. 党的执行机构采用完全名单多数决的选制选举产生，候选党员人数不得超出应当选任的职数。

5. 党的各职能部门选举采用单一职位多数决的选制。

6. 在使用多数决选制的选举中，候选名单或候选人得获得绝对多数选票的支持，方可被视为当选。

7. 若前款所及的一轮选举中没有名单或候选人获得绝对多数支持，则应举行由第一轮选举中排名居前的两个名单或候选人参加的第二轮投票，获得多数支持者当选。

8. 任何候选人不得同时列名于两份以上的候选名单，或同时竞逐两个以上的职务。

9. 担任四届党的全国书记处成员、大区主席、地区（选区）主席或党部协调书记，不得再在下次选举中寻求同一职位。

10. 当委付表决的机构候选名单由其他机构提出时，其在选举中更可能获得多数选票的支持。

11. 同时在社区党党部和本章程第二十五条所及之党党部登记的中坚党员，得在大区、地方和全国党的选举中行使权利时从两个登记时间中选择一个；或是在登记加入本章程第三十六条所及之党部的情况下，在党的全国机构选举中只能在作出选择后的十二个月以后才能再次重新选择。

第二十条 选任职务

1. 选任职务的任期为两年。

2. 新当选者产生之日，为上一届任职者任期届满之时。

3. 任期届满者得继续留职直至新当选者就职。

4. 任何中坚党员皆不得同时在全国、地区、地方（选区）和市镇层级兼任不同的行政职务。

5. 中坚党员当选新的行政职务，得随即辞去此前获任的、前款所及的与任此新职并不适合的选任职务。

6. 在满足全国委员会通过的对于会议出席和缺席的一般规定的条件下，各级审议机构自行通过其议事规则，定期履行或免除其职权。

第二十一条 无党派公民的参与

1. 党的管理部门可以邀请公民独立地参与党的系统的活动及党的组织的会议，但通过党的决议的时间段除外。

2. 包括自治市、大区和全国组织在内的党的组织，每年皆得举行一次本层级组织的年会，吸收党外认同本党及纲领、选择的公民参加，以讨论党的政治形势、强化党同支持者和普罗大众的联系。

## 第三章　党的组织结构

### 第一节　党的一般性组织

**第二十二条　主要依托地域性的组织**

1. 党在基层、地方（选区）、大区和全国层面上都有相应的组织。

2. 党的基层组织是以社区、教区为基础组织而成的党部。

3. 若党的基层组织活动依托或其关注的主题为社会、经济和文化合作相关的行业部门或领域，则可以此为基础组建行业部门党部或网络党部。

4. 在未创设大区的地方，所有地方或选区党部得整合、协调其行动并组成党的地区或选区联合会，但本章程第三十六条第三款规定的网络党部除外。

5. 在每一个行政大区范围内，所有党的组织整合、协调其行动并组成党的大区联合会。

6. 在亚速尔和马德拉地区，为与宪法和法律赋予该地区的自治地位和权利相适应，可以独立组建实行自组织原则的党的组织。

**第二十三条　基层组织的组建和解散**

1. 在与本地同级的政策委员会磋商后，地方（选区）联合会的书记处有权决定组建或者解散社区党部。

2. 设立或者解散行业部门党部，若党部成员来自全国不同地区或是在全国组织的范围内协调活动，其权力则应视情形分别归地区联合会书记处或全国书记处。

3. 设立和解散网络党部的权责属于党的全国书记处。

4. 可以就前款所述之地区联合会书记处的决定提起上诉至联合会的政策委员会，后者的裁决又可以上诉至党的全国政策委员会。

5. 取消党部的决定，唯有在告知其所属的中坚党员且征求其加入其他党部的要求后，始得有效。

**第二十四条　地域性组织的结构**

1. 社区党部是党的主要的组织形式，得由至少十五名来自相同或多个毗邻教区的中坚党员组成。

2. 市镇党部是在市镇层级上整合与协调党的活动的组织。

**第二十五条　行业部门组织的结构**

1. 行业部门组织中党部得由至少十五名党员组成，其主要的结构形式有如下类型：

（1）主题党部；

（2）行业活动党部；

（3）临时党部。

2. 主题党部侧重于公共政策领域的相关事务或问题，后者一般由党员发起或与党员相关联。

3. 行业活动党部一般在公司、社会组织或部门中结成并活动。

4. 临时党部的党员原本分属其他不同的党部，但基于党的利益，在一定的时限内因特定的政治、社会或文化目标而临时集结起来；是故，此种党部不参与党内相关机构的选举。

5. 不允许组成基于职业关系的社会部门的党部组织。

6. 必要时，党的全国书记处可以为主题党部或工会党部组建全国性协调组织。

7. 视其活动及性质所涉及的范围与层级，前述党部组织得能够分别获致全国、大区或选区党组织的支持。

**第二十六条　党代表**

在未设党组织的教区或社会部门中，党的选区联合会书记处可在选区政策委员会建议的基础上指定一名或数名当地中坚党员作为党的代表。

**第二十七条　社会党在自治地区的组织**

1. 党在亚速尔和马德拉自治地区的组织，分别为亚速尔社会党和马德拉社会党，被授予自行制定其组织章程和自治的权利，以期同其所在地区地缘的和政治自治的特质相适应。

2. 亚速尔和马德拉社会党的章程得提交党的全国委员会批准，除非收到章程后的第三方会议未明确表示同意，则此章程将当然地被视为获得全国委员会通过。

3. 在处理特定的关乎亚速尔和马德拉地区的事务时，全国委员会得听取两地社会党的意见。

4. 本章程第九十三条第二款之规定不适用于自治地区的社会党组织。

5. 本章程第十九条第九款之规定不适用于亚速尔和马德拉地区社会党的主席。

**第二十八条 国外社会党的组织**

1. 国外葡萄牙社会党的组织得依据本章程，以各自所涵括的所在国的地域、政治和行政区划为基础组建。

2. 可以以领事区、数个或单个国家、邦联、地区或城市为地域单位建立党的组织。

3. 以领事区、国家、邦联、地区或城市为地域单位建立的国外党的组织，若在相同地区范围内有多个党部，则可自行组建联合会，并依据联合会各下级党部多数同意的原则，选举领导机关并制定其运作规则。

4. 国外党组织可以组建至少七名以上愿意配合实施党的政策的党员组成的中坚党员小组。

5. 在国外党组织的建议下，党的全国政策委员会可以对其组织及运作的方式作出特别的规定。

**第二十九条 自组织的权力**

1. 国外党的联合会除了有依据本章程而获致的权利外，还被特别授予自组织的权力。

2. 前款所述之权力由国外党组织的政策委员会行使。

3. 可就前款政策委员会的相关决定，提请党的全国政策委员会审批。

## 第二节 党　部

### 第三十条　基于社区和行业部门的党部

基于社区和行业部门的党部是党的建制结构中最基本的组织，分别在其所在的社区、行业部门和主题领域中设计、宣传和实施其政治目标。

### 第三十一条　社区党部的机构

1. 社区党部的机构包括社区党员会议和书记处。

2. 若有条件，市镇、社区的党部可以组成党的选区自治会议，后者由依据本章程第三章之规定选举和组织的选区政策委员会领导。

### 第三十二条　行业活动党部的机构

行业活动党部由党员会议和书记处组成。

### 第三十三条　党员议事会

党员议事会由全体加入社区党部或行业部门党部的全部党员组成，是党的基层组织的议决机构，就本章程第三十条所明确内容相关的事务特别是如下事务负责：

（1）选举本议事会的主席团，后者由一位主席、两名秘书组成。

（2）选举本党部的书记处。

（3）社区党员议事会有权批准本党部在市镇社会党党员大会代表的提名。

（4）分别依据相应层级党的章程，参加地方、大区和全国党的机构的选举。

（5）监督本党部书记处的行动。

### 第三十四条　党员议事会会议

1. 党员大会一般每六个月在基层党的组织层面召开，会议由其主席团召集，并至少提前七天以信件、电子邮件、电话信息或是移动电话短信息的形式发布通知（通知得保留书面记录）。

2. 在党部主席团的召集下，或是应党部书记处协调秘书的要求，或者由加入本党部的全体党员的十分之一、五人及以上的本党部党员发起，可以召开特别党员大会，会议通知及议事日程得在预定的会议召开日期的前三天之内送达全体党员。

**第三十五条　基层党组织的书记处**

1. 社区党部或行业部门党部的书记处，系基层党组织的执行机构，负责同级权力机构所明确的政治路线。

2. 书记处由五至九名成员组成，依本章程第十九条之规定，以完全名单多数决的形式选举产生。

3. 候选人名单连同候选人接受提名的文件，得在预定选举日的五日之前提交给主席团。

4. 书记处选举如需第二轮投票，则得在第一轮投票后的一个星期后举行。

5. 书记处协调书记的姓名得位于选举名单的第一名，若协调书记因不能履职或出缺需要改选，则替换人选的姓名得出现在名单中紧接其次的顺位位置上。

6. 书记处得有一名书记是青年社会党人的代表，拥有表决权。

7. 加入党部的党的全国机构成员以至党的全国政策委员会主席，都可以出席书记处的会议，但不拥有表决权。

**第三十六条　网络党部**

1. 网络党部是一种全国性的社会党的基本组织形式，由至少十五名党员组成。

2. 网络党部基于互联网运作，其活动范围不限于任何问题、领域、事项或劳工的一般利益。

3. 网络党部得致力于整合自身所有行动及其影响，在全国范围内协调全国书记处的行动。

4. 网络党部的机构由协调书记以及虚拟党员议事会组成，后者由党员以电脑网络为媒介组成，本章程前一条的相关规定经变通后适用于此类不存在物理空间的会议形式及其功能的实现。

## 第三节 党的地方政治组织

### 第三十七条 市镇组织

市镇组织是在党在市政层级上的组织，负责协调市政区域内各社区的党部，并以此整合力量，在市政层面上参与政党政治活动。

### 第三十八条 选区组织

选区组织由如下机构组成：

（1）地方党的政策委员会；

（2）选区党的委员会的主席；

（3）选区党的书记处。

### 第三十九条 地方党的政策委员会的选举

1. 地方政策委员会由各市镇所属党部的全体中坚党员以完全名单比例代表制、顿特最高均数法的选制选举产生。

2. 每个地方政策委员会应选的人数，由大区党的书记处确定。

### 第四十条 地方政策委员会的结构和职能

1. 地方政策委员会在市政层次上制定党的策略并且协调党的行动。

2. 地方政策委员会由十五至六十名成员组成，后者由本市镇党组织的中坚党员、本党籍的市镇长、市政议会主席或本党籍最先当选的市政厅与市政议会成员，以及青年社会主义者直选产生的组织领导机构中比例为十分之一的代表选举产生。

3. 政策委员会主席得列名候选人名单的第一名，如出现空缺或许改选，则递补候选者的姓名得出现在名单中紧接其次的顺位位置上。

4. 社区党部的协调书记，本党籍的教区（相当于社区的行政区划单位）委员会主席、市政厅主席或本党籍最先当选的教区会议成员，在本地的党的大区和全国机构的成员，可以出席地方政策委员会会议，但无表决权。

5. 前款所及之主体，亦可参加政策委员会确定本党在市政层面参加选举的候选人名单的会议，但无表决权。

6. 政策委员会得在其主席的建议和协调下，从其成员中选举产生选区书记处。

7. 选区书记处受政策委员会委托，可以行使该委员会的职能。

8. 若市政层级的区划范围内只有一个党部且其党员人数不超过五十人，则该党部的党员议事会得行使政策委员会所属的全部职能。

9. 选区书记处的成员可以中止其在政策委员会中的职权，后者由委员会选中候选名单中的顺位人选接替；中止此职权后，该书记处成员仍可参加政策委员会活动但无表决权。

**第四十一条　政策委员会的裁判权**

政策委员会拥有如下专属权力：

（1）评估总体政治形势，特别是本市政区领域内的问题；

（2）成立和解散在拓展党的行动的工作小组；

（3）在本市政区划范围内决定党的基层组织的组建和撤销；

（4）依据本章程第九十一条之规定，批准本党的在各市镇参与市政选举的候选人名单；

（5）在党的选区委员会的指导下，协调市政区划内党的基层组织的活动并整合其运作；

（6）出于在市政层级上凝聚和致力于政治共识的目的，保障和协调本党籍当选市政官员同地方党的组织之间的关系；

（7）组织本市政区划范围内的社会党的年会，参会者得包括拥有或不拥有表决权的政策委员会全部成员、社会党籍的市长，以及由同层次"青年社会主义者"指派的至少五名代表。

**第四十二条　地方政策委员会会议**

1. 地方政策委员会得于三个月内至少举行三次例会，委员会主席得在会议召开前至少六日内向全部委员会成员发出会议邀请。

2. 在委员会主席发起倡议或在四分之一的委员会当选成员的要求下，政策委员会可以举行特别会议。

**第四十三条　选区委员会主席**

选区委员会主席协调、配合政策委员会和书记处的活动，分别召集其会议并确保它们同市政区划范围内各社区党部书记处的紧密联系。

**第四十四条　选区委员会书记处**

1. 选区委员会书记处是选区委员会的执行机构，由主席和六至十位成员组成，成员由选区委员会成员根据主席的建议选举产生，其职能包括：

（1）执行全国、大区党的组织及其政策委员会的决议；

（2）组织选区委员会活动，代表该委员会并且监督其事务；

（3）至少每三个月举行一次由本区域社会党籍市镇长参加的例会；

（4）与政策委员会协同规划和执行政治议程；

（5）收缴和增加所属组织的党费。

2. "青年社会主义者"选区委员会主席为社会党选区委员会书记处拥有表决权的成员。

3. 党的全国机构的成员在所在选区可以参加选区委员会书记处的会议，但无表决权。

## 第四节　选区联合会和大区的组织

**第四十五条　选区联合会**

选区联合会是党在选区或大区层面上制定政策、协调本区域内党部和市镇党组织行动的组织。

**第四十六条　选区联合会的机构**

选区联合会的机构包括：

（1）选区联合会代表会议；

（2）选区联合会的政策委员会；

（3）选区联合会主席；

（4）选区联合会的书记处；

（5）仲裁委员会；

（6）财经审计委员会。

### 第四十七条 选区联合会的选举

1. 出席选区联合会代表会议的代表，由联合会所在区域内的社区党部、行业部门党部中的中坚党员在相关政策规定的基础上选举产生。

2. 选区联合会代表会议代表的数目由全国委员会的相关规则加以确定，代表选举适用比例代表制、顿特计票法。

3. 选区联合会政策委员会，经联合会代表会议中至少百分之五的代表建议、不少于百分之十五的代表提交完全候选人名单，由代表会议依比例代表制、顿特最大均数计票法选举产生。

4. 仲裁委员会和财经审计委员会，经联合会代表会议中至少百分之五的代表建议、不少于百分之十五的代表提交完全候选人名单，由代表会议依比例代表制、顿特最大均数计票法选举产生。

5. 除本章程第四十八条第二款规定的情形之外，选举党的选区联合会主席，其候选人须经所在区域内百分之二或至少八十名的中坚党员提名，所有提名形成单一候选人名单后委付全体中坚党员直选产生当选者。

6. 除本章程第四十八条第二款规定的情形之外，党的选区联合会主席选举与党的选区联合会代表会议代表选举同时举行。

7. 选区联合会书记处根据联合会主席的建议，在选区联合会政策委员会成员中依完全名单制选举产生。

8. 在选区联合会机构选举中，代表会议的每一位代表都只能支持一个候选人名单，且只能列名于一份候选人名单之中。

### 第四十八条 选区联合会代表会议

1. 选区联合会代表会议是社会党在地区层面上的权力组织，一方面就本地区的政治议程或政策动议以及政治问题进行辩论，另一方面选举产生本地区党的联合会的政策委员会、仲裁委员会和财经审计委员会。

2. 在主持选区联合会非常代表会议时，联合会主席可在开会六个小时以后，建议选举属代表会议权责应选的联合会机构和联合会主席。

3. 如果临时代表会议行使非常权利选举联合会主席和联合会机构，则须立即动议修改其章程，以便选举能够基于如下基本原则以举行：

（1）联合会主席候选人需要至少百分之五的会议代表联署、不少于百分之十五的代表同意提名；

（2）候选人演说、提问和答辩的时间不得少于二十四小时；

（3）保障候选人在演说、提问和答辩中的平等权利。

4. 联合会代表会议所批准的政治决议成为联合会书记处所要奉行的行动路线，其执行情况由政策委员会负责监督。

5. 依现有章程完成其政策委员会和全国委员会批准的议程后，联合会代表会议解散，其所通过的报告对大区党的组织及其活动具有约束力。

**第四十九条　大区代表大会的构成**

1. 大区代表大会由如下人员参加：

（1）由社区党部和行业部门党部选举的代表；

（2）联合会主席；

（3）联合会书记处成员；

（4）在联合会所属选区内当选的本党籍议会议员；

（5）所属各个党组织的政策委员会主席；

（6）本党籍市镇长；

（7）"青年社会主义者"政策委员会成员；

（8）妇女社会主义组织的协调人。

2. 如下人员可以参会，但无表决权：

（1）所在区域内各社区党部、行业部门党部的书记及协调人；

（2）其他联合会机构的成员；

（3）在本区域内登记的政府和议会议员；

（4）召集人并非社会党中坚党员的议会委员会中最先当选的本党籍议员，市政议会议长，大区议会中的社会党籍议长、委员会成员或其他相关权力机关中最先当选的社会党成员；

（5）在选区联合会登记或由其所属选区选出的本党籍大区政府成员及其副手；

（6）大区议会和都市议会中的社会党籍议员；

（7）参加大区内全国性机构的成员。

3. 前述第一款第二至第八项所及之会议代表，其总人数不得超过总代表人数的四分之一。

### 第五十条　大区代表大会会议

1. 大区代表大会得在上届代表大会结束两年后开会；会议性质（正常或临时）由大区政策委员会确定，全国政策委员会、大区政策委员会三分之二成员或所属的大多数联合会政策委员会可以召集特别代表大会。

2. 在代表大会确定召开日期的六十天之前，大区政策委员会得在书记处的建议下选出大会的组织委员会。

### 第五十一条　大区代表大会机构

1. 大会得在当选大区主席的建议下，自其成员之中选举产生资格审查委员会和主席团。

2. 大会也得在主席的建议下选举产生荣誉委员会，后者由七至十五名曾在地方和大区范围内担任过重要职务的社会党中坚党员组成。

3. 主席团维护大会确定的路线，主席团由其主席和三名副主席、五名书记组成，大区党的主席以适当身份参加主席团。

4. 资格审查委员会由大会选举产生的四名委员组成，由仲裁委员会主席主持，负责审查大会组成的合法性，并处理、备案代表资格确认中出现的各种不合规定的问题。

### 第五十二条　大区政策委员会的构成

1. 大区政策委员会由至少十五至多七十一名委员组成，全部由大区代表大会直选产生。

2. 前款所及之委员，同时也是选区联合会政策委员会的成员、"青年社会主义者"代表（人数为其选举产生代表的十分之一以上但不多于七名），以及妇女社会主义联合会的协调人。

3. 如下人员可以参加大区政策委员会会议，但无表决权：市镇长、市长、市政议会议长、大区议会议员、大区社会主义者组织主席、市政机构中社会党籍的首先当选者，党的全国机构的成员，在本区登记或当选的本党籍全国和地方政府官员、本党籍国会和欧洲议会议员，以及大区妇女社会主义组织的领袖。

4. 上述人员也可以应选区联合会主席之邀参加联合会的政策委员会会议，担任联合会部门的协调人、相关研究部门的指导委员会成员。

5. 大区政策委员会会议由其自己的主席团主持，后者由一名主席、两名秘书组成，由政策委员会第一次开会时在其成员中选举产生。

6. 在政策委员会中，大区书记处成员得中止其作为该委员会成员的权责，但仍参加其委员会活动，而其职位则应由委员会选举时候选人名单上的其他人选顺位递补。

### 第五十三条　大区政策委员会的权力

1. 政策委员会是大区代表大会闭会期间的最高审议机构，在选区或是大区层面上确定党的行动路线并确保其实施。

2. 政策委员会拥有如下专属权力：

（1）选举大区书记处；

（2）就大区的政治形势特别是政治问题作出评估，在大区范围内执行和推进党的全国机构以及大区代表大会的决议、决定；

（3）依据本章程第五十条第一款之规定，召集临时代表大会；

（4）由其成员中选举产生大会（正常会议或临时会议）组织委员会；

（5）依据本章程第十九条之规定，确定大会代表的总人数；

（6）批准本区内党的政治行动计划；

（7）在书记处的建议下，要求全国书记处中止不合本章程第四十四条相关规定的市镇选区书记处的职权；

（8）选举本章程第五十五条第四款之规定，在大区主席建议下或是在其出缺或不能视事时由书记处建议，选举副主席；

（9）批准大区党组织的内部规范以及大区政策委员会的运作章程；

（10）在党的大区主席和政策委员会主席的联合建议下，选举荣誉委员会主席；

（11）履行本章程赋予的其他权责。

**第五十四条　大区政策委员会会议**

1. 大区政策委员会得每三个月举行三次例会，在其主席团、党的大区主席、书记处、四分之一的委员发起下，可以召开临时（非常）会议，在预定会期前六天，会议通知连同会议议程得送达每位委员。

2. 大区政策委员会第一次会议在当选后的十天内召开。

3. 当大区政策委员会连续三次因不够法定人数无法开会，或虽能开会但因不够法定票数无法议决时，全国书记处有责任建立必要的机制以解决此种困境，并使必要的审议得以进行。

4. 大区仲裁委员会和财经审计委员会成员可以参加政策委员会的会议。

**第五十五条　大区党的主席**

1. 大区党的主席协调本区内党的组织、提供政治指导，并确保大区党的机构的决定的适用。

2. 大区党的主席可以参加本区所有党的机关的会议，并于其间拥有适当的权利。

3. 大区党的主席召集大区书记处同市镇选区政策委员会主席、相关党部书记以及市政委员会、市政议会中本党籍首先当选者共同参加的大区党的季度会议。

4. 在拥有两千名以上缴费党员或者二十五个地方基层组织的大区党的组织里，可以任命一位书记处书记担任副主席，后者可以代表主席履行权责，或是在主席出缺时取而代之。

**第五十六条　大区党的书记处**

1. 大区党的书记处是大区党组织的执行机构，由大区党的主席和七至十五名政策委员会选举产生的书记组成，执行党的全国和大区机构的决议和决定。

2. 大区"青年社会主义者"的主席和妇女社会主义者组织的协调人，可以参加书记处会议并拥有投票权。

3. 若大区书记处出现职位空缺，则由政策委员会在大区党的主席的建议下进行补缺选举。

4. 若大区党的书记处因其成员被停权或免职而达不到法定开会人数，且大区政策委员会未能及时完成书记处人员替换，全国书记处可以任命一个执行委员会代行书记处权责，直至新的书记处选举产生。

5. 书记处拥有如下专属权责：

（1）依据本章程第五十四条之规定，召集政策委员会临时会议；

（2）规划本大区内党的政治行动并提交政策委员会考虑；

（3）准备年会报告和财务报告并提交大区党的代表大会审议；

（4）指导大区内各党部的例会；

（5）依据本章程第二十三条之规定，组建或撤销党部；

（6）监督为所属成员组织提供服务的雇员的行为；

（7）确定大区所属下级组织的政策委员会成员的数量并相应组织其选举；

（8）与党的各全国性部门合作，确定大区党的各常设部门的结构；

（9）在征询政策委员会意见的基础上，提名大区党的各部门的负责人，并透过他们确保选区和大区层面上党的政治的主动性；

（10）每年向全国书记处报告工作，并在大区财经审计委员会的意见基础上提交财务报告。

**第五十七条　大区党的裁判机构**

1. 大区党的仲裁委员会由五至七名成员组成，在大区范围内裁决一切党内争端并执行党的纪律。

2. 大区党的仲裁委员会拥有如下专属权力：

（1）指导和裁判大区内劳动争议中所属党部的登记党员作为被告的事件，但本章程第八十二条第四项所规定的情形除外；

（2）依据党员被诉过错严重性以及证据充分与否的情况，可以采取为时不超过六十天的预防性停权措施，如需要进一步调查核实，则可将此措施延长三十天以上，但总停权时长最多不得超过一百八十天；

（3）调查和裁判现大区党的机构之间的矛盾和争端；

（4）调查和审理挑战大区内挑战政策委员会和党部机构合法性的事件；

（5）自发地或应大区任何党的议决机构、政策委员会请求，进行相关的调查工作；

（6）举行听证会，并在会后因党员加入或支持它党候选人名单而致本党候选人落败而给予其停权处分，或是建议党的全国仲裁委员会开除其党籍；

（7）向大区党的代表大会提交工作报告。

3. 仲裁委员会主席召集和领导该会工作，并在投票结果意见相持时有决定性的一票。

4. 在第一次开会时，仲裁委员会在其成员中选举产生两名负责的书记。

5. 对大区仲裁委员会的决议不服，可以在决议作出后的三十日内向党的全国仲裁委员会上诉。

6. 若大区党组织未设仲裁委员会，或虽有该委员会但宣称有障碍或无法提供裁判程序，则相关裁判事项将被移交给党的全国仲裁委员会。

7. 一旦党的大区仲裁委员会的不足或障碍得以克服，其移交给党的全国仲裁委员会的管辖权力得及时恢复。

**第五十八条　大区党的财经审计委员会**

1. 大区党的财经审计委员会由三至五名委员组成，负责监督党的经济与财务管理活动,维护党的资产,保证相关审计的准确性。

2. 党的大区财经审计委员会拥有如下专属权力:

(1) 监督和确保每年更新大区范围内党的资产清单;

(2) 依据本章程,审查和确保实现大区内各党部、党的市镇委员会财务管理部门运作的合法性、准确性和透明性;

(3) 批准各党部和市镇委员会的年度财务报告及其附属文件,并审查其可靠性;

(4) 在其权责范围内,自主地或应大区内任何党的机构之请求,进行相关调查工作;

(5) 参加大区仲裁委员会查处违规或违纪行为的行动;

(6) 就资产转让或税务问题向大区书记处提供建议;

(7) 就本委员会活动向大区党的代表大会提交报告。

3. 财经审计委员会主席召集和指导委员会工作,并在表决出现相持结果时拥有决定性投票权。

4. 在其第一次开会时,财经审计委员会得于其成员中选举产生两名负责的书记。

5. 对于大区财经审计委员会的相关决议,可以在决议形成后的三十日内,向党的全国财经审计委员会提起上诉。

6. 若大区党组织未设财经审计委员会,或虽有该委员会但宣称有障碍或无法提供裁判程序,则相关裁判事项将被移交给党的全国财经审计委员会。

7. 一旦大区财经审计委员会的不足或障碍得以克服,其移交给党的全国财经审计委员会的管辖权力得及时恢复。

8. 为适当履行其权责,党的大区财经审计委员会可以要求同党的大区书记处、党的大区主席召开联席会议和合作行动。

## 第五节　党的全国组织

### 一　党的全国机关

**第五十九条　党的全国机关的构成**

党的全国机关由如下机构组成：

（1）全国代表大会；

（2）全国委员会；

（3）全国政策委员会；

（4）总书记；

（5）党主席；

（6）全国书记处；

（7）全国仲裁委员会；

（8）全国财经审计委员会。

**第六十条　党的全国机关的选举**

1. 全国代表大会代表由各社区党部和行业部门党部在相关政策要求的基础上选举产生。

2. 党的全国委员会、全国仲裁委员会、财经审计委员会，由全国代表大会以完全名单比例代表选制从至少获得百分之五的代表支持的诸名单之中选举产生。

3. 全国政策委员会由全国委员会以完全名单比例代表制选举产生。

4. 除本章程第六十一条第二款规定之外，党的总书记由全体中坚党员从一系列单记提名候选名单中直选产生，每个候选名单皆得有至少一百名党员支持方能够获得采认。

5. 除本章程第六十一条第二款规定的情形外，总书记选举得与党的全国代表大会代表选举同时举行。

6. 党主席由全国代表大会代表在大会开会时从至少获得百分之五的代表支持的所有单记名候选名单中秘密投票选举产生。

7. 全国书记处由全国委员会在总书记的建议下以完全名单制选举产生。

8. 每位全国代表大会的代表在每个党的机构选举中都只能支持或列名于一份候选人名单之中。

二　全国代表大会

**第六十一条　全国代表大会的权责**

1. 党的全国代表大会是评估和确定全国党的政治路线的机构，必要时有权辩论、批准本党的立法议程；全国代表大会正式会议选举产生党主席、全国委员会、全国仲裁委员会和全国财经监督委员会。

2. 在召开临时代表大会时，总书记可以在开会第一天临近结束时，提议重新选举总书记，以及大会有权选举的党的全国机构。

3. 如果临时代表大会行使非常权力选举总书记和全国性机构，则应立即动议修改其规则，以便选举能够依据如下基本原则而得以进行：

（1）总书记的提议须得到至少五十名大会代表的联署；

（2）候选人演说、提问和答辩的时间不少于二十四小时；

（3）候选人在演说、提问和答辩中的平等权利得予以保障；

4. 批准本章程修正案、党的原则声明和政治议程的权力，属于党的全国代表大会。

5. 代表大会在完成本章程及全国委员会所批准规则所及的相关事项后解散，它所通过的决议对党的所有机构具有约束力。

**第六十二条　大会的组成**

1. 大会由如下成分组成：

（1）各方面选出的代表；

（2）总书记；

（3）党主席；

（4）党的名誉主席；

（5）全国政策委员会和全国秘书处成员；

（6）大区和共和国议会中社会党籍的党团主席，社会党籍议会议员以及欧洲议会议员；

（7）党的大区主席；

（8）全国委员会中的"青年社会主义者"成员；

（9）社会党支持者联合会主席、妇女社会主义组织主席和全国社会党籍市长联谊会主席；

（10）社会党国际主席团中的本党籍主席。

3. 如下主体可以出席大会，但无表决权：

（1）党的全国机构的其他成员；

（2）大区和全国政府、议会中社会党籍的官员、党团成员；

（3）大区社会党政府的成员；

（4）大区以下市政厅和市政议会社会党籍主席，或社会党籍的首先当选成员；

（5）市镇选区社会党政策委员会主席；

（6）妇女社会主义组织全国执行委员会主席。

4. 第一款第二至第十项所及之代表的总数不得超过选任代表总人数的四分之一。

### 第六十三条 代表大会会议

1. 全国代表大会得在上届会议结束两年后，紧随总书记的选举、全国委员会召集的特别会议之后召开，总书记或各大区政策委员会的多数也是大会和党的多数。

2. 在大会会议召开前的六十天前，全国委员会通过会议的章程和规则，并在全国书记处的建议下，选举一个或多个会议组织委员会。

### 第六十四条 大会机构

1. 全国代表大会在当选总书记的建议下，从其代表中预先选举产生主席团和资格审查委员会。

2. 大会在党主席的建议下选举产生七至十五名委员组成的大会荣誉

委员会，委员从为党、国家和民主事业产生过重要影响的中坚党员当中选出。

3. 领导大会的主席团由党主席、五名副主席和十名书记组成，党的总书记个人以身份和适当权利参与其中。

4. 党主席宣布会议开幕。

5. 党主席不克出席时副主席代司其职。

6. 资格审查委员会由大会选任四名代表充任，其主席由党的全国仲裁委员会主席担任，审查大会构成的合法性，并处理、备案代表资格确认中出现的各种不合规定的问题。

### 三 党的全国委员会

#### 第六十五条 全国委员会的组成

1. 全国委员会的构成如下：

（1）总书记；

（2）党主席；

（3）荣誉党主席；

（4）大会代表直选产生的两百五十一名成员；

（5）"青年社会主义者"全国代表大会选出的二十名代表；

（6）大区党的主席、亚速尔、马德拉自治地区社会党的主席；

（7）国外四个主要的党的联合会、支部（视其登记党员的数量而定）的主席；

（8）党的机关报的主编；

（9）社会党工会的主席；

（10）全国社会党籍市长联谊会的主席；

（11）全国妇女社会主义组织的主席。

2. 全国委员会中的全国书记处成员，得中止其委员权责，该职位由选举时候选名单上紧随其后者顺位接替，该书记仍继续参与全国委员会工作但无表决权。

3. 全国仲裁委员会和财经监督委员会的成员可以参加全国委员会会议。

**第六十六条　全国委员会的权力**

1. 全国委员会是全国代表大会闭会期间的最高议决机构，负责制定党的行动路线并确保其贯彻执行。

2. 全国委员会拥有如下专属权力：

（1）选举政策委员会；

（2）在总书记和党主席共同建议下，选举党的荣誉主席；

（3）在党的全国机构出缺或不能视事时，选举其替补成员；

（4）从本委员会成员当中选举计划组建的特别委员会的委员；

（5）在全国书记处的建议下，选举党的机关报的主编；

（6）确定全国代表大会的时间、地点，批准大会的规则，选举大会组织委员会；

（7）在全国政策委员会的建议下，每两年批准和更新筹款体系、确定筹款额度的底线；

（8）批准全国书记处的政治行动计划；

（9）根据全国书记处的建议，批准党的预算；

（10）批准党的年度报告、年度审计报告；

（11）根据全国政策委员会的建议，批准关于有关会议出席和缺席情况的规则；

（12）根据全国政策委员会的报告，批准直选总书记、全国和大区党的主席、全国和大区代表大会代表的相关规则；

（13）召集党内公投；

（14）在全国仲裁委员会的建议下，批准党的纪律规范；

（15）确定党的全国性会议的时间、地点，通过会议的规则，并选举会议的组织委员会；

（16）行使本章程赋予的其他权责。

**第六十七条 党内公投**

1. 党内公投在全国书记处建议、全国政策委员会听证后由全国委员会召集。

2. 党内公投可以是全国性的、大区性的，或是地方性的。

3. 党的全国委员会在全国书记处的建议下批准党内公投的规则。

4. 党内公投具有党内咨议效力。

**第六十八条 全国委员会的运作**

1. 全国委员会通常每四个月召开四次会议；在党主席、总书记和四分之一全国委员会委员的要求下，可以召开临时会议，会议召开至少十日前得将包含会议时间、地点的通知连同会议议程送达全体委员。

2. 会议通知由党主席签发，也可以由要求开会的群体直接签发，后者应是在距离开会要求的时间已不足十日之时。

3. 全国委员会的主席团得在委员会选举和组成后的第一次会议上选举产生，由党主席、两名副主席和四名书记组成，副主席可在主席缺席或不能履职时代行其职。

4. 全国委员会可以组建由其成员参加的特别委员会，并确定这些委员会的组成、权力及运作方式。

5. 前款所述的特别委员会同议会党团中的代表、本党籍政府成员以及相关研究部门保持密切合作的工作关系。

6. 视所要讨论问题的主题与情形而定，不是全国委员会成员的研究部门主管和全国代表大会代表也可参加全国委员会的会议，但无表决权。

**第六十九条 党主席**

1. 党主席以其固有权力主持党的全国代表大会和全国委员会，并参与党的其他机构特别是全国书记处、全国仲裁委员会和财经监督委员会的工作，但无表决权。

2. 党主席主管有关党内的正式活动，并在总书记较长时期缺位或不能视事时代行其权责。

3. 党主席有捍卫党的团结统一的道义责任，得致力于维护党的纲领、计划和立场声明中所体现的基本价值和原则。

### 第七十条　党的荣誉主席

党的荣誉主席出席全国委员会和党主席的联席会议但无表决权，有捍卫党的团结和统一的道义责任。

### 第七十一条　党的全国性会议

党的全国性会议由全国委员会召集，讨论事关国家利益的事项，其组织和运作适用专为此等目的而通过的相关规章。

## 四　全国政策委员会

### 第七十二条　全国政策委员会的组成

1. 全国政策委员会的组成主体如下：

（1）总书记，拥有表决结果意见相持时的决定性投票权；

（2）党主席；

（3）全国委员会选举产生的六十五名成员；

（4）全国书记处成员；

（5）共和国议会中本党党团主席；

（6）亚速尔和马德拉自治地区立法议会的社会党党团主席；

（7）党的机关报的主编；

（8）社会党工会的主席；

（9）"青年社会主义者"组织的五名代表；

（10）全国妇女社会主义组织的主席。

2. 在总书记倡议或全国委员会决议下，如下人员可受邀参加全国政策委员会但无表决权：

（1）社会党籍的共和国政府官员、大区政府主席；

（2）共和国议会议员和欧洲议会议员；

（3）全国仲裁委员会主席和财经审计委员会主席；

（4）选区联合会主席；

(5) 社会党籍的市镇长；

(6) 社会党工会的主席；

(7) 全国妇女社会主义组织的代表；

(8) 党的全国协调机构的代表以及研究部门的成员。

### 第七十三条　全国政策委员会的权责

1. 全国政策委员会是全国委员会闭会期间党的议决机关。

2. 全国政策委员会拥有如下特别权责：

(1) 在全国委员会闭会期间确保和监督其决议的执行；

(2) 召集全国委员会特别会议；

(3) 在其权责范围内确定本党议会议员及其党团的政策方针；

(4) 在全国范围内指派人选出任相关政治职务，明确他们同党的组织之间的关系；

(5) 在全国秘书处的建议下，批准党的组织结构及其功能运作的模式；

(6) 在全国秘书处的建议下，批准党工的职业和地位体系设计；

(7) 依据本章程，就总书记、大区党的主席、全国和大区党的代表大会代表的选举规则，向全国委员会提出建议；

(8) 就全国代表大会的规则和章程向全国委员会提出建议；

(9) 就筹款系统及其年度调整向全国委员会提出建议；

(10) 就规范党的领导职位选举中出席和缺席情况的相关规则向全国委员会提出建议；

(11) 在全国书记处的建议下，批准财务管理规章；

(12) 通过党的大区机构选举的时间表；

(13) 在总书记的建议下，选举常任的选举技术委员会，并在必要时更换其成员；

(14) 履行本章程所赋予的其他权责。

### 第七十四条　全国政策委员会的运作

全国政策委员会每三周举行一次例会，在总书记或四分之一委员会成员的倡议下可以举行临时会议，包含时间、地点的会议通知连同会议日程得在距离开会至少四十八小时之前送达全体委员，紧急情况下此一限定时长可以减半。

**五 总书记**

**第七十五条 总书记的权责**

1. 总书记代表党，协调和确保党的政治方向、推动党的全国机构的平稳运行并促进其决议的执行，参加党的所有机构的工作并且主持全国政策委员会，在表决结果相持时拥有决定性投票权。

2. 总书记特别拥有如下权力：

（1）召集全国书记处会议并领导其工作；

（2）就政治行动计划向全国委员会提出建议；

（3）向党的全国代表大会提交全国书记处起草的政治行动报告、政策委员会报告，以及同全国财经监督委员会合作完成的总审计报告；

（4）召集全国书记处同党的各大区主席的季度性联席会议；

（5）向全国委员会建议召集党内公投；

（6）行使本章程赋予的其他权责。

3. 在全国书记处有成员不能履职或辞职时，向全国委员会建议候补人选。

**第七十六条 咨询委员会**

1. 咨询委员会是向总书记提供建议的备询机构，由党主席、党的荣誉主席、前总书记、前党主席以及公认的为党、国家和民主事业做出突出贡献的本党籍人士组成。

2. 咨询委员会成员由总书记任命，专职考虑有关党的生活的全部正式方案。

**六 党的全国书记处**

**第七十七条 全国书记处**

1. 全国书记处是党的全国政策委员会的执行机构。

2. 全国书记处由总书记执掌，依据总书记的建议，从全国政策委员会中依照完全名单多数决的选制选举产生其十一名成员。

3. 全国书记处可设副书记，后者依据总书记的建议由全国政策委员会选举产生。

4. 因职务关系，亚速尔和马德拉自治地区的社会党主席、"青年社会主义者"组织和全国妇女社会主义者组织的主席是当然的书记处书记；

5. 总书记可以任命党代表，负责协调党在特殊地域和领域中的行动。

第七十八条　全国书记处的权责

1. 书记处确保党的全国性决定和决议的贯彻执行，并得在其管理工作中作出必要的决定，以维护党的组织结构运作的紧密有序。

2. 全国书记处特别拥有如下权力：

（1）就党内选举的时间表向全国政策委员会提出建议；

（2）指定党产信托管理和运营的主体；

（3）就党务官员的职涯和地位、党务系统的组织模式和功能作用问题向全国政策委员会提出建议。

七　裁判、监督及执行机构

第七十九条　全国仲裁委员会

全国仲裁委员会是党内的最高司法机构。

第八十条　组成的独立

1. 党的全国仲裁委员会由十五名成员组成，由全国代表大会以完全名单比例代表制选出，选举中的首先当选者（因或得最多的选票支持）将是该委员会的主席。

2. 全国仲裁委员会进行裁决时保持独立，仅服从党的章程和纪律规范。

第八十一条　权力

1. 全国仲裁委员会拥有如下权力：

（1）裁判对自各大区仲裁委员会裁决结果不服的上诉案件；

（2）调查和检举违反全国和大区党的决议和决定的事件；

（3）调查和裁决全国党的机构之间的权责冲突；

（4）调查和检举被告为全国和大区机构成员的纪律事件；

（5）根据相关上诉事实，在党的相关机构的决定和声明包含伤害党的基本利益的内容时，以委员会三分之二多数表决结果中止这些决定和声明；

（6）在相关听证的基础上，对被诉者采取为时不超过六十天的预防性停权措施，如需要进一步调查核实，则可将此措施延长三十天以上，但总停权时长最多不得超过一百八十天；

（7）自主地、或应党的全国机构请求，开展有关的调查活动；

（8）就党规党纪的解释，或是就大区和全国党的章程与规则适用的界限提出相关建议；

（9）参与党章党规的修订；

（10）就本委员会的工作向全国代表大会提交报告。

2. 有关登记入党是否满六个月（可行使完全权利）时限的案件，由全国委员会作出裁定。

3. 掌握有关违反党纪者两年内不得再入党的规则。

### 第八十二条 纪律规范

1. 全国仲裁委员会的权责还包括就党的纪律规范的修订向全国委员会提出建议。

2. 仲裁委员会的上述修订建议一经全国委员会采纳，即时生效。

### 第八十三条 组织和运作

1. 全国仲裁委员会主席得召集和领导委员会工作，在委员会表决结果相持时拥有决定性投票权。

2. 在其第一次开会时，全国仲裁委员会从自身成员中选举两名书记，负责日常事务和准备会议备忘录。

3. 在通过新的议事规则之前，全国仲裁委员会得采用上一届仲裁委员会所用的议事规则。

4. 党的全国机构可就紧要事项要求全国仲裁委员会作出紧急裁决。

5. 前述紧急裁决的要求可由相关委员会主席提出，也可由相关委员会的委员提出。

### 第八十四条　全国财经审计委员会

全国财经审计委员会，由七名全国代表大会依完全名单比例代表制选举产生的委员组成，选举中获得最多数支持的名单上的首先当选者出任委员会主席。

### 第八十五条　全国财经监督委员会的权力

1. 全国财经审计委员会的总目标，是致力于维护党的资产以及账目审计的准确性。

2. 负责全国党的财经审计工作，特别是：

（1）督察确保党的资产清单具有真实性和时效性；

（2）依据党章，审查党的财务管理的合法性、准确性和透明性；

（3）监察账目及相关支持性文件的可靠性；

（4）发布有关党的总账目的报告和意见；

（5）就出售或处置党的资产向全国书记处提出建议；

（6）在其权责范围内，主动地或应党的全国性机构之要求，进行相关的调查；

（7）参与全国委员会，就其间所发现的不合规范的情形，诉诸党的纪律程序或采取其他措施；

（8）就其工作向全国代表大会提交报告。

3. 为适当行使其权力，全国财经审计委员会可以要求同全国书记处召开联席会议，或是召开全国负责财经审计的书记会议。

### 第八十六条　全国财经审计委员会的运作

1. 全国财经审计委员会主席召集和领导委员会工作，拥有表决结果相持时的决定投票权。

2. 在其第一次开会时，全国财经审计委员会得由其成员当中选举产生两名书记负责日常事务和准备会议备忘录。

3. 除非新的财经审计委员会制定出自己新的议事规则，否则得采用上一届委员会的议事规则。

**八　社会党代表的党组**

**第八十七条　代表的党组**

1. 依本党提名名单当选的非审议性政府部门成员的党员，得编入各种代表党组之中。

2. 依本党提名名单当选的审议性政府部门（特别是欧洲议会、国会、亚速尔和马德拉自治地区立法会议、大区立法会议、都市议会、市政议会、市镇会议等议决机构）成员的党员，得编入相应的议会党团。

3. 参照社会党的组织结构，议会党团确定自己的管理结构，设置合适的部门。

4. 特定地域中的议会党团和代表党组得协调组织、合作行动，拥护和执行党的决定。

**第八十八条　议会党团和代表党组的责任**

议会党团、代表党组有如下责任：

（1）在基层和市政层次上，向党的基层政策委员会负责；

（2）在选区和地方层次上，向党的选区和地方政策委员会负责；

（3）在大区层次上，向党的大区政策委员会负责；

（4）在亚速尔和马德拉自治地区层面上，向自治地区社会党的政策委员会负责；

（5）在全国层面上，出席全国向全国政策委员会负责。

**第八十九条　加入议会党团和代表党组**

受政党提名并当选的无党籍人士，可以在任何时候要求参加本党的议会党团或是代表党组，依据所当选机构的运作规则，在执行层面上向党团或党组提出建议。

### 第九十条 投票的纪律

社会党议会党团和代表党组的成员在议会或其他政府部门表决时得服从党的投票的纪律。

## 第四章 政治职位

### 第九十一条 政治职位的提名

1. 委任政治职位所负责任是：

（1）若提名职位为教区议事会代表，则由社区党部全体会议负责；

（2）若提名没有社区党部组织的市政区层次的职位，则由所在地方党的政治委员会负责；

（3）若提名职位为选区层级的，则由党的选区政策委员会负责；

（4）若所提名职位为大区层级的，则由党的大区政策委员会负责；

（5）若所提名职位为全国层面的，则由党的全国政策委员会负责。

2. 如果地方基层党的政策委员会在前述第一款第一项规定的基础上，以其出席成员的三分之二多数决议，通过了主张其所属提名区域的要求或声明，则应视前述所主张的区域在政治上的重要程度，可将该要求全部或部分地上诉至上级党的相关机构来审查。

3. 如果党的选区政策委员会在前述第一款第一项规定的基础上，以其出席成员的三分之二多数决议，通过了主张其所属提名区域的要求，则应视其所主张区域在政治上的重要程度，将该主张全部或部分地提请上级党的组织来审批。

4. 若前述第三项有关委任区域的主张未获三分之二多数通过，抑或该提名区域主张同其他选区或地方政策委员会的主张相冲突，则该提名区域问题应提交全国政策委员会，后者在考虑协调党内选区和地方组织的关系的基础上，做出相关决议。

5. 如果党的全国政策委员会在前述诸项规定的基础上，以其出席成员的三分之二多数决议，通过了对有关全国重要政治职务提名权力的主张,则此种主张可以部分或者全部地提交给党的更高权力机构来予以审批。

6. 全国政策委员会可以最终裁定选区和大区层级上任何党的机构提交的有关提名权限的上诉主张。

**第九十二条　议员（代表）候选人提名**

1. 在提名共和国议会候选人时,依据全国政策委员会制定的标准以及本条下一项内容之规定,各选区党的政策委员会分别通过自己的候选人名单。

2. 全国政策委员会有权在总书记的建议下,在虑及各选区大小及其影响轻重顺序的基础上,在各选区候选人名单中提名其中的一部分,但其数量不得超过上一次选举中每个选区实际当选总人数的百分之三十。

3. 基于对前款所述情形进行评估这一单一目的,前述之候选人名单得提交全国政策委员会审批。

**第九十三条　提名权力的时效**

1. 依据选举日程的要求,行使本章程第九十一、九十二条所规定之提名权力的时限,由党的全国政策委员会确定。

2. 若未能按规定时限及时行使提名权力完成提名,可以立即向更高级别的党的审议机构提请复议,后者得以简单多数通过相关处置决议。

## 第五章　党的纪律

**第九十四条　纪律制裁**

1. 党员得服从党的纪律,后者可以对党员实施如下处分：

（1）警告；

（2）谴责；

（3）时长一年以内的停权；

（4）开除。

2. 三次警告处分自动等同于一次停权三个月的处分。

3. 在要件具备的情况下，全国仲裁委员会可依必要的程序，将前述三种处分或其他相继、相关的停权处分转换成为开除出党的处分。

4. 除前款所及之情形外，开除处分应当只适用于严重的过失行为，譬如藐视党的基本原则和政治路线，违反党章、党规和党组织的决议，背信弃义以及其他导致党的声誉严重受损的各种行为。

5. 如下行为亦被视为严重的违纪行为：在选举中加入或支持与本党相应机构的指导名单分庭抗礼的竞选名单，以及参与社会党没有或不被代表的选举。

第九十五条　警告处分

1. 警告由对单纯的不规范行为的批评和修正组成。
2. 警告处分皆采用书面的形式。

第九十六条　谴责

1. 谴责处分表达对被处分者行为的严厉批评，警告其所犯过错会给本党造成伤害。
2. 谴责处分皆采用书面的形式。

第九十七条　停权处分

停权系中断社会党有过失党员的权利行使的处分，被处分者在处分期间不得参与党的各种活动。

第九十八条　开除处分

开除处分终止受处分者同社会党的任何联系，除非在重新审查这一处分决定时发现有被忽略的特定事实、抑或有新的相关证据表明该处分并不适当。

第九十九条　辩解权利的保障

1. 党员在面临党纪处分时享有广泛的辩解的权利；任何党员皆不得在未经听证和辩解的情形下被宣告有过错。
2. 面临党纪处分者有权获得有关指控其过错的正式文件，该文件必须清楚地阐明其过错及其后果，这些阐述中必须包含主要的事实依据。

3. 全国仲裁委员会的处分决定是最终的裁定，除非有新的事实证据支持对原有裁定的重新审查，否则不得再行上诉。

### 第一百条 党的全国机构的纪律权力

1. 在就党员违纪行为举行听证之后，鉴于支持相关指控的证据真实性及充分的程度、该行为所产生的内外影响及其严重性，并且虑及维护党的统一和良好声誉的必要性，党的全国委员会、全国政策委员会有权对中坚党员采取预防性的停权处分。

2. 前款所及之预防性停权决定，得立即提交全国仲裁委员会批准，并得依本章程第八十一条第五款之规定予以执行，除非全国委员会有变更处分的决议，否则该执行过程得予继续直至终了。

3. 若有基层党部或选区党组织有意地或有组织地违反党章党规、党的纲领或原则声明，党的全国委员会有权在全国政策委员会的建议下、在预先咨询党内相关执行机构之后，解散该党部或党的组织。

4. 前述第一款、第三款所及之处分决定，可以在十五日内向党的全国仲裁委员会提起上诉。

## 第六章 "青年社会主义者"组织

### 第一百零一条 "青年社会主义者"

1. "青年社会主义者"是社会党的青年组织。

2. "青年社会主义者"组织上自治，行动上与党的主管机构在原则声明、纲领、章程和政策倾向上保持一致。

3. "青年社会主义者"财政上独立，但依据双方每两年确认其有效性的合作共识，社会党有义务在物质上、技术上和财力上支持"青年社会主义者"。

## 第七章　沟通手段

**第一百零二条　党报党刊**

1. 党报党刊包括党的官方报纸、时事通讯，以及其他旨在向党员发布信息的期刊。

2. 党的官方报纸《社会主义行动》、《葡萄牙社会主义》的总编向党的全国委员会负责或参加党的全国政策委员会。

3. 全国委员会有权作出前款所及之官方期刊的停刊决定，或是决定创建其他刊物。

4. 除党的全国性新闻刊物外，地方党部或选区党组织也可刊行时事通讯或前述第一款所规定的其他刊物。

5. 党的全国书记处对党刊的出版发行负有责任。

**第一百零三条　编辑委员会**

1. 党报党刊的编辑委员会遵循内部多元化的原则确定编辑方针和分配编辑任务，确保和鼓励不同观点能够自由表达、碰撞激荡，确保和维护信息的准确性和客观性。

2. 编辑委员会的职责是：

（1）提出相关建议或作出相关指导，以便能够整体上确保实现前款所及之各项目的；

（2）应党的全国机构或利益相关成员之要求，就本法前述一条规定所及的相关事项发表意见；

（3）就违反编辑规范的行为作出评估，提出要求或是采取直接的步骤，在相同规范的限度内相应的处置；

（4）就党的官方报纸的编辑主管的任命、免职的标准提出建议，并就党报党刊机构的活动向党的全国委员会提交年度评估报告。

**第一百零四条　相关文件的发表**

编辑委员会的有关建议和指导意见，得在有关报刊的显著位置上刊发，至于是全部还是部分地刊出，由编辑委员会决定。

**第一百零五条　编辑委员会的组成和选举**

1. 编辑委员会由七名成员组成，其中得包括党的官方报纸的编辑。

2. 编辑委员会由全国委员会依完全名单比例代表制、顿特计票法选举产生。

3. 编辑委员会主席由首先当选的得票最高者担任，负责召集编辑委员会会议、协调委员会运作、将有关事项委付委员会表决并拥有决定投票权。

## 第八章　职业党工（党的雇员）

**第一百零六条　党工职业及其地位**

1. 党务官员职位体系，得包含明确党工作为中坚党员的权利与义务的内容，得确保满足与其履行职责相关的某种程度的专业需要，并保证党工在入职和提升问题上受到客观和公正的对待。

2. 党务官员职位的设置视党的结构需要而定。

## 第九章　党　产

**第一百零七条　党产构成及合法性**

1. 党产包括党以合法方式获得的动产、不动产权益，相关的经营收益，以及由党员、党的组织募集的各种捐献所得。

2. 党产不得分割或分享，任何辞去党职者、被开除出党者，或是被解散的党部、党的选区组织，皆不得以任何形式对任何党产提出任何分割或分享的要求。

**第一百零八条　党产的处置和管理**

1. 党产的管理权归属于党的全国书记处。

2. 党的书记处在预先征询党的全国监督审计委员会意见的情况下，依据授受双方公平的原则处置党的资产。

## 第十章 党内行政管理

**第一百零九条 党的行政委员会**

1. 党的行政委员会由三名全国书记处指定的成员组成，积极、审慎地履行党的与经济管理相关的职责。

2. 党的行政委员会中，一人为协调人，另两人为副手，委员会以多数原则决定和作为。

3. 若党的行政委员会协调人并非全国书记处成员，则可在书记处开会时出席会议，但无表决权。

4. 党的行政委员会循着党的组织架构及其服务功能履行其职责。

5. 党的行政委员会对全国书记处负责，并接受其指令和指导。

6. 党的行政委员会得指定一名财务经理，负责监控党的财务管理活动。

**第一百一十条 预算和决算**

1. 党的全国政策委员会在全国书记处的建议下批准有关财务监管的规范，后者确定一定的目标和标准，指导党的收入在全国和地方选区等层面上的分配。

2. 党的收入分配遵循如下衡平原则：党的任一组织机构政治活动的经费要求得与其自身规模及其所处选区规模相适应。

3. 财务管理得依循党的机关预算和决算，中坚党员党费收缴体系从属于党的地区组织，后者所享有的比例分成得直接留给相应层级的政策委员会。

4. 党的年度预算得包含给予"青年社会主义者"以及党的选区组织的各种津贴的名目。

## 第十一章 研究部门、政策俱乐部和党的部门

### 第一百一十一条 研究部门

1. 研究局是向党提供相关研究和技术支持的常设部门，同全国书记处协同办公，其组成及运作由全国政策委员会通过的相关规定予以明确，其成员由全国政策委员会直接任命。

2. 研究局向党的所有机构提供相关的支持，特别是全国委员会所属的各专门委员会、议会党团和各代表党组，以及承担有关政治责任的党的成员。

3. 选区党的组织也可以设立协同本层级书记处工作的研究部门，作为顾问机构存在和运作。

4. 党的研究部门可以应邀从事某些交叉合作的研究和独立的研究。

### 第一百一十二条 政策俱乐部

1. 任何积极分子都可以倡议成立讨论相关政策问题的非正式组织，中坚党员以至与社会党没有关联的公众都可以参加其中，是为政策俱乐部。

2. 成立政策俱乐部无须任何党的机构的审批，亦无须服从党内任何形式的组织或运行规则，但必须遵守多元宽容、言论和辩论完全自由的原则。

3. 以上述规定设立的政策俱乐部，在其发起人向有关机构告知其意图并作不做损及社会党声誉之事的保证后，可以使用社会党总部的相关设施。

4. 若政策俱乐部所倡议之事具有重大的价值和意义，全国书记处可以向其提供额外的后勤支持。

### 第一百一十三条 党的工作部门

1. 全国书记处可就重要的经济、社会、文化、政治领域，以及互联网络、行业部门主题等设置相应的党的工作部门。

2. 党的各部门都设置一个委员会，其功能和运作由党的全国书记处确定，其成员来自全国委员会中对口的专门委员会，部门委员会及其工作同议会党团中各专门委员会和党的研究部门中相关成员及其工作彼此呼应。

## 第十二章　社会主义工人组织和工会

### 第一百一十四条　倾听工人的声音

1. 工人社会主义者的组织依托行业部门结构，社会党的领导部门得倾听和尊重社会主义趋向的工会所有的特殊意见表达。

2. 社会主义工会组织自治，社会党的领导部门在确定有关就业、经济和社会发展政策时，得倾听和关注工会代表的意见，工会的协调人得有权出席相关的党的全国书记处会议。

## 第十三章　社会党市镇长联谊会

### 第一百一十五条　听取市镇长的意见

社会党籍的市镇长透过社会党市长联谊会，直接就与其相关的各种事项向党的领导机构提出意见建议，并在其行使中坚党员权利的行动中支持党的组织。

## 第十四章　全国妇女社会主义组织

### 第一百十六条　权利平等

1. 全国妇女社会主义组织致力于有效地促进男女平权，使妇女平等地参与所有政治、经济、文化和社会事务，并介入社会党的活动。

2. 全国妇女社会主义组织及党的其他妇女机构的主席可以当选出任社会党中坚党员能够担任的一切领导职务。

3. 与全国层面相似，选区层面上的妇女社会主义组织的领袖也可以当选出任该层级上中坚党员适任的一切领导职务。

4. 为实现本条第一款所及之目标，在党的组织选任名单和党的提名候选人名单中，得确保男女任何一种性别的党员所占比例皆不得少于三分之一；在选任或提名顺序上，要确保每连续三名人选中必有一人为异性；但全国委员会未有明确规定的情形除外。

5. 全国妇女社会主义组织的责任在于改善条件，为实现前述各款内容所及的各项目的作出努力，特别是监督相关比例条款的适用，并致力于逐渐提高妇女席位的比例。

6. 全国妇女社会主义组织就自身相关的组织、管理和运作以及前述第二款、第三款所及的选举要求制定规则。

7. 依据每两年确认一次的双方协议，社会党有义务在物质上、技术上和活动经费上支持全国妇女社会主义组织。

## 第十五章 最终条款和过渡条款

### 第一百一十七条 修改章程的程序

1. 本章程由党的全国代表大会通过相关决议修改，若大会授权，也可以由全国委员会通过有关决定予以修改，但无论何种形式的修改，都得事先列入党的代表大会的议事日程。

2. 在如下情形下，可以适用本章程第六十一条第四款之规定，将修改章程的要求纳入党的议事日程：

（1）由党的全国委员会或全国政策委员会发起，或是由党的总书记提议；

（2）应拥有和代表大部分党员的大多数选区党的政策委员会要求；

（3）全党百分之五以上中坚党员联署提议。

### 第一百一十八条 大区党的联合会的组建

1. 在大区级的行政区划体制依据相关法律设立并明确其边界以后，大区党的联合会筹委会得在该大区区划内各选区党组织的基础上组建起来。

2. 大区党的联合会筹委会负责介入和协调党在大区层面上的政策，监督大区内党的组织实现结构性调试，以适应新的大区级党的组织管理体制。

3. 大区党的联合会筹委会由如下成分组成：

（1）书记处；

（2）协调书记处工作的大区联合会筹委会主席；

4. 书记处成员由一名主席和两名来自该大区内部党的选区联合会的成员组成。

5. 党的各选区联合会主席皆为大区党的联合会筹委会成员，在党的大区联合会正常运转之前，党的大区联合会筹委会主席六个月轮替一次。

第一百一十九条 选区联合会的撤销

1. 在大区党的联合会组建后，党的全国委员会有权决定撤销该区域内的选区联合会组织。

2. 在大区党的联合会组建后，党的全国委员会有权决定继续保留选区联合会的架构，并以之作为一种过渡性的介入选区政策活动的组织手段。

第一百二十条 时限的计算

除非另有说明，本章程各条目所及之所有时限，皆采用连续计算的方式予以统计。

第一百二十一条 生效

1. 本章程经修订后即刻生效。

2. 为同选举所确立起来的新的合法性规则相适应，当前党的有关部门和职位所持有的授权即告失效，即便相关机构、职位的名称发生了变化也当如此。

3. 本章程第十九条第九款之规定仅在未来（出现有连任四届的情况时）生效，除非百分之二十五的本党党员在本章程生效后的第一次选举完成后，认为应当立即实行改款之规定，相关表决的结果中若出现百分数整数位后有超过零点五的尾数，则应进位为整数一（四舍五入之意）。

4. 为保证抑制本章程第十九条第十一款后半部分所及之登记时间的随意修改，党员登记时间选择的范围仅限于依据本章程所确认的最为晚近的时间。

5. 本章程第一百一十六条第四款的规定，自第十四次全国代表大会代表选举起开始适用。

6. 本章程第十五条第一款第四项之规定，自适用该条规定的党费收缴规则被采纳实施之时起生效。

（Estatutos do Partido Socialista, www.ps.pt/images/stories/pdfs/EstatutosPS_out2010.pdf.）

# 葡萄牙社会民主党章程

(2010年3月13—14日，马弗拉，第三十二次代表大会修正)

## 第一章　基本原则

### 第一条　目的

1. 依据党的宗旨，葡萄牙社会民主党致力于提升和捍卫民主的政治、经济、社会和文化，并服膺法治的价值、社会民主主义的原则和经验，有利于人的自由和解放。

2. 社会民主党尊重葡萄牙人民的政治意愿及其构成和表达，愿在尊重宪法和意识形态多元主义的条件下同其他政党展开自由和平等的竞争。

3. 社会民主党坚持其宗旨，严格按照民主政治活动的规则行事，拒绝任何非法、暴力活动和霸权行径。

4. 本党为非宗教性政党。

### 第二条　党内民主

党的组织和行为得有其民主性，后者倚赖于如下方面：

（1）党内讨论的自由，以及党的自身机关对于意见多元的承认和尊重；

（2）党员秘密投票选举党的领导机构的成员，以及党员对党内议事日程的参与；

（3）尊重依本章程所规定的多数原则所作的全部决议。

### 第三条　总部

党的总部设在里斯本。

**第四条　党的标识**

1. 本党标识为黑、白、红三个箭头，象征社会民主的基本价值：自由、平等和团结。

2. 本党标识主色调为橙色。

## 第二章　党　员

**第五条　申请和批准加入的程序**

1. 愿意接受本党纲领和章程并且希望享有党员权利的葡萄牙公民，可以申请加入本党。

2. 在葡萄牙境内合法居住、拥有选举权的外国公民，亦可申请加入本党。

3. 在征求中央政策委员会意见的基础上，党内职司党员申请注册的部门对入党申请作出决定。

4. 全国理事会得通过有关接受党员入党以及党员关系迁移的规章，以明确党员管理、党员资料确认和归档的标准，确定对本条内容第二款所及之党员管理的特别要求，以及掌握其他有关党员受教育经历与职业专长等情况。

5. 党员注册的信息得每五年更新一次。

**第六条　党员权利**

1. 党员拥有如下权利：

（1）参加党的活动，包括参加所属组织和部门的会议以及其被选任党职所属机关的会议；

（2）在党的领导机关选举中的选举权和被选举权；

（3）在党内自由讨论全国性的问题及相关指导方针，以及其所在组织所面对的事项；

（4）不受任何违纪行为的侵害，不受任何非由党内合适的主管部门、非经处分程序特别是听证程序而给予的处分；

（5）对党的机关任何违反法律、党章和规则的行为提出质疑。

2. 党员若未能依第五条第五项规定定期向党员注册部门登记并更新其信息，则将导致其前款所及之党员权利行使的中止。

3. 党员依据全国政策委员会通过的规则按时交纳党费，方能够行使其选举权和被选举权。

**第七条　党员的义务**

1. 党员得履行如下义务：

（1）参加党的活动，提出其认为适宜的批评和建议，协助党的相关机构就所在地域、组织及党员所面对的问题实现意见表达；

（2）除有正当理由而外，必须接受党的组织所指派给的任务；

（3）通过定期缴纳特定额度的费用，以支撑党的开支；

（4）透过积极宣传党的理论、纲领和发展新党员，以扩大党的影响；

（5）作为主持者、参加者或是作为见证人和嘉宾参加党内机构活动时，要保守相关的秘密；

（6）忠诚于党的纲领、路线和章程，服从党的领导，遵守党的规则；

（7）非经党的全国理事会允准，不得加入其他政党及其附属组织，不得加入任何同本党没有附属关系的政治组织；

（8）在本章程所规定的相关范围之外，不得参加任何全国或地方性的公职选举，不得接受任何公共机构的任职提名；

（9）非经党的秘书长明确允准并充分告知其可能的相关民事和党纪责任，不得代表党、以党的名义签署任何债务合同或有责契约；

（10）在精神层面上，致力于从整体上增强党的活力、凝聚力和创造力。

2. 党员代表及按本党提名名单当选的决策机构成员，得确保根据组织的决定统一投票，以使表决结果有利于党的政策总路线的施行，但相关组织因虑及理性决策而事先未对有关表决提出统一纪律要求者除外。

**第八条　权利的委托行使**

1. 除下款另有规定以外，所有党员的权利皆不得委托行使。

2. 去往亚速尔和马德拉自治地区以及移居国外的党员，当其需要在葡国本土行使其党员权利时，可以通过信件直接联系相关地域层级党的委员会主席，完成委托投票的程序。

3. 每次党的会议上，每个受托人只能代行一位党员的权利。

**第九条　处分**

1. 党员违背其责任和义务，得视其轻重程度，适用如下纪律处分：

（1）警告；

（2）申斥；

（3）中止其党内职务；

（4）中止其选举权和被选举权，最长可至两年；

（5）为期两年以上的中止选举权和被选举权，附加解除其党内职务；

（6）中止其党员资格，最长可至两年；

（7）开除出党。

2. 关于违纪轻重程度判定的标准，由全国理事会通过的党员纪律规则予以界定。

3. 严重违纪行为，得适用本条第一款第六、第七项所及之处分。

4. 在有葡萄牙社会民主党提名候选人参选的全国、大区和地方选举中，以对手政党的候选人身份、竞选班子成员或是支持者身份参与选举者，不得继续登记为本党党员。

5. 适用前款处分的决议一经做出，被处分者作为本党党员的权利和义务亦得立即、自动地停止。

6. 违反本章程第七条第一款第七项之规定，特别是在有本党参加或明确了支持对象的选举前的六十日内被证实有违背党的路线的行为，得被视做严重违纪。

7. 两年以上不按规定缴纳党费者，不得继续登记为本党党员。

8. 无正当理由连续三次或累计五次缺席党的会议者，不得被选举为党的全国及自治地区理事会成员。

9. 前述第四、六、七和八款所及之处分，得由党的全国法纪委员会在相关各方参加听证且与党的全国政策委员会沟通的基础上予以公告。

10. 党工违反其专门职责者，同时亦被视为违反了党员的责任义务。

## 第三章 专门组织

### 第十条 青年社会民主党

1. JSD——青年社会民主党是青年社会民主主义者的非宗派的政治组织，联系特定年龄段的葡萄牙公民，致力于自己的章程所设定的有关目标。

2. 青年社会民主党依其章程所确定的规则进行管理。

3. 青年社会民主党成员享有本章程第五条所规定的适用于本党党员的全部权利，同时也得履行本章程第六条所及之全部义务，受本章程第七条所及之纪律规则的制约。

4. 青年社会民主党在本党的机关中的代表不受所在机关的考核，但在其年龄超过章程所规定的年限后得立即退职。

### 第十一条 工人社会民主党

1. TSD——工人社会民主党是工人的政治组织，代表工人及其他相关的劳动者的利益，致力于社会民主党原则和路线指导下的社会建设。

2. 工人社会民主党的根本目标是增进工人社会民主主义者的合作、理性并且代表他们的利益。

3. 工人社会民主党得确保社会民主党相关领域工作的纲领和原则得到尊重和实施，尤其是在捍卫工会组织的独立和自治方面。

4. 工人社会民主党在本党机关中的代表不受所在机关的考核。

### 第十二条 社会民主党市镇长联谊会

ASD——社会民主党市镇长联谊会，是当选出任地方政府公职的社会民主党人的代表性组织。

## 第四章　党的全国性机构

**第十三条**

党的全国性机构有：

（1）全国代表大会；

（2）全国理事会；

（3）全国政策委员会；

（4）全国常务委员会；

（5）全国法纪委员会；

（6）议会党团。

### 第一节　全国代表大会

**第十四条　权力**

1. 全国代表大会是党的最高权力机关。

2. 全国代表大会拥有如下权力：

（1）制定党的政治战略，督促党的各部门的工作，讨论任何关乎党的利益的议题；

（2）检视、修正党的纲领；

（3）修改党的章程；

（4）选举产生代表大会的主席团，选举全国理事会、全国法纪委员会，全国政策委员会（该委员会主席除外，得依本章程第二十二条第二款直接选举产生）。

**第十五条　会议**

（常规的）全国代表大会一般两年召开一次，应党的全国理事会或不少于两千五百名党员的要求，可以召开特别代表大会。

**第十六条　构成**

1. 大会代表包括：

（1）总数不超过七百五十人的由党的支部选出的代表，选举的标准由党的全国理事会制定通过；

（2）总数不超过七十人的青年社会民主党代表，依据该组织自己所确定的标准选出；

（3）总数不超过七十人的工人社会民主党代表，依据该组织自己所确定的标准选出；

（4）总数不超过七十人的社会民主党市镇长联谊会代表，依据该组织自己所确定的标准选出；

（5）政治局成员。

2. 如下成员可参加大会，但无表决权：

（1）党的其他全国机构的成员；

（2）本党国会议员；

（3）各市政委员会首先当选的本党党员；

（4）在政府、欧盟各委员会以及影子内阁任职的本党党员；

（5）《自由人民》杂志的主编、全国党的国际关系委员会的主席、研究室主管，以及党的副秘书长。

**第十七条　主席团**

全国代表大会的政治局由党主席、两名副主席、四名书记以及由党的常规代表大会选举产生的其他委员组成。

## 第二节　全国理事会

**第十八条　权力**

1. 全国理事会负责执行和修正全国代表大会所制定的政治战略，并且指导全国和地方党的机构的活动。

2. 全国理事会有如下权力：

（1）评估党的政治境况，并且通过对党的全国代表大会所确定之政治战略所作的修正；

（2）评估党的其他机构的行为及绩效，在致力于实现党的目标时，若有必要，可以撤销这些机构所作出的有关决定；

（3）在全国代表大会政治局和全国政策委员会出现职位空缺，或因长期议决障碍有所要求时，补选或改选除主席以外的其他成员；

（4）召集全国代表大会，通过大会议事规则，审议唯有党的全国政策委员会主席候选人方可提出的全局性/全球性战略建议；

（5）依本章程第六十七条第二款之规定，直接选举全国政策委员会主席并且通过其选举规则；

（6）通过党参与政府权力/职位竞逐的选战日程，决定是否在参选时参加全国性政党联盟；

（7）根据全国政策委员会的建议，通过相关的支持总统候选人的建议，提名政府总理候选人以及参加国会、欧洲议会选举的候选人名单；

（8）批准和修改特定党的机构的章程，以便某些机构明显违背党的章程或纲领时可以解散它们并立即召集该机构的全体会议改选产生新的成员；

（9）批准党的年度预算和决算，以及党内不同机构、主体对党的收入的分配；

（10）批准党的选举规则；

（11）在征求各地方政策委员会主席意见的基础上，经全国政策委员会主席建议，批准各委员会和主题战略小组的组织规则。

**第十九条　组织**

1. 全国理事会由如下成员组成：

（1）全国代表大会主席团成员同时也是全国理事会的成员；

（2）全国代表大会选举产生的五十五名委员和十名候补委员；

（3）青年社会民主党的十名代表，工人社会民主党的五名代表，以及社会民主党市镇长联谊会的五名代表，由三者分别依据各自所确立的标准选举产生；

（4）各地方政策委员会主席，以及每个大区政策委员会的两名代表；

（5）每个移民选区的两名代表，从它们派往全国代表大会的代表中选出；

（6）曾任全国政策委员会主席的党员，以及担任或曾任党主席、议会党团督导组负责人、总理和亚速尔、马德拉自治地区政府主席的党员。

2. 如下人员可以参加全国理事会的会议，但无表决权：

（1）全国政策委员会其他成员，全国法纪委员会成员，议会党团领导小组及其协调人，以及本党籍的欧洲议会议员；

（2）本章程前述第十六条第二款所及之全部可以列席全国代表大会的成员。

**第二十条 会议**

全国理事会通常每两月举行一次会议。应全国政策委员会、议会党团以及理事会五分之一以上成员要求，可以举行特别会议。

## 第三节 全国政策委员会

**第二十一条 权责**

1. 全国政策委员会是党的常设的政治领导机构。

2. 全国政策委员会承担如下使命：

（1）结合党的全国代表大会和全国理事会所确立的政治战略，确立党的行动的目标、标准和形式，决定本党在全国性政治事务中的立场；

（2）就总统或总理候选人选问题，以及国会或欧洲议会候选人名单问题，向全国理事会提出倾向性建议；

（3）通过政府或影子内阁的组成名单，向全国理事会提交参加政府大选的选战路线和计划；

（4）任命副秘书长、派往葡萄牙诸社群组织的协调书记，任命《自由人民》杂志主编、党的研究室负责人；

（5）就党的国际交往的基本原则向全国理事会提出建议，任命党的国际关系委员会成员并通过该委员会的规则；

（6）向全国理事会提交党的预算和决算草案，在秘书长的建议下通过对每年接受政治献金的额度限制；

（7）批准工人社会民主党的章程及财政管理的规则；

（8）协调各大区党的机关之间的行动，参加各大区党的机关的工作；在这些机关明显违背党的纲领或章程时建议全国法纪委员会予以解散，并立即召集该地党组织的会议以选举新的党的机关；

（9）批准党在自治地方市政选举中的自治首长候选人。

### 第二十二条　构成及选举

1. 全国政策委员会有如下人员组成：

（1）党主席；

（2）四至六名副主席，秘书长以及八至十名全国代表大会主席团成员组成；

（3）议会党团的主席；

（4）亚速尔和马德拉自治地区党的政策委员会主席，后者缺席时可由其指定的代表以特区代表的名义参加会议；

（5）青年社会民主党人的领袖；

（6）工人社会民主党人的秘书长；

（7）社会民主党市镇长联谊会的主席。

2. 全国政策委员会的选举程序如下：

（1）主席由全体党员依据全国理事会通过的规则直接、秘密投票普选产生；

（2）副主席、秘书长和代表大会主席团成员，由全国代表大会在依前项之规定选出的党主席的建议下选举产生。

### 第二十三条　会议

全国政策委员会通常每两周开会一次，在主席或三分之一委员的倡议下，可以召集特别会议。

### 第二十四条　全国政策委员会主席

1. 全国政策委员会主席有如下权责：

（1）在全国政策委员会的权责范围内，就相关问题公开代表党的立场；

（2）在同政府和其他政党关系上代表本党；

（3）领导全国政策委员会；

（4）依据国际关系委员会规划并建议全国政策委员会和全国理事会通过的基本原则，主导党的国际交往活动；

（5）任命本章程第七十三条第一、第二款所及之战略委员会的委员。

2. 全国政策委员会主席、秘书长每两个月同各地方政策委员会的主席开会一次，议处相关的整体性或地区性政策问题。

3. 副主席协助主席履行相关职能，并且行使主席所授予的权力。

#### 第二十五条　秘书长

1. 秘书长有如下权责：

（1）代表本党承担民事责任，履行任何可能的契约责任；

（2）向党的全国政策委员会提交年度活动计划、党组织贯彻计划的要点，并且负责监督它们的实施；

（3）提请全国政策委员会任命副秘书长，以协助其行使履行权责；

（4）领导党中央服务机构的运转；

（5）准备并向全国政策委员会提交预算和决算报告；

（6）就可能的纪律处分过程、未经授权代表本党签约而发生的到期债务的偿还问题，以及本党被牵涉其中的有关司法诉讼问题等，向党的全国法纪委员会作通报。

### 第四节　全国常务委员会

#### 第二十六条　性质和构成

1. 全国常务委员会在全国政策委员会的权责范围内行事，在全国政策委员会休会期间代表本党并确保政策委员会活动的连贯性；

2. 全国常务委员会由全国政策委员会的主席、副主席，议会党团主席，以及秘书长组成。

## 第五节　全国法纪委员会

### 第二十七条　权力

1. 全国法纪委员会负责在全国层次上确保宪法、党章条款以及其他党规党纪的贯彻施行。

2. 全国法纪委员会负有如下权责：

（1）在至少一百名或百分之五的全国、大区或地方党组织内的党员提出动议或异议后，对这些组织可能挑战或违背宪法、党章和党规的议案或行动进行合法性评估，并且撤销其中不合法的议案或行动；

（2）应全国理事会、中央政策委员会、全国与地方的秘书长、党的相关支部之要求，或是在自己认为有必要时，进行调查，向相关组织机构及知情党员了解情况，并因而启动党的纪律处分程序；

（3）指令地方党的法纪委员会对在地方议会中的党的机构、支部进行调查，并对其中违反法纪的人员启动处分程序；

（4）对提交上来的同地方法纪委员会相关决议相左的资料、证据作出研判；

（5）就有关规章的解释问题及不同条文之间存在的出入问题作出有约束力的决议；

（6）应全国政策委员会主席要求，监督选举过程，确保选举透明、公开和公正；

（7）审核党的账目，审查党的资产负债平衡情况，确保党的财政收支的合法性；

（8）对全国政策委员会即将提交的年度报告提供意见；

（9）规范党的全国机构工作人员的薪酬；

（10）在全国政策委员会依据本章程第二十一条第二款第八项之规定提出动议后，决定是否可以解散地方政策委员会；

3. 在其权责行使所及的全部党的生活领域，全国法纪委员会及其任何成员皆拥有质询或调阅文件档案的权力。

4. 全国法纪委员会独立于党的任何机构，其行动和判断仅仅依循法律和党规的标准。

5. 行使其权力时，全国法纪委员会在如认为有必要，可以任命相关的调查指导和技术顾问人员。

6. 除非有正当理由可以推延，全国法纪委员会的有关调查结论必须在九十日内作出，在任何情况下，最终作出结论的总时长都不得超出一百八十日。

**第二十八条 组成**

1. 全国法纪委员会得由全国代表大会选举产生的九名委员和六名候补委员组成。

2. 全国法纪委员会主席，得由全国代表大会选举中得票最多的候选人名单上排名第一的候选人担任，委员会书记在委员会第一次开会时由委员们互选产生。

**第二十九条 会议**

全国法纪委员会通常每个月开会一次，但无论何时，只要主席或是三分之一以上的委员倡议，皆可召开特别会议。

## 第六节 议会党团

**第三十条 权限**

1. 依本党提名当选进入议会的议员，为在议会的判断和行动中保持一致并有效地行使其所获之授权，得结成议会党团。

2. 议会党团有如下权责：

（1）从其成员中选举产生督导组，并确保依据督导组的判断，在相关议会事务领域履行政治代表职能；

（2）在全国政策委员会的指导下，经督导组推荐，指派本党候选人竞逐共和国议会内外的相关职位；

（3）依据督导组的建议，分派本党议员至议会各专门委员会；

（4）批准议会党团的内部规则，特别是要明确督导组的构成；

（5）整体上讲，议会党团得负责本党交付议会的全部事项，以及与之相关的职位问题。

## 第七节 提名组

### 第三十一条 职能

1. 提名组得组织严密、明确分工与合作，得有效地履行职责，及时向党提交参选欧洲议会、国会和各级地方议会的候选人名单。

2. 本章程第三十条第二款之各项规定，经变通后适用于提名组权责的行使。

## 第五章 党的区域组织

### 第三十二条 区域组织

1. 基于党的政治领导全国性分工的关系，得组建党的区域组织，后者涵括/管辖：

（1）亚速尔和马德拉自治大区的党的自治组织；

（2）各行政区划中的党的大区组织；

（3）地方党的组织；

（4）市政区域中的特定组织。

2. 依据全国理事会的决议，以及相关地方议会部门的建议，在里斯本和波尔多都市区可将市政选区组织合并组成一级地方组织。

3. 依据全国理事会的决议，以及相关地方议会部门的建议，里斯本和波尔多都市区的地方党组织可以有相关的特殊安排。

### 第三十三条 区域结构的调整

1. 全国理事会在认为适当时，得以五分之三多数表决结果通过决议，修改相关规章，创建区域组织并特别明确其各个机构的构成及权责。

2. 在议会选区划分出现变化时,全国理事会得以五分之三多数表决结果通过对相关规章的修正案,以调整相关区域的组织结构,特别明确其各个机构的构成及权责。

**第三十四条 自治大区的组织**

党在亚速尔和马德拉自治地区的组织,根据本章程所确定的基本原则以及本地区的特点,由其大区代表大会自行通过的章程确定其结构体系。

**第三十五条 旅外侨民组织**

1. 旅外侨民中的社会民主党人,可以参照国内党组织构建的相关要求,在根据自身的特点予以适用或加以适当调整的基础上,组建党小组、支部和党的联合会等。

2. 全国政策委员会负责制定旅外葡萄牙社区党的组织构建的规则,特别是,在尚未有本党支部的领事辖区,若条件具备,可根据葡萄牙社区中代表本党的协调书记的建议,由全国政策委员会指派人员组建党的组织。

## 第一节 地方组织

**第三十六条 地方党的机构**

1. 地方党的组织涵括如下机构:
(1) 地方代表会议;
(2) 地方政策委员会;
(3) 地方常务委员会;
(4) 地方法纪委员会。

2. 每个地方党的组织皆应有一个经地方代表会议通过和全国法纪委员会批准的规范章程。

一、地方党的代表会议

**第三十七条 权力**

1. 地方代表会议是所有地方支部所属全体党员的代议机关。

2. 地方代表会议的权责为：

（1）在上级党组织所明确的原则指导下，讨论党的行动并且通过本地党的政治方略；

（2）考核所属各地方机构、支部和党小组的工作绩效；

（3）通过本地党组织的年度预算和决算；

（4）依据相关机构的建议，在出现职位空缺或长期存在履职障碍的情况下，选举或改选本地方相关职位的据有人；

（5）在地方政策委员会的建议下，批准设立党的支部；

（6）向全国理事会提出建议；

（7）修改本地党组织的规章、程序。

## 第三十八条　组成

1. 地方代表会议代表涵括如下人员：

（1）地方主席团成员；

（2）所属地域各级组织的政策委员会主席；

（3）所属地域党组织选举产生的中坚党员代表，若所属地域党组织的章程未对代表比率另作规定，则当统一执行每五十名中坚党员产生一名代表的比率；

（4）同级青年社会党人的代表，适用前项所及之党员—代表比率；

（5）同级工人社会党人的代表，适用前项所及之党员—代表比率；

（6）在地方自治（市政）政府、议会选举名单中列名第一的本党籍当选出任公职者。

2. 如下人员可出席地方党的代表大会但无表决权：

（1）地方各常设委员会、法纪委员会成员；

（2）组织关系在本地区的全国代表大会主席团成员、当选的全国理事会和全国政策委员会成员；

（3）选区涵括本地方的当选国会议员；

（4）组织关系在本地方的政府成员和国会议员。

3. 出于本条第一款第三、四、五项相关的考虑，党的总书记可以指定/调整地方支部以及青年社会党人、工人社会党人选举地方党的代表会议代表的党员—代表比率。

**第三十九条　会议**

地方党的代表会议通常每三个月开会一次，应全国理事会、全国政策委员会、本地区政策委员会或本代表会议三分之一代表之要求，可以召开特别代表会议。

**第四十条　主席团**

地方党代表会议的主席团由一名主席、一名副主席和两名由代表会议代表直接选举产生的书记组成。

## 二、地方党的政策委员会

**第四十一条　权力**

1. 地方党的政策委员会是地方上常设性的主管党的政治活动的机关。
2. 地方党的政策委员会拥有如下权责：

（1）依据上级党以及本地党的代表会议所确定的政治战略，明确本地党组织行动的目标、标准和方式，同时在本地具体问题上代表党的立场；

（2）协调所属地域党组织政策委员会的行动；

（3）在征询地方代表会议和各支部意见的基础上，建议全国政策委员会提名共和国议会议员候选人；

（4）在所属地域党组织政策委员会建议的基础上，批准地方政府机构公职候选人名单，并且协调各位同时参选者的竞选活动；

（5）在地方常委会的建议下，建议地方党的代表会议批准设立或合并党的支部、小组；

（6）协调本党籍民意代表同选民和公民社会的关系；

（7）向地方党的代表会议提交党在本地区范围内的预算和决算报告；

**第四十二条　组成**

地方党的政策委员会由如下人员组成：

（1）地方常务委员会的全体委员；

（2）地方党组织所属下级组织的主席。

**第四十三条 会议**

地方党的政策委员会通常每月开会一次，应任何全国性党的机关、地方党的常务委员会和三分之一该政策委员会成员的要求，可以召开特别会议。

**第四十四条 地方常务委员会**

1. 党的地方常务委员会在地方政策委员会的权责领域内确保党的日常政策活动的连贯性。

2. 地方常务委员会由如下成员组成：

（1）主席，两名副主席，一名司库，以及四至八名数量不等的委员，全部由在本地区支部中注册的党员直选产生；

（2）青年社会党人在本地的主席及另外一名代表；

（3）本地工人社会党人的书记；

（4）一名本地市镇长联谊会的代表。

**三、地方党的法纪委员会**

**第四十五条 权力**

1. 地方党的法纪委员会有如下权力：

（1）在有相关动议或是在上级组织有反对意见的情况下，对地方党的支部、小组及其机构的行动/议案作合法性评估，并且撤销那些可能违反法律、党章和党规的行动/议案；

（2）在其认为有必要时，或是应全国和地方党的机构要求，对同级及所属党的部门、支部或小组展开相关的调查；

（3）在第一时间就所属下级组织的相关纪律程序进行指导或是作出原则性判断；

（4）审计地方党组织的支出情况并对提交给地方政策委员会的决算报告发表意见；

（5）解释地方党的规章，并对这些规章作查漏补缺的处理；

(6) 全程监督地方党组织活动，特别是监督党的地方和支部的机构的全部选举，以及党的地区代表会议、全国代表大会代表的选举；

2. 本章程第二十七条第三、四、五、六款所及之权责也适用于地方党的法纪委员会。

### 第四十六条　组成

地方党的法纪委员会由五名委员、三名候补委员组成，由在本地党的支部中注册的党员直接选举产生，委员会主席由党员代表会议当中活动选票最多的候选人名单上列名第一者出任，书记由该委员会第一次开会时互选产生。

### 第四十七条　会议

地方党的法纪委员会可在主席或是两名委员倡议的任何时候开会。

## 第二节　支　部

### 第四十八条　范围

支部存在和活动于至少有四十名注册党员的地域范围之内。

### 第四十九条　机构

支部有如下机构：

（1）党员大会；

（2）支部政策委员会；

#### 一、党员大会

### 第五十条　组成及职能

1. 党员大会由在本支部注册的全体党员参加。

2. 党员大会的权责如下：

（1）讨论本党面临的形势，并且根据上级党组织所确定的基本原则，批准支部开展工作的政治规划；

（2）考核支部、党小组政策委员会的工作；

（3）选举本支部的政策委员会，本支部出席党的全国代表大会和地方代表会议的代表，此类选举与地方政策委员会成员的选举同时举行；

（4）批准支部的年度预算和决算；

（5）依据政策委员会建议，在出现职位空缺或长期存在履职障碍的情况下，补选或改选该委员会部分成员；

（6）在基层选举规划中向相关机构作提名建议，批准支部政策委员会的相关建议。

**第五十一条　会议**

党员大会一般每三个月举行一次，应任何全国、地方性党的机关要求，或是支部政策委员会、十分之一支部注册党员的要求，可以举行特别会议。

**第五十二条　主席团**

党员大会的主席团由主席、一名副主席和一名书记组成。

**二、支部政策委员会**

**第五十三条　权力**

1. 支部政策委员会是党领导支部活动的常设机构。

2. 支部政策委员会的权力如下：

（1）依据上级党组织以及支部党员大会所确定的政治规划，明确支部活动的目标、标准和方式，同时在支部所在地方的具体问题上代表党的立场；

（2）决定是否批准入党申请；

（3）协调党小组政策委员会的行动；

（4）在认为必要时任命（候选人）后援办公室工作人员；

（5）就参与共和国议会选举的候选人名单发表意见；

（6）在听取党员大会和党小组政策委员会的意见后，就参加地方政府选举的候选人提名名单问题，向党的地方政策委员会提出建议；

（7）支持当选地方当局公职的本党党员的工作；

(8) 向党员大会提交本支部年度预算和决算报告。

**第五十四条　组成**

1. 如下人员组成支部政策委员会：

(1) 主席，两名副主席，一名司库，以及为数四至八名不等的委员，皆由支部党员会议选出；

(2) 青年社会党人支部的主席以及另外一名代表；

(3) 一名工人社会党人支部的代表。

2. 在当选的市议会或自治议会选举名单上名列第一的中坚党员，以及负责选区事务的提名组协调人，可以参加支部政策委员会会议但无表决权。

**第五十五条　会议**

支部政策委员会一般每两个星期开会一次，经支部主席、任何全国性和地方党的机构以及三分之一该委员会成员倡议，可以召开特别会议。

## 第二节　党小组

**第五十六条　范围**

1. 原则上每个选区应组建一个党小组，但在特殊情形下，也可以数个选区组成一个党小组，或是一个选区组成两个或以上的党小组。

2. 每个党小组至少应当有二十名注册党员。

**第五十七条　机构**

党小组的机构涵括：

(1) 党小组会议；

(2) 党小组的政策委员会。

一、党小组会议

**第五十八条　组成和职责**

1. 党小组会议是由加入该小组的全体党员参加的会议。

2. 党小组会议的权责为：

（1）讨论党在全国所面临的形势，依据上级组织所确定的原则通过推进本小组工作的政治计划；

（2）考核小组政策委员会的工作；

（3）选举小组政策委员会；

（4）通过小组年度的预算和决算。

### 第五十九条　会议

1. 党小组会议通常每三个月召开一次，在任何全国、地方、支部党的机构，以及党小组政策委员会、至少十分之一的本组党员的要求下，可以召开特别会议。

2. 党小组政策委员会主席主持党小组会议。

**二、党小组的政策委员会**

### 第六十条　权力

1. 党小组的政策委员会是主管小组政治行动的常设机构。

2. 党小组政策委员会的权责如下：

（1）依据上级党组织以及党小组会议所确定的政治计划，明确小组活动的目标、标准和方式，同时在本小组所在选区的具体问题上代表党的立场；

（2）就要求入党者的入党申请发表意见；

（3）协调所在选区中的选举活动；

（4）就所在选区中相关职位的候选人提名提出建议；

（5）向党小组会议提交小组的年度预算和决算报告。

### 第六十一条　组成

1. 党小组的政策委员会由如人员构成：

（1）主席，一名副主席，一名司库，以及由党小组会议选举产生的为数不超过八人的委员；

（2）两名青年社会民主党人的代表。

2. 选区当选名单上列名第一的中坚党员，以及选区负责选举事务的提名组协调人，可以出席党小组政策委员会会议，但无表决权。

### 第六十二条　会议

党小组的政策委员会一般每两周开会一次，应小组政策委员会主席倡议，或是全国、地方、支部的任何机构以及三分之一小组委员会委员的要求，可以召开特别会议。

## 第六章　其他事项及规定

### 第六十三条　党内公决

1. 在党的两次全国代表大会之间，若党的全国理事会提议或二十分之一的全体党员要求，可就任何重大的政治或战略问题交付全体党员进行党内公决。

2. 党的全国理事会得制定通过党内公决的规则。

### 第六十四条　财政

1. 为执行《政党法》相关条款之规定，任何地方层级党的政策委员会皆有责任依据党内有关财务管理的规章，向其所直接隶属的上级政策委员会报告本级党组织的决算情况。

2. 全国政策委员会和（大区）地方政策委员会的支出决算，必须接受同级法纪委员会决议聘请的专业人士的审计。

3. 基于同样目的，青年社会民主党、工人社会民主党和社会民主党市镇长联谊会的领袖也得就财政决算向党的全国政策委员会负责，其报告也得附有专业人士的审计意见。

### 第六十五条　动议谴责和不信任投票

1. 各级党的代表会议代表、党员会议皆可以通过动议，对同级的政策委员会提出予以谴责或不信任投票的议案。

2. 相关动议由政策委员会处置，对该动议的否决意味着将要解散通过该动议的机构。

3. 要提出相关动议案，得有四分之一出席相关会议的拥有完全权利的成员联署。

4. 参与提出谴责和不信任动议的代表、党员，在投票结束后的一年内不得对同一机构再次提起此种动议。

5. 在表决结果以绝对多数通过谴责或不信任议案，且出席表决投票者的数量超过全部在职代表或全部党员的绝对多数时，该议案即告通过，这意味着相应政策委员会得全体辞职。

6. 针对全国政策委员会的动议案，得由全国代表大会在一百二十天的时限内开会决定/批准。

7. 针对地方政策委员会的谴责和不信任动议案通过后，该委员会成员因政策委员会委员资格在主席团、常务委员会和法纪委员会所承担的职务亦告终止。

**第六十六条 合法开会的人数和时限**

1. 除以下条款另有规定外，党的机构可合法开会并进行表决的人数为其全部成员的一半以上。

2. 支部和党小组合法开会和表决的人数，为公告开会时间过去后的半小时内实际与会的任何的党员数目。地方党的代表会议合法开会和议决的人数为其成员总数的五分之一。

3. 代表大会、会议至少开会八天，在选举和投票期间最长可开三十天。

**第六十七条 提名和选举过程**

1. 希望参选全国政策委员会主席者，必须有至少一千五百名有投票权的注册党员联署提名，每位党员只能参加一位候选人的联署。

2. 全国政策委员会主席连同全国代表大会中的各支部代表，在专门召集的选举全国委员会和其他全国机构的大会的十日以前，一并选举产生。

3. 全国政策委员会主席直选以及地方党的机构的选举，皆须依其各自的选举规则在所有的支部设置投票点。

4. 申请参选党的机构的职位者,得有二十名党员或二十分之一的相应层级的专司选举事务的机构成员签署的表示支持的公开声明,方能被列入相应的候选人完全名单。

5. 任何机构不得接受同一名党员寻求同时列入不同的候选人名单的申请。

6. 计票和职位分配适用如下方法:

(1) 全国理事会、全国法纪委员会,以及全国代表大会、地方代表会议代表的选举,适用比例代表制、顿特计票法;

(2) 其他选举皆采用多数决制。

## 第六十八条 选举资格

1. 在不违反本章程第六条第二款规定的情形下,党员在选举之日至少得符合如下条件,始得在党的机构选举中行使其选举权利:

(1) 参加全国、大区和地方党的机构选举,须得注册时间一年以上;

(2) 参加支部以下党的机构选举,须得注册时间六个月以上。

2. 注册入党至少六个月以上者,方始有被选举权。

3. 加入青年社会党组织的时长,得被计算在前款所及的时限之内。

4. 议会党团以及提名组内部机构的选举,无须适用任何关于入党时限的要求。

## 第六十九条 质疑

1. 党的机构对党章、党内法规条款感到不满意时,可以提出质疑案,该案旋即交付相应的法纪委员会,后者得于八日内就此进行辩论并得出是否取消相应条款的决议。但在决议作出之前,相关条款仍具合法效力。

2. 选举因受质疑而最终被法纪委员会取消以后,得尽快召集会议举行新的选举,但被取消的那次选举中的候选人不得再次参选。

3. 处分/处理决议在送达、告知权利相关者后的八日内未被提起上诉者,始得定谳。

### 第七十条 职务冲突

1. 政策委员会的秘书长不得同时履行政府权责。

2. 法纪委员会成员不得同时担任政策委员会和常务委员会的委员。

3. 一旦被核实有身兼多职的情形，当事人必须在三日之内作出职务选择，并联系相关机构的负责人商洽停权的事宜。

4. 出于维护全国法纪委员会权威的考虑，任何人不得在担任全国法纪委员会委员的同时兼任下级地方法纪委员会或党的特定部门的职务。

### 第七十一条 任期

1. 党的选任机构任期为两年，从其当选之日起计算任期。

2. 全国、大区党的代表大会所属机构或其他特定机构中非选任主席不得连任超过三个任期，或是连续出任不同非选任职位的时长加总超出六年的时限，全国和大区党的政策委员会主席不受此限。

3. 如有超出任期时限两个月以上者，上级党的政策委员会即可召集当事机构的选举，以便改选相关部门或其党职人员。

4. 在不违反本条前述第一、二、三款之规定的情况下，党的选任机构的成员可以留守职位直至选出新的党职人员。

### 第七十二条 党的机构之间的参与

1. 党的相当层级的政策委员会的成员可以参加下级党的政策委员会和代表大会（党员会议）的会议，但无表决权。

2. 全国法纪委员会的成员也可以参加地方法纪委员会的会议，但无表决权。

3. 党的特定机构的主席因兼任其他机构职务不克出席会议时，可由副主席代表；亚速尔和马德拉自治大区党的政策委员会主席在全国政策委员会开会时亦可指派其代表与会。

4. 会议期间，会议开始时与会的人员不得另行替换。

5. 本章程第十九条第二款第一项关于参与全国理事会会议人员的相关规定，以及第三十八条第二款第一项关于参与地方代表大会会议人员的相关规定，优先于前述两机构自行制定的相关规定。

**第七十三条 战略委员会、项目组和建言组**

1. 战略委员会属于政策委员会，是政策委员会主席的咨询、顾问机构。

2. 战略委员会由公认的德才兼备的社会民主党人或独立人士组成，致力于就重大的全国性问题向全国政策委员会主席提供建议。

3. 在各地方的政策委员会中也得附设相应的战略委员会，其目标与构成与全国政策委员会的战略委员会相似。

4. 经党员代表会议通过决议，在地方或行政区党的组织里面也可附设各种项目组。

5. 项目组得涵括拥有政治才能、职业和技术专长的中坚党员和独立公民，致力于在相关行业或部门政策领域反映意见、充分讨论/辩论。

6. 在不影响前述条款所及之规定的条件下，政策委员会还可以在党的组织体系的任何层级上组建向独立选民开放的建言小组，其主要目的在于吸引民众就相关公共利益问题进行广泛、深入的讨论和辩论。

**第七十四条 章程的修改**

1. 唯有在一百名全国代表大会代表联署，或者全国理事会、全国政策委员会、十个地方政策委员会提议，又或者一千五百名中坚党员联署的情况下，修改本章程的建议方可通过。

2. 章程修正案必须获得五分之三以上有投票权的党员的支持，方能通过。

**第七十五条 党的存续与解散**

1. 本党将无限期存在。

2. 只有在专门召集的全国特别代表大会以四分之三的表决结果通过解散决定时，本党才可宣告解散。

3. 解散本党时，全国代表大会得指定清算师处置本党资产，确保后者在任何情形下皆不被某些党员所私分。

### 第七十六条　党的名称

在全国委员会所确定的过渡时期内，社会民主党同时也使用人民民主党的名称和标识。

### 第七十七条　直接投票

党员直接投票通过本章程并不影响目前党的机构所获得的授权。

### 第七十八条　组织的认证

本章程颁布后的一百八十日内，相关机构必须就选区支部、党小组及相关机构是否合乎组建的标准问题作出认证，未通过认证的得予以解散。

### 第七十九条　过渡条款

1. 全国理事会得于 2011 年 1 月 1 日之前通过纪律规范的修正案。

2. 有关选区党的组织结构的条款得于 2011 年 1 月 1 日生效，与此同时，目前对组建在一个以上党的支部之上的选区组织及其机关的授权亦告终止。

3. 党的全国委员会得于 2011 年 1 月 1 日前，制定出在目前组建在一个以上党的支部之上的党组织所在选区中组织基层组织所当适用的新规则。

（ESTATUTOS DO PARTIDO SOCIAL DEMOCRATA，http://www.hugooliveira.net/phocadownload/estatutos.pdf）

# 第二部分
## 西班牙主要政党规章制度

# 西班牙王国宪法

（1978年10月31日西班牙总议会之参议院、众议院全体会议通过，经1978年12月7日西班牙人民公投批准、1978年12月27日国王陛下在总议会签署）

西班牙国王胡安·卡洛斯一世晓谕全体公民：本宪法业经议会通过、西班牙人民批准。

## 序　言

西班牙国家希望建立正义、自由和安全，并为所有组成西班牙国的人们谋求利益，行使自己的主权，兹宣示如下意愿：保证在宪法和法律范围内以及在公正的经济社会秩序中的民主；巩固法治国家，以保障表达人民意愿的法律至上之地位；保护所有西班牙人和西班牙各民族行使人权，发展其文化、传统、语言和组织。

为推动文化和经济的进步以保证所有人良好的生活质量、建立一个先进的民主社会，为加强世界各国人民间的和平关系和有效合作而努力，议会通过、西班牙人民批准如下宪法。

## 总　纲

**第一条**

第一款　西班牙是一个法治的社会和民主的国家，维护自由、正义、平等和政治多元化并引以为其法律秩序的最高价值。

第二款　国家主权属于西班牙人民，国家之权力盖源于此。

第三款 西班牙的政体是议会君主制。

**第二条**

本宪法的基础是西班牙国牢不可破的团结和全体西班牙人所共有的不可分割的祖国,本宪法承认并保障组成西班牙国的各民族和各地区的自治权利及其团结。

**第三条**

第一款 卡斯蒂利亚语,即西班牙语为国家官方语言。所有西班牙人均有义务熟悉它,并有使用它的权利。

第二款 西班牙的其他语言,根据各自治区的法律为各自治区的官方语言。

第三款 西班牙的各种语言形态均为文化财富并受到特别的尊重和保护。

**第四条**

第一款 西班牙国旗由红、黄和红三横道组成,黄色横道的宽度为红色横道的两倍。

第二款 法律承认各自治区的旗、徽,可与西班牙国旗在各公共建筑和正式场合共同悬挂。

**第五条**

国家的首都是马德里城。

**第六条**

政党体现政治多元化,听取并表达人民意愿,是政治参与的基本渠道。政党得在尊重宪法和法律的范围内自由创建并进行活动,其内部结构和职能应是民主的。

**第七条**

劳动者工会和企业界协会为保护和发展经济和社会利益作出贡献,该利益是它们自身的利益。工会和协会在尊重宪法和法律的范围内自由创建并进行活动，其内部结构和职能应是民主的。

**第八条**

第一款  武装力量由陆海空军组成，任务是保障西班牙的主权和独立，捍卫西班牙的领土完整和宪法秩序。

第二款  根据本宪法的原则，得有专门的组织法以为指导军队组织的基础。

**第九条**

第一款  所有公民与公共机构皆得受宪法和其他法律约束。

第二款  国家应创造条件使个人以及个人所组成之集团的自由平等、名副其实和行之有效，应铲除阻挠和妨碍自由平等充分发扬的障碍，并便利全体公民参与政治、经济、文化和社会生活。

第三款  宪法保障法治原则，确保等级规范化、规章制度公开化，以及对个人权利不利或限制性的惩罚条款的无追溯效力，保证法治至上、责任政治，杜绝滥用职权。

## 第一章  基本权利和义务

**第十条**

第一款  人的尊严，人固有的不可侵犯的个人权利，个性的自由发展，尊重法律和尊重他人的权利，是政治秩序和社会和平的基础。

第二款  宪法承认的同基本权利和自由相关的准则，将根据西班牙所批准之世界人权宣言及内容类似的国际条约和协议进行解释。

### 第一节  西班牙人和外国人

**第十一条**

第一款  西班牙国籍的取得、保留和失去均得根据法律的规定。

第二款  任何出生在西班牙的人，其国籍均不得被剥夺。

第三款　国家可与伊比利亚美洲国家或其他与西班牙曾有过或可能有特殊联系的国家缔结承认双重国籍的条约。在这些国家中，尽管不承认其公民有对等的权利，西班牙人也可以入籍，并不失去其出生地国籍。

**第十二条**

年满十八岁的西班牙人为成年人。

**第十三条**

第一款　外国人在西班牙享有本条款中由条约和法律规定之条文所保证的自由。

第二款　除非考虑到对等原则可由条约或法律规定之参与市政直接选举的权利而外，仅西班牙人才享有本法第二十三条所承认的权利。

第三款　引渡仅依据条约或法律并根据对等原则而实行。不得引渡政治犯，恐怖犯罪者不被认定为政治犯。

第四款　法律将制订条文规定其他国家的公民和无国籍者可在西班牙享有避难权。

## 第二节　权利和自由

**第十四条**

西班牙人在法律面前人人平等，不得因出生、种族、性别、宗教信仰、见解或任何其他个人或社会的条件或情况而受歧视。

### 第一分节　基本权利和公共自由

**第十五条**

人人享有生活和身心完整的权利，在任何情况下不得被拷打或肉刑，或受到非人的和侮辱性的待遇，废除死刑，战争时期可执行军事刑法的情况除外。

**第十六条**

第一款　保障个人和团体的意识形态、宗教信仰的自由，在其游行活动中，除为维护受法律保护的公共秩序所必需的限制外，不得加以更多的限制。

第二款　任何人不得被迫宣布其意识形态、宗教或信仰。

第三款　任何宗教都不具有国家的性质。国家应注意到西班牙社会的宗教信仰并与天主教教会及其他教派保持合作关系。

**第十七条**

第一款　人人均享有自由和安全的权利。除执行本条款规定、在案件诉讼过程中及以法律规定的方式而外，任何人不得被剥夺自由。

第二款　预防性拘捕不得超过旨在澄清事实所严格需要的侦察时间，在所有案件中，最长时间不得超过七十二小时，否则被拘捕者应即予以释放或交送司法当局。

第三款　所有被拘捕者应立即并以其可理解的方式被告知其权利和被捕的理由，不得被逼供词。依法律规定之条文，保证被拘捕者在侦缉和司法审理中得到律师的协助。

第四款　法律指导"人身保护状"的实施，以使所有被非法拘捕者立即送司法当局处理。同时，亦得依法决定临时监禁的最长期限。

**第十八条**

第一款　保障名誉、个人和家庭隐私及本人形象的权利。

第二款　住宅不受侵犯。未经屋主许可或司法决定不得进入或搜查，但现行犯罪除外。

第三款　保障通讯秘密，特别是邮政、电报和电话的秘密，但法律有规定的情况除外。

第四款　为保障公民的名誉、个人和家庭的隐私及其权利的充分实施，法律限制此类信息的使用。

**第十九条**

西班牙人有权在本国领土内自由选择住所和迁徙，亦有权依法律规定之条文自由出入西班牙。此项权利不得因政治或意识形态之原因而受限制。

**第二十条**

第一款　承认并保护的权利：

1. 以口头、书面或任何其他复制的方式自由表达和传播思想、想法和意见；

2. 文艺创作、科技发明；

3. 讲学自由；

4. 通过任何传播媒介自由报告或接收真实消息。法律得明确规定行使上述自由时基于良知或保守职业秘密考虑而拒绝透露信息来源的情形。

第二款　上述权利的行使不得以任何预先审查的方式予以限制。

第三款　法律得明确国家或其他任何公共机构所有的社会沟通媒体的组织形式并将其置于议会控制之下，以便保证各重要的社会和政治集团能够平等地使用它们，并且确保其对西班牙语言多样性和社会多元化予以充分的尊重。

第四款　前述自由不得侵及本章所承认的各项权利，它们也必须由相关的法律条款来实现，特别是要受到有关荣誉、隐私和名誉权利，以及青少年所享有的被保护权利等权利及相关法律的限制。

第五款　唯有根据法庭命令，才可以没收出版刊物、录音和其他信息媒介。

**第二十一条**

第一款　承认不携武器的和平集会。行使该权利无须预先征得批准。

第二款　在公共交通地点的集会和游行示威需事先通知当局，唯有在妨碍到公共秩序和危及生命财产安全时，方可予以禁止。

**第二十二条**

第一款　承认结社自由。

第二款　凡组织系基于犯罪目的或其活动使用犯罪手段者，即为非法结社。

第三款　受本条庇护的社团应登记注册，后者仅供公开刊行之用。

第四款　只有理由正当的司法判决，才可以被解散社团或中止其活动。

第五款　禁止秘密社团和组织准军事社团。

## 第二十三条

第一款　公民有直接或通过代表参与公共事务的权利，代表须由公民定期自由普选产生。

第二款　同时，公民有权在平等的条件下根据法律规定的要求担任公共职务。

## 第二十四条

第一款　在行使其合法权益时，任何人均有权获得法官和法庭有效保护，此种保护在任何情况下皆不得中断。

第二款　同样，所有人皆有权依法接受普通法庭的审判、获取律师的辩护和帮助、被告知对其本人得指控，针对任何人的公开诉讼审理程序皆不得无故拖延、各种保障措施以及用于自我辩护的验证手段皆不得被剥夺，任何人皆不得被迫自我栽赃、自认其罪或自命无罪。法律得规定，在诉讼过程中，凡与被告有亲缘关系者或持有职业秘密者，皆无指证其罪行的义务。

## 第二十五条

第一款　任何人，其行为或疏忽依其发生之时所行之法律而不构成犯罪、过失或渎职者，皆不得被判刑或惩罚。

第二款　剥夺自由的刑罚及惩戒措施，旨在对犯人进行再教育并帮助其重返社会，因而不得导致强迫劳动。除判决书内容、服刑方法和感化法律内容有明确限制的情况以外，服刑犯人享有本章规定的基本权利。在所有情况下，犯人有权获得劳动报酬、社会保险以及相应的福利，有权拥有文化生活并全面发展其个性。

第三款　民事当局不得透过惩罚措施以直接或间接的方法剥夺人的自由。

**第二十六条**

禁止在民事管理部门和职业组织体制内部设立名誉法庭。

**第二十七条**

第一款 所有人皆享有受教育的权利，承认受教育的自由。

第二款 教育的目的，是在尊重平等共处、民主原则、基本权利与自由的范围之内，充分地发展人的个性。

第三款 国家得保障和协助父母，使其子女能够根据其信念而获得宗教和道德教育。

第四款 基础教育为义务免费教育。

第五款 国家制订教育总体计划，并由各有关方面积极参与和创建教育机构，以保障所有人皆享有受教育的权利。

第六款 承认自然人和法人在尊重宪法原则的条件下有创建教育机构的自由。

第七款 在依法设立的公立教育机构中，教师和家长，适当的时候也包括学生，得平等地享有控制和管理此种机构的权利。

第八款 政府检查并追溯确认教育体制，以保障法律的实施。

第九款 国家得帮助教育机构满足法律所规定的要求。

第十款 依法承认大学的自治权利。

**第二十八条**

第一款 所有公民都有自由参加工会的权利。法律得限制或排除武装力量或机构及其他受军纪约束的组织行使该权利，并得规定公职人员行使该权利的细则。工会自由包括创建工会并有选择参加工会的权利，工会有组成联合会和创建国际工会组织或参加这些组织的权利。任何人不得被迫加入工会。

第二款 承认劳动者为保卫自身利益举行罢工的权利。规范该权利行使的法律，得明确为维持社会基本服务所必需的各种保障措施。

### 第二十九条

第一款 所有西班牙人皆享有请愿权利，皆可根据法律规定的方式和目的，以个体或集体的名义提交书面请求。

第二款 武装力量或机构或受军纪约束的部队成员，只能以个人名义行使上述权利，并得根据特殊法律之规定予以处理。

### 第二分节 公民的权利和义务

### 第三十条

第一款 西班牙公民有保卫西班牙的权利和义务。

第二款 法律得规定西班牙人的军事义务，保障可因良知关系免服义务兵役，并视情形代之以其他社会服务。

第三款 为实现总体利益之目的，可以建立民事服役体制。

第四款 得以法律形式规定公民在发生灾害、严重危险或公共灾难等情况下的义务。

### 第三十一条

第一款 税收制度得视全体公民的经济能力并得依据平等和渐进原则予以制定，税收系公民为维持公共开支所作之贡献，因而任何情况下皆不得被视为具有没收和征用的性质。

第二款 必须实现均衡的公共收支，其计划和执行皆应符合效益和经济的原则。

第三款 只有经法律规定的程序，才可出于公益之目的征召个人服务或征用个人财产。

### 第三十二条

第一款 男人和妇女有在法律地位完全平等的情况下缔结婚姻的权利。

第二款 法律规定婚姻的方式、结婚年龄和能力之有无、配偶的权利和义务，以及分居、解除婚姻的原则及后果。

**第三十三条**

第一款 承认私人财产和财产继承的权利。

第二款 以上权利的内容,得依法律规定并由其社会效用来予以明确。

第三款 除基于公共事业或社会利益的正当原因,并依法予以相应的赔偿之外,任何人的财产和权利皆不得被剥夺。

**第三十四条**

第一款 根据法律规定,承认出于公益目的成立基金会的权利。

第二款 第二十二条中第三、四款对于成立基金会亦同样有效。

**第三十五条**

第一款 所有西班牙人皆有劳动的义务和权利,有自由选择职业的权利,有通过劳动获得晋升的权利,以及获得满足及其家庭的需要的足够报酬的权利,此种权利在任何情况下皆不得因性别遭受歧视。

第二款 法律得规范劳动者的章程。

**第三十六条**

法律应当规定专业协会特殊的法律地位以及相关专业能力或学位等级的设置,协会内部的组织和运转必须合乎民主原则。

**第三十七条**

第一款 法律保障劳动者代表和企业主之间进行集体谈判的权利,并保障协议的效力。

第二款 法律承认劳动者和企业主有采取集体冲突措施的权利。法律得规范该权利的行使,确保其不妨碍社会基本服务的正常运转。

**第三十八条**

承认市场经济体制中的企业自由。公共机构得根据全局经济要求及其计划,保障和保护该权利的行使,保证生产效率。

## 第三节　社会和经济政策的指导原则

**第三十九条**

第一款　国家得保障家庭在社会、经济、法律方面得到保护。

第二款　同时，国家得确保子女不论其出身门第及其母亲的婚姻状况都能依法得到全面、平等的保护。法律得为寻访父系背景的调查提供方便。

第三款　父母应为婚生或非婚生子女在其未成年及其他法律所规定的情形下提供各种帮助。

第四款　儿童享有为儿童谋权利的国际协议所规定的各项保护。

**第四十条**

第一款　国家在经济稳定政策的范围内为推动社会和经济进步以及地区和个人收入分配更加均衡创造有利条件，并对执行旨在充分就业的政策予以特别注意。

第二款　国家得鼓励旨在保障职业培训和在职培训的政策，关心劳动安全和卫生，限制工作日，规定定期有酬休假，发展适当的中心以保障必要的休息。

**第四十一条**

国家得支持社会保险公共制度，以保障全体公民在需要之时，特别是在失业的情况下得到足够的社会帮助和救济。其他帮助和救济不在此列。

**第四十二条**

国家得特别关心维护旅居国外的西班牙人的经济和社会权利，制定方便和保护侨民平安回国的政策。

**第四十三条**

第一款　承认健康受保护的权利。

第二款　国家有责任通过预防性措施提供必要的资助和服务，以组织和监护公共卫生事业。法律得规定所有人在这方面的权利和义务。

第三款 国家发展卫生教育、体育和运动，同时也为适当休息提供方便。

### 第四十四条

第一款 国家推动并监督所有人有接触文化的权利。

第二款 国家为总体利益促进科学和科学技术研究。

### 第四十五条

第一款 所有人有权利享受适于人发展的环境，并有义务保护环境。

第二款 国家合理使用一切资源，其目的是依靠必不可少的集体支援来保护和改善生活质量、维护和恢复环境。

第三款 违犯上述规定者，得根据法律规定给予刑事惩罚或视具体情况给予处分，并得强迫其修复所造成的损害。

### 第四十六条

国家保障保护和丰富西班牙各族人民的历史、文化和艺术财富以及构成上述财富的各种资产，而不论其法律地位和所有权属。刑法得对破坏该财富的犯罪行为给予惩罚。

### 第四十七条

所有西班牙人皆有享受应得的和适当的住宅的权利，国家根据总体利益协调地使用，避免投机，创造必要条件并制订有关规定以使该权利付诸实现。社会公众有权分享公共部门在城建工作中的剩余价值。

### 第四十八条

国家为青年自由和有效地参加政治、社会、经济和文化发展创造条件。

### 第四十九条

国家对肢体、感官或心理残疾者实行预防、治疗、康复和重返社会的政策，为他们提供所需的特殊照顾、特别保护，以使其享有本节给予所有公民的权利。

### 第五十条

国家通过适当、定期地发放抚恤金，保障老龄的公民的经济供给，同时不论其家庭情况如何，通过旨在解决其健康、住宅、文化与休养的特殊问题的社会服务体制，为其谋取福利。

### 第五十一条

第一款 国家保障捍卫消费者和使用者的权利，通过有效法律程序保护其安全、卫生以及其合法的经济利益。

第二款 国家为消费者和使用者扩大信息并进行教育，根据法律加强其组织，并在有关问题上倾听其意见。

第三款 根据以上各款的规定的范围，法律得调整国内的商业和商检制度。

### 第五十二条

法律得调整有助于保护本身经济利益的职业组织，以确保其内部机构和职能是民主的。

## 第四节 基本自由和权利的保障

### 第五十三条

第一款 本章第二节所承认的自由和权利均与国家有关。必须仅据法律，且在任何情况下都尊重其实质内容，方可调整上述权利和自由的行使，这些权利和自由均受第一百六十一条第一款第一项规定所保护。

第二款 任何公民都可以在以优先从速审理原则为基础的初审法庭上，或视情形通过法定程序向宪法法庭提起上诉，要求获得第十四条和第二节第一部分所及之对自由和权利的保护。但该程序仅适用于第三十条所承认因良知而拒绝服兵役的情况。

第三款 国家的正式法律、司法实践和行为都应承认、尊重和保护第三节所及之原则。唯有在依法设立的普通法庭上，才可援引这些原则。

### 第五十四条

得由专门的组织法确立监察专员制度。监察专员作为议会的高级代表，由议会委任，致力于维护本章所及之权利，对政府活动进行监督，并向议会汇报工作。

## 第五节 权利和自由之中止

### 第五十五条

第一款 凡在法律规定的范围内宣布特别状态和戒严时，在第十七条，第十八条之第二款和第三款，第十九条，第二十条之第一款中第一、第二项和第五款，第二十一条和第二十八条第二款，以及第三十七条之第二款中所承认的权利均得予以中止。

第二款 得由组织法规定在特定的、须司法干涉和议会适当控制的某些情况下，第十七条第二款、第十八条第二款和第三款所承认的权利暂不适用于那些受到调查的与武装集团和恐怖分子有关系的嫌疑人。

非法使用或滥用上述组织法所规定的权力将如践踏法律所承认的权利和自由一样被追究刑事责任。

# 第二章 国王权利

### 第五十六条

第一款 国王是国家元首，是国家统一、永恒的象征，仲裁并调解机构的正常运转，在国际关系中特别是在同那些历史上曾与西班牙同属一体的国家的关系中，是西班牙国家的最高代表，行使宪法和法律所赋予的职权。

第二款 他的称号是西班牙国王，并可使用其他属于国王的称号。

第三款 国王不容侵犯，不承担责任。他的行动得依本法第六十四条之规定加以副署，否则无效，但第六十五条第二款之规定除外。

## 第五十七条

第一款 西班牙王位由历史王朝合法继承人波旁·胡安·卡洛斯一世的后代世袭。王位的继承是按长幼和财产继承的顺序排列,前支优先于后支;同一支系内,近等优先于远等;同一等级内,男性优先于女性;同一性别内,年长者优先于年少者。

第二款 王储,从其出生起,或从其被指定为继承人之日起就具有阿斯图里亚斯王子的封号和与西班牙王位继承人有传统联系之其他称号。

第三款 有合法继承权的所有支系均都消亡,议会以最符合西班牙利益的形式确定王位继承人。

第四款 凡有权力继承王位的人之婚姻违反国王和议会的特别禁令,其本人和后代的继承权将被取消。

第五款 有关退位、放弃继承权或对王位继承顺序有事实上和法律上的任何疑问,由王室组织法解决。第五十八条王后或女王配偶不能行使宪法职权,摄政者例外。

## 第五十八条

第一款 如国王未成年,国王的父亲或母亲立即并在国王未成年期间行使摄政权力,如国王无父母,则按宪法规定之顺序,由最接近继承王位权的成年亲属行使摄政权。

第二款 在国王无能力行使其职权且被议会所承认的情况下,如王储已成年可立即摄政,否则按上款之规定执行,直至王储成年。

第三款 如果没有任何人适合于摄政,则由议会任命摄政者,摄政者可为一人、三人或五人。

第四款 行使摄政权者必须是成年的西班牙人。

第五款 摄政者按宪法规定,并永远以国王名义行使权力。

## 第五十九条

第一款 国王在遗嘱中所指定的人为年幼国王的监护人,后者必须是成年和本土生西班牙人;如国王未指定,则由国王之鳏(寡)居的父亲或母亲作监护人。如果国王无父母，由总议会指定，除国王的父母和直系后代外，均不能同时担任摄政者和监护人。

第二款 在担任监护人时，不能同时担任任何其他职务或政治代表。

## 第六十条

第一款 国王在议会登基时，应宣誓忠于职守，遵守并监督遵守宪法和法律，尊重公民和自治区的权利。

第二款 王储一旦成年，或摄政者就职时，亦须同样宣誓，并要宣誓忠于国王。

## 第六十一条　国王权利

1. 签署和颁布法律；

2. 召集和解散议会，在宪法规定的期限内宣布举行大选；

3. 在宪法规定的情况下召集公民投票；

4. 提名首相候选人，任命首相，根据宪法规定罢免首相；

5. 根据首相建议任免政府成员；

6. 公布部长会议所通过的法令、授予文职人员和军人职衔，并根据宪法规定授勋；

7. 听取有关国家事务的报告，根据首相的请求并在适当时主持部长会议；

8. 是武装部队的最高统帅；

9. 执行符合法律规定的赦免权利，但不能批准大赦；

10. 是皇家学院的最高主事人。

## 第六十二条

第一款 国王任命大使和其他外交代表，驻西班牙外国使节系向国王派出。

第二款 根据宪法和法律的有关规定，表示国家赞同在国际上承担条约义务。

第三款 事先经议会批准，由国王宣布战争与和平。

## 第六十三条

第一款　国王的行动由首相或相应的部长副署。首相的提名和任命及本法第九十九条所规定的罢免由众议院议长副署。

第二款　国王的行动将由副署人负责。

## 第六十四条

第一款　国王接受从国家预算中拨发的用于维持王室和国王办公厅的全部款额，并自由支配这笔金额。

第二款　国王自由任免国王办公厅的军事和民事人员。

## 第三章　总议会

### 第一节　两　院

## 第六十五条

第一款　总议会代表西班牙人民，由众议院和参议院组成。

第二款　总议会执行国家立法权，通过国家预算，监督政府的行动及行使宪法所赋予的其他权力。

第三款　总议会不容侵犯。

## 第六十六条

第一款　任何人都不能同时兼任两议院议员。自治区的议员也不能同时兼任众议院议员。

第二款　总议会成员不接受强制命令。

第三款　不按法律规定召开的议员的会议与议会无关，此种会议不得行使议会职能，与会者亦不得行使其议员特权。

## 第六十七条

第一款　众议院拥有最少三百、最多四百名议员，按宪法所规定的准则自由、平等、直接和秘密普选产生。

第二款　省是选区单位，休达、梅利利亚两地居民各选一名议员代表。法律规定总的议员人数的分配，确定每个选区的最少代表名额，并按居民人数的比例分配其他议员代表名额。

第三款 选举按比例代表制的原则在每个选区进行。

第四款 众议院每四年选举一次，议员任职自选举后四年期满，或至议会解散之日终止。

第五款 凡拥有完整政治权利的西班牙人都有选举权和被选举权。法律承认侨居在海外的西班牙人的选举权利，国家并为其行使权利提供方便。

第六款 在众议院停止行使其权利的三十到六十天期间进行选举。选举出来的众议院必须在选举后的二十五天内召开会议。

**第六十八条**

第一款 参议院是地区代表院。

第二款 根据组织法规定，每省通过选民自由、平等、直接、秘密的普选方式选出四名参议员。

第三款 设有市政会或岛屿委员会的岛屿或岛屿联合群组成选举参议员的选区，大加那利、马略尔卡和特内里费三个大岛每岛选三名议员，下列岛屿或岛屿联合群每个选一名议员：伊维萨、福门达腊、梅诺卡、富韦特文图腊岛、戈梅腊岛、耶罗岛、兰萨罗特岛和帕尔马岛。

第四款 休达和梅利利亚每地选两名参议员。

第五款 此外，自治区还得任命一名参议员，并得在本区内，当选民每达到一百万时多增加一名参议员。必须按照相关章程的规定确保合理的选民—代表比例，此类参议员的任命权属立法议会，如没有立法议会则由自治区上一级立法机构任命。

第六款 参议院每四年选举一次。参议员的权利在选举后四年期满或至参议院解散之日终止。

**第六十九条**

第一款 选举法得规定众议员和参议员在下列情况下不得参选和不能

兼任：

1. 宪法法院成员；

2. 在决定法律的国家行政管理机关中担任高级文官的人员，但政府成员例外；

3. 监察专员；

4. 担任现职的大法官、律师和检察官；

5. 职业军人，现役安全、警察部队和力量人员；

6. 选举委员会成员。

第二款 根据选举法的有关规定，两院议员当选及当选证明的有效性受司法监督。

**第七十条**

第一款 众议员和参议员履行其职时，其发言不受法律追究。

第二款 在职期间，参议员和众议员都享有豁免权，除现行犯可被逮捕外，非经所属议院之许可，两院议员皆不得被宣告有罪，也不能被起诉。

第三款 众议员和参议员的诉讼由最高法院刑事庭审理。

第四款 众议员和参议员领取由所属议院所规定的薪俸。

**第七十一条**

第一款 两院得建立自己的规章，自主地通过自己的预算，在两院达成一致的条件下调整总议会的人事章程。规章及规章的改变，均须在对其最终文本进行整体表决并以多数通过方可有效。

第二款 两院选出各自的议长及其他主席团成员。两院联席会议由众议院议长主持并遵循总议会章程之须经两院以绝对多数通过的规定。

第三款 两院议长以两院名义行使所有的本院行政管理权，并各自在其总部的内部行使治安权力。

**第七十二条**

第一款 两院每年在两个固定期间召开会议：第一个期间是9月至12

月，第二个期间是 2 月至 6 月。

第二款　应政府、常务委员会或两院中任何一院绝对多数议员的要求，两院可举行特别会议。召开特别会议要有固定议事日程，日程完成应立即闭会。

**第七十三条**

第一款　两院召开联席会议以执行本法第二章所赋予总议会的非立法权力。

第二款　本法第九十四条第一款、第一百四十五条第二款和第一百五十六条第二款所规定的总议会决议，必须经两院多数通过。一种情况是先由众议院通过，另外两种情况下则是先由参议院通过。在全部情形下，若参众两院不能达成一致，则须成立一个有同等人数的参议员、众议员组成的联合委员会，由其负责起草一个可供两院表决的文本。若该文本仍不能获得两院的一致通过，则众议院绝对多数的同意即可通过该法案。

**第七十四条**

第一款　两院通过全会和委员会行使其权力。

第二款　两院可授权常任专门立法委员会通过法律草案或法律提案，但全会可以在任何时候对已经立法委员会通过的全部法律草案或提案进行辩论和表决。

第三款　宪法改革、国际问题、组织法和基础法以及国家总预算相关法案不在上述条款规定之列。

**第七十五条**

第一款　众议院和参议院（在一定情况下两院联合）可任命调查任何公共事务的专门委员会，其调查的结论对法院无约束力，也不影响司法判决，但不妨碍其将调查结果知会检察部门，以便在必要时采取适当行动。

第二款　被调查者必须按两院的要求出庭作证，对拒不出庭者按法律规定进行制裁。

**第七十六条**

第一款 两院接受个人和集体的书面请愿，但不受理公民以游行示威形式直接提出的请愿要求。

第二款 两院可将收到的请愿书转给政府。政府有义务按议会的要求就请愿之内容作出相应的解释。

**第七十七条**

第一款 两院都设有常务委员会；每院的常务委员会最少由二十一名代表议会小组的议员组成，名额分配按各议会党团的人数比例确定。

第二款 常务委员会由各自所属议院的议长领导，依第七十三条、八十六条和第一百一十六条之规定行使属于议会的权力至议会被解散或任职期满，并在议会休会期间，行使两院权力。

第三款 议会任职期满或解散，常务委员会继续行使其权力直至新议会组成。

第四款 本议院开会时，常务委员会得报告其所处理的事务以及所做出的决议。

**第七十八条**

第一款 为通过决议，议会须按规定举行会议，并得由多数议员参加。

第二款 上述决议须经出席会议的多数议员通过方能生效，但这并不妨碍宪法或组织法规定之特别多数以及两院条例为人事选举所规定的特别多数。

第三款 参议员和众议员本人必须亲自出席投票，不得委托投票。

**第七十九条**

除两院以绝对多数达成协议或根据条例规定外，议会全会得予公开。

## 第二节　制定法律

**第八十条**

第一款　有关基本权利和公共自由的发展、批准自治章程、选举通则以文宪法所规定的其他法律均为组织法。

第二款　组织法的通过、修改或废除，须经众议院在对法案整体的最后表决以绝对多数通过。

**第八十一条**

第一款　总议会可授权政府制订关于前条未包括的某些事务的法律及规定。

第二款　如立法授权之目的是形成正式条文，则须先行通过基础性法律；如系将几个法律文本合并为一，则以普通法律立法形式进行。

第三款　给予政府之立法授权，须以明确方式规定其具体内容和实施期限。政府通过公布相应规定行使该授权后，授权终止。凡以含混方式或无确切时限要求授受权力者皆不合法，给予政府得授权不得再行授予政府以外的其他机构。

第四款　基本法应确切规定立法授权之目标、范围及其实施时所应遵循的原则和准绳。

第五款　授权合并法律条文须确定授权内容的正常范围，说明是仅限于形成一个统一文本，抑或包括调整、澄清和协调要合并的法律条文。

第六款　在不妨碍法院特有职权的情况下，关于授权的法律可规定相应的被允性监督方式。

**第八十二条　基础性法律**

在任何情况下均不得：

1. 批准修改基础法本身；
2. 授权制定带有追溯性效力之规定。

#### 第八十三条

若法律提案或修正案与某项有效的立法授权相抵触，政府有权反对之。在此情况下，可提出相应法案以便全部或部分废除授权法。

#### 第八十四条

包含授权立法之政府规章，得冠以法律性法令的名称。

#### 第八十五条

第一款 在特别和紧急需要的情况下，政府可以法律性法令之形式公布临时指令，但不能影响国家基本体制和第一章中所规定的公民权利、义务和自由，以及自治区制度和选举通则。

第二款 法律性法令须立即提交众议院进行全文讨论和表决，如众议院未在会期，可在公布后三十天内专门召开会议。在这个期限内，众议院必须明确宣布法律有效或取消。为此，众议院条例应规定一个特殊而扼要的程序。

第三款 在前款规定之期限内，议会可以紧急程序把法令作为法律草案处理。

#### 第八十六条

第一款 根据宪法和两院条例规定，立法主动权属于政府、众议院和参议院。

第二款 自治区议会可请求政府制订一项法律草案或向众议院主席团提交一项法律提案，并向众议院委派三名本区议会成员负责提案之辩护。

第三款 组织法得规定有关民众提出法案的创制权之行使方式和条件，在任何情况下公众创制法案皆得有不少于五十万人的有效签名。上述创制权不得适用于组织法、税法或国际性法律以及有关赦免的事项。

#### 第八十七条

政府法案得经部长会议通过，连同提出该法案的理由说明及必要背景情况一并提交众议院。

**第八十八条**

第一款 法律提案程序由议会条例规定之。法律提案相对法律草案的优先权并不影响第八十七条所规定的立法主动权的行使。

第二款 参议院根据第八十七条规定审议之法律提案应提交众议院按提案处理。

**第八十九条**

第一款 众议院在通过一项普通法律或组织法草案后，众议院议长应立即知会参议院议长、由后者将该法案提交参议院审议。

第二款 参议院在从接到草案条文之日起两个月内，以阐明原由的函件对其提出否决或修正。否决需以绝对多数通过。在参议院否决情况下，草案原文未经众议院绝对多数（在否决提出两个月后可以简单多数）批准，或未经众议院以简单多数提出修正意见或表态采纳与否之前，不得呈交国王批准。

第三款 对被政府或众议院确定为紧急性质的法律草案，参议院予以否决或修正的时限由两个月缩减为二十个自然日。

**第九十条**

国王应在十五天内签署总议会通过的法律，并发布命令予以立即颁布。

**第九十一条**

第一款 特别重要的政治事项得委付公民投票来作出决定。

第二款 公民投票由众议院事先授权，经政府首相提议并由国王召集。

第三款 得以组织法确定本宪法中所规定的各种形式公民投票之条件和程序。

### 第三节　国际条约

**第九十二条**

得通过组织法授权的形式，签订赋予国际组织或机构行使部分宪法权力的条约。这些条约以及被授权的国际机构或跨国机构所作之决议，分别视其情形由总议会或政府予以保障执行。

**第九十三条**

第一款　在下列情况下，国家通过条约或协定承担义务须经总议会批准：

1. 政治性条约；
2. 军事性条约或协定；
3. 涉及国家领土完整或本法第一章所及之基本权利和义务的条约或协定；
4. 导致公共财政承担财政义务的条约或协定；
5. 意味着修改或废除某项法律或要求采取立法措施的条约和协定。

第二款　其他条约和协定得于达成协议后立即报告众议院和参议院审议。

**第九十四条**

第一款　签订一个内容与宪法规定相抵触的国际条约需事先修改宪法。

第二款　政府或两院中的任何一院可要求宪法法院说明是否存在上述抵触现象。

**第九十五条**

第一款　有效签订的国际条约一经在西班牙正式公布，即成为国内法制的组成部分，条约内容的废除、修改或中止只能按国际条约本身规定的方式或依国际法普遍的准则进行。

第二款　废除国际条约和协定得适用本法第九十四条所规定的相同程序。

## 第四章 政府和行政管理机关

**第九十六条**

政府主持对内对外政策以及国家的民事、军事和国防的行政管理。根据宪法和法律行使执行权和法定权力。

**第九十七条**

第一款 政府由首相、副首相、大臣及法律所规定的其他成员组成。

第二款 首相领导政府行动，协调政府其他成员的职能，但不妨碍他们在工作中的职权和直接责任。

第三款 政府成员除不能行使议会授权以外的权责外，也不得行使与本职务无关的任何公共职能，不得从事任何职业性或商业性活动。

**第九十八条**

第一款 每次众议院更迭后或在宪法规定的情况下，国王得先与有议会席位的政治党团所指定的代表进行磋商，并通过众议院议长提名首相的候选人。

第二款 按上款规定提出的候选人，得向众议院宣布其组阁的政治纲领并请求得到众议院的信任。

第三款 如果众议院以议员绝对多数票给予该候选人以信任，国王得任命其为首相。如达不到上述多数，得于此次投票四十八小时后再对同一个候选人进行新一次投票，如取得简单多数，即意味获得议会信任。

第四款 若上述两次投票后授职未得到信任，则须依上述条款规定的方式连续推荐。

第五款 从第一次授职表决起两个月内，如无任何一个候选人获得众议院信任，国王得在众议院议长副署下解散议会两院，召集再选。

**第九十九条**

政府其他成员，由国王根据首相建议予以任免。

### 第一百条

第一款 政府在举行大选后以及失去宪法所规定的议会信任、首相辞职或逝世的情况下得集体辞职。

第二款 在新政府就职前,即将停职的政府得继续行使其职能。

### 第一百零一条

第一款 首相和政府其他成员如发生刑事责任,得由最高法院刑事庭追究。

第二款 如果首相被指控于任职期间犯有叛国或其他破坏国家安全罪,则须由四分之一众议员提出动议,并经众议院绝对多数通过方可提出弹劾。

第三款 国王的赦免在任何情况下不适用于本条所及之罪行。

### 第一百零二条

第一款 国家行政系统客观上服务于国家整体利益,依其效能、等级、权力下放、分散和协调的原则行事,完全服从于法律和法。

第二款 国家行政管理机关根据法律建立、领导和协调。

第三款 法律将制定公务官员的章程,按成绩和能力任用公职人员,规定公职人员行使其组成工会权利的特殊形式,规定其不可兼职和公职回避的相关保障措施。

### 第一百零三条

第一款 隶属政府的安全部队,其使命在于保护权利和自由的自由行使以及保障公民的安全。

第二款 得以组织法明确安全部队的职能、行动的基本原则和章程。

### 第一百零四条

法律得规定:

1. 在制订关乎公民的行政性条例时直接或通过法律所承认的组织或结社听取其意见的办法;

2. 在不涉及国家安全和防务、犯罪、调查、个人隐私的情况下,公民可查阅档案和行政注册材料；

3. 行政性活动进行的程序，必要时得确保当事人的意见得到听取。

**第一百零五条**

第一款 法院监督行政性行动的法定权力及合法性，并审查行政性行动是否符合其目的。

第二款 在法律规定的条件下，私人有权因其财产和权利所交公共机构运转造成的任何损害而得到赔偿，因不可抗拒的原因所造成的损失除外。

**第一百零六条**

国务委员会是政府最高咨询机构，一部组织法确定其组成和职权。

## 第五章 政府和总议会的关系

**第一百零七条**

政府在其政治性工作领域，集体对众议院负责。

**第一百零八条**

两院及其各委员会可通过委员会主席要求政府、政府各部门以及国家和自治区的任何首长提供讯息和帮助。

**第一百零九条**

第一款 两院及其各委员会可召唤政府成员到会。

第二款 政府成员可出席两院及其各委员会会议，有权要求听取其意见，并可请求允许本部官员向会议作出报告。

**第一百一十条**

第一款 政府及其每一个成员都必须回应两院提出的质询和提问。有关条例得规定每周举行此类会议的最低时限。

第二款 议会可在每项质询之后通过相关动议以表述其立场。

## 第一百一十一条

政府首相在事先经过部长会议讨论之后，可向众议院提出对其施政纲领或某项基本政策声明的信任问题。众议员简单多数支持即被视为给予信任。

## 第一百一十二条

第一款　众议院可以绝对多数通过的弹劾案追究政府的政治责任。

第二款　弹劾案应由至少十分之一的众议员联署提议，并应提出政府首相的替换人选。

第三款　弹劾案提出五天之后方得委付表决。在上述期限内可以提出替代性动议。

第四款　如弹劾案未获众议院通过，其联署人在同一会期内不得再提弹劾案。

## 第一百一十三条

第一款　如众议院通过对政府之不信任案，政府应即向国王提出辞职，国王依本法第九十九条之规定任命新的政府首相。

第二款　如众议院通过弹劾案，政府得向国王提出辞职，弹劾案中提出之候选人在符合第九十九条规定的情况下，被认为是得到众议院信任。国王得任命其为政府首相。

## 第一百一十四条

第一款　政府首相在事先经过部长会议讨论并由自己负完全责任的情况下，可建议解散众议院、参议院或总议会并由国王发布命令实施。解散令得确定议会重新选举的日期。

第二款　当弹劾案正在审议时，不得提出解散议会之建议。

第三款　除第九十九条第五款规定之情况外，议会在前次解散后的一年内不得再次予以解散。

## 第一百一十五条

第一款　紧急状态、特别状态和戒严状态以及有关之权力和限制，得以一项组织法规定之。

第二款 紧急状态由政府通过部长会议决定的法令宣布，最长时限为十五天，并得向为此目的立即举行的众议院会议报告；无众议院授权，上述时限不得延长。法令将规定紧急状态所涉及之地域范围。

第三款 特别状态由政府事先得到众议院授权，并通过部长会议议决之命令予以宣布。有关特别状态之授权和宣布的文件，应明确规定特别状态的含义、地域范围和期限，最长不得超过三十天。该期限可按同样要求延长三十天。

第四款 戒严状态由众议院根据政府提议以绝对多数通过并宣布。众议院将规定其地域范围、时限及条件。

第五款 在处于本条所含之某一种状态的情况下，不得解散众议院；如两院未在会期内，将自动进入会期。在上述三种状态有效期间，两院之运转以及国家其他宪政权力之运转均不得中断。众议院解散或届满之后，如发生导致上述任何一种状态的情况，众议院职权由其常务委员会行使。

第六款 紧急状态、特别状态和戒严状态的宣布并不改变政府及其经宪法和法律承认之代理者之责任原则。

## 第六章 司法权

### 第一百一十六条

第一款 司法来自人民，由组成司法权力体系之独立、负责、不可任意更换和只服从法律的法官和大法官以国王的名义来予以执掌。

第二款 法官和大法官只能由于法律规定之某种原因，并在法律保障的情况下，方得被撤换、停职、调动或退休。

第三款 在一切审理、判决和监督执行判决的过程中，司法权只能由法律确定的法庭和法院根据法律规定的职权及程序行使。

第四款 法庭和法院不得行使前款所列以及法律为保障其权利所赋予的职权之外的职权。

第五款 司法统一原则是法院的组织和运转之基础。在纯属军事系统及在戒严状态时，军事司法的行使得由相关法律依宪法原则规范之。

第六款 禁止成立特别法院。

### 第一百一十七条

法官和法院的终审判决及其他最后裁决必须予以执行；法官和法院在审理过程中和执行决定时所要求之合作必须予以保障和提供。

### 第一百一十八条

依据法律规定的情形，对经证明无力偿付诉讼经费者予以免费司法服务。

### 第一百一十九条

第一款 除诉讼法规定之特殊情况外，司法活动皆当公开。

第二款 诉讼（特别是刑事案件）得以口头形式为主。

第三款 判决必须有理由根据，并当众宣布。

### 第一百二十条

由于司法错误和司法当局的不正常运转所造成的损失，由国家根据法律赔偿。

### 第一百二十一条

第一款 司法权组织法将确定法庭、法院的组成、运转和领导，以及组成统一系列的职业法官、大法官和为司法当局服务的人员之法律地位。

第二款 最高司法委员会是司法权的领导机构。得由组织法确定其地位及其成员的不可兼任制度和职能，特别是有关他们的任命、晋升、监察和纪律制度。

第三款 最高司法委员会由最高法院院长和国王任命、任期五年的十二名成员组成。最高法院院长任主席。上述二十名成员中，二十名根据组织法规定从各级法官和大法官中选任；四名根据众议院提名任命；四名根据参议院提名任命。在后两种情况下，均需两院以五分之三多数从律师和其他法律工作者中选任，他们必须具有公认的才干，并须从业十五年以上。

**第一百二十二条**

第一款 最高法院的辖区为西班牙全国。它是按各种序列排列之最高司法机关，宪法保障性条款规定之事项例外。

第二款 最高法院院长由国王根据最高司法委员会提名，按法律规定之形式任命。

**第一百二十三条**

第一款 检察机构在不妨碍其他机构履行职能的情况下，负责为维护法制、公民权利和受法律保护的公共利益而主动地或应当事人请求而被动地开展司法活动，并保证法院的独立性。它在法院面前致力于社会整体利益的实现和保障。

第二款 检察机构通过其自己的机构，根据行动统一、下级服从上级，在任何情况下均须依从法治和公正的原则行使其职权。

第三款 检察机构的组织章程得由法律规定之。

第四款 国家总检察官由国王根据政府提名并听取最高司法委员会意见任命。

**第一百二十四条**

公民可通过按照法律规定之形式和刑事审判之内容，采取民众行动并参与司法管理以及调解性法庭的传统性法庭之工作。

**第一百二十五条**

法警在根据法律规定进行犯罪调查、查捕罪犯的过程中，隶属于法官、法院和检察机关。

**第一百二十六条**

第一款 法官、大法官和检察官在任职期间，不得担任其他公职，亦不得参加政党或工会。法律将规定法官、大法官和检察官职业结社的制度和方式。

第二款 法律将规定司法权人员之不可兼任制度，应保证他们的完全独立。

## 第七章　经济与财政

**第一百二十七条**

第一款　全国各种形式之一切财富，不论其名义如何，均需服从社会整体利益。

第二款　承认经济活动中的公共主导性。可通过法律为公共部门保留基本财力或服务，特别是在自然垄断部门，可通过法律在社会整体利益要求的情况下决定对企业进行干预。

**第一百二十八条**

第一款　法律得规定有关各方参与社会保险及参与直接涉及生活质量或普遍福利的公共机构活动的形式。

第二款　政府得有效促进各种参与企业运作的形式，得通过适当立法推动发展合作式企业，并得规定有助于使劳动者掌握生产资料所有权的办法。

**第一百二十九条**

第一款　政府得关注一切经济部门特别是农、牧、渔业和手工业的现代化和发展，以平衡所有西班牙人的生活水平。

第二款　为着同一目的，对山区给予特殊照顾。

**第一百三十条**

第一款　国家得通过法律规划总的经济活动满足集体需求，平衡、协调地区和部门的发展，鼓励收入和财富的增长及更公正的分配。

第二款　政府得根据各自治区提出的预算以及公共和其他行业性、企业家、经济性组织提供的咨询与合作，制订计划草案。为此，得成立相关理事会，其组成和职能得由法律规定之。

**第一百三十一条**

第一款　法律得本着不可转让、不可剥夺和不可妨害的原则，规定公共所有和集体所有之财富的法律制度及其完善办法。

第二款　法律规定的财富为国家公共所有；在任何情况下，领海、经济区自然资源和大陆架均为国家公共所有。

第三款　国家与民族遗产及其管理、保护和维护，得以法律规定之。

**第一百三十二条**

第一款　规定税赋之基本权利为国家所专有并得通过法律行使之。

第二款　自治区和地方机关可根据宪法及法律规定和征收税赋。

第三款　所有涉及国家税赋之财政收入，均应根据法律予以规定。

第四款　政府只能按照法律承担财政义务和进行开支。

**第一百三十三条**

第一款　国家总预算由政府制订，由总议会审议、修订和批准。

第二款　国家总预算为年度预算，它包括国家公共部门之全部支出和收入；预算中应明列国家税赋之财政收入总额。

第三款　政府最晚应于上年总预算到期之前三个月向众议院提交国家总预算。

第四款　如预算法案在财政年度第一天之前未获批准，则上一年度预算自动延长，直至新预算得以通过。

第五款　国家总预算被批准后，政府可提出关于本预算年度增加公共支出或减少收入的法律草案。

第六款　一切导致增加拨款或减少预算收入的建议或修正案，均须取得政府同意方得研讨。

第七款　预算法不得增创税赋。在某项实质性税法预有规定的情况下，预算法可修改税赋。

**第一百三十四条**

第一款　政府发行公债或借贷款，须经法律授权。

第二款　用于支付国家公债本息的拨款永远包括在预算支出项目之内。只要符合发行公债法律规定之条件，不得修正或更改。

**第一百三十五条**

第一款　审计法院是国家和公共部门账目和经济活动的最高监督机构。

第二款　审计法院直接隶属于总议会，并受总议会之委托行使其职能。

## 第八章　国家的地区组织

### 第一节　总　则

**第一百三十六条**

国家按地域由市镇、省和自治区组成。所有这些单位在治理其各自事务中均享有自治权。

**第一百三十七条**

第一款　国家保证本宪法第二条所及之团结原则的切实实现，努力实现西班牙领土各部分之间适当、公正的经济平衡，并特别照顾岛屿情况。

第二款　各自治区章程的差异在任何情况下均不意味着经济或社会特权的存在。

**第一百三十八条**

第一款　所有西班牙人在国家领土范围内的任何地方都有同样的权利和义务。

第二款　任何当局皆不得采取直接或间接手段，阻挠个人在西班牙全境范围内流动和定居的自由以及其财富的自由流通。

### 第二节　地方行政

**第一百三十九条**

宪法保证市镇的自治权。市镇享有完全的法人资格。其治理由市长和市政委员组成的市政府负责。市政委员由本市（镇）居民按照法律规定的方式，通过平等、自由、直接、无记名普选产生。市长由市政委员或居民选举产生。法律得规定市政会公开会议制度。

### 第一百四十条

第一款　省是一个具有独特法人地位的地方单位，由市镇和地区组成，以开展国家活动。省界的任何变动均须由总议会依组织法予以批准。

第二款　各省的自治和治理得由省议会或其他相当的代表性机构负责。

第三款　可以建立有别于省的市镇联合体。

第四款　在群岛地区，各岛屿还可成立议事会或委员会等自己的治理和管理机构。

### 第一百四十一条

地方财政应拥有行使法律赋予各级行政机构之职能所必需的充足手段，主要靠地方税赋以及从国家、自治区税收中分成而来。

## 第三节　自治区

### 第一百四十二条

第一款　为行使宪法第二条所承认的自治权，具有共同历史、文化特征的毗邻省份、岛屿地区以及在历史上曾同属一个地域单位的省份，可根据本宪法及其各自章程的规定实行自治，组成自治区。

第二款　自治进程的主动权属于相关各省议会或岛屿间机构，或属于三分之二的市镇，其人口至少应占各省或岛屿登记选民之多数。上述要求应在自某一有关地方行政机构作出第一个决议后的六个月内实现。

第三款　自治倡议如不能实现，需五年后方得撤回。

### 第一百四十三条

为了民族的利益，总议会得通过组织法进行下述工作：

1. 批准成立地域范围不超过一省、不具备第一百四十三条第一款条件的自治区；

2. 批准或决定未包括在省级组织的地区之自治章程；

3. 取代第一百四十三条第二款所列之地方行政机构的自治权。

**第一百四十四条**

第一款　在任何情况下均不允许自治区之间再行联合。

第二款　自治区章程得规定关于自治区之间举行会议讨论工作和提供服务的情况和要求，并得规定向总议会报告的性质和作用。在其他情况下，自治区之间的合作须经总议会批准。

**第一百四十五条**

自治章程由有关各省的省议会、岛屿间自治机构成员及这些省和岛屿选出的众议员和参议员组成的大会制订，并提请总议会作为法律处理。

**第一百四十六条**

第一款　在本宪法条文内，自治章程是各自治区的基本法规，国家把这些章程作为自己的法律程序的组成部分予以承认和保护。

第二款　自治章程应包括：

1. 最符合其历史特征的自治区名称；

2. 地区划分；

3. 本区自治机构的名称、组织和所在地；

4. 宪法规定范围内的职权，以及与这些职权相应的各种服务移交的基础。

第三款　自治章程的修改得按照章程中所规定的程序进行，并在任何情况下均须经总议会通过组织法批准之。

**第一百四十七条**

第一款　自治区对如下事项拥有权责：

1. 组织其自治机构；

2. 更改本区市镇划界；

3. 在权限范围内变更批准移交给地方政权的职权；

4. 领土整治、市政和住房建设，自治区辖域内的公共工程；

5. 全线在自治区地域内的铁路和公路，以及在相同区域内进行的铁路、公路运输；

6. 避风港、体育用港和飞机场，以及不进行商业性活动的港口、机场；

7. 根据经济总规划，管理本区农业和畜牧业；

8. 山脉和森林利用；

9. 环境保护工作；

10. 本自治区内的水利工程、水渠和灌溉工程的设计、建设和开放；矿泉水和地热的开放；

11. 内水捕鱼，海产和水产业，狩猎以及河流捕鱼；

12. 区内交易区；

13. 根据全国经济政策规划的目标，促进自治区的经济发展；

14. 手工业；

15. 自治区范围内的博物馆、图书馆和音乐厅；

16. 本自治区之文物；

17. 促进文化、科研以及自治区语言的教学；

18. 促进和整治本区范围内的旅游业；

19. 保进体育和适当的娱乐活动；

20. 社会救济；

21. 卫生保健；

22. 保护自己的建筑物和设施。根据组织法的规定行使对地方警察的协调及其他职权。

第二款 五年后，自治区可通过修改其章程，在第一百四十九条规定之范围内逐步扩大其职权。

**第一百四十八条**

第一款 下述权责为国家所有：

1. 规定保证所有西班牙人在行使宪法权利和履行宪法义务方面一律

平等的基本条件；

2. 国籍、国内移民、国外移民、外国人管理和避难权；

3. 国际关系；

4. 国防和武装力量；

5. 司法管理；

6. 商业法、刑法和监狱法；诉讼法，但不影响各自治区实质性权利的特殊性所产生的必要的特殊规定；

7. 劳工法，但不妨碍由各自治区机构实施之；

8. 民法，但不妨碍自治区保留、修改和执行已存在的特殊民事权利。在任何情况下，有关法规之实施和效力的规定，关于婚姻形式的司法与民事关系，公共注册和契约的整治，解决法律间矛盾的规定，确定特别权利的法律根据等项，均属国家之权责；

9. 关于知识产权和工业产权的立法；

10. 海关和关税制度；对外贸易；

11. 货币制度：外汇、汇率和可兑换性；信贷、银行和保险业整治的基础；

12. 关于度量衡的立法；正式时间的确定；

13. 经济活动总规划的基础与协调；

14. 总财政和国家债务；

15. 科学技术研究的促进工作和总协调；

16. 对外卫生工作，卫生保健事业的基础和统筹，关于医药产品的立法；

17. 社会保险的基本法和经济制度，但不妨碍由自治区进行有关服务工作；

18. 公共行政机构的法律制度，公共行政官员的章程制度，这些制度应保证被管理者在行政当局面前享有同样待遇；共同的行政管理程序，但不妨碍自治区自身组织产生的特殊性；关于强制征用财产的立法；关于合同和行政性承包的基本法；以及所有公共行政部门的责任制度；

19. 海洋捕鱼，但不妨碍在该部门领域整治过程中所赋予自治区的职权；

20. 商船队和船舰挂旗；海岸照明和海上标志；公共港口；公共航空港；领空控制，航空过境和空运；气象服务和航空器的注册；

21. 通过一个以上自治区地表的铁路运输和一般通讯系统、机动车用公路系统、高架电缆、邮政和电信系统，以及海底和无线电通讯设施；

22. 水流经过一个以上自治区情形下的水利资源的立法、整治、租让和利用；涉及一个以上自治区电力设施的批准权；超出一个以上自治区地域范围的电力输送；

23. 关于环境保护的基本立法，但不影响自治区制订补充性保护规定之权力。关于山脉、森林利用和牲畜通道的基本立法；

24. 全国性或关涉一个以上自治区发展的公共工程；

25. 矿业和能源制度的基本法；

26. 武器、爆炸物的生产、销售、占有和使用的制度；

27. 关于报刊、广播、电视及一切社会通讯工具的基本规定，但不妨碍在这些规定的实施过程中属于自治区的职权；

28. 保护西班牙的文化、艺术遗产和文物，不准出口和掠夺；属于国家所有的博物馆、图书馆和档案，但不妨碍由自治区管理；

29. 公共安全，但不妨碍各自治区根据各自章程在组织法范围内规定的方式，建立警察的可能性；

30. 关于获得、颁布学位和职称及其同等化的规定。关于执行宪法第二十七条，以保证公共权力部门在这方面所承担义务之执行而制订的基本规定；

31. 全国性统计工作；

32. 授权通过公民投票征求民意。

第二款 在不妨碍自治区可承担的职权的情况下，国家把文化服务事业作为其基本义务和权力，将在征得各自治区同意的情况下，推动自治区之间的文化交流。

第三款　本宪法未明确赋予国家的职权，可由自治区根据其章程行使。自治章程未承担的职权，由国家行使。在发生冲突的情况下，在所有未划为专属自治区职权的问题上，国家高于自治区。在任何情况下，国家的权力均是自治区权力的补足。

**第一百四十九条**

第一款　在属于国家职能的事务方面，总议会可授予所有或一个自治区在某项国家法律确定的原则、基础和方针范围内，为本区颁布法规之权力。在不妨碍法院职权的情况下，将由各项轮廓性法律确定总议会对自治区法规的监督方式。

第二款　国家可通过组织法向自治权转让或委托那些属于国家所有，但由于其性质可以转让或委托的权力。财政手段之转让和国家保留的监督形式，由法律具体规定之。

第三款　在总利益需要的情况下，国家可颁布法律，确定为协调各自治区法规所必需之原则，包括已授权自治区之事项。上述需要由总议会两院绝对多数确定之。

**第一百五十条**

第一款　在下述情况下，无须执行第一百四十八条第二款所述之五年期限，即：自治进程倡议除由有关省议会或岛屿间机构在第一百四十三条第二款规定之期限内通过外，亦须有关各省内至少代表本省多数选民的四分之三市镇议决，并按组织法之规定，经公民投票由各省选民绝对多数赞成批准。

第二款　在前款所述情况下，自治章程之制订程序如下：

1. 政府召集要求自治的地域所属各选区产生的众议员和参议员组成议员会议，专门负责起草自治章程草案，会议之各项决议均得以其成员之绝对多数通过；

2. 经议员会议通过后，自治章程草案得提交众议院宪法委员会，后者得在两个月内进行审议，提出建议的议员会议得派代表团与会，以便共同确定章程草案的定稿；

3. 一俟达成一致意见，自治章程定稿文本得委付其所关涉之地域内的各省选民，通过公民投票形式予以表决；

4. 如章程草案在各省经公民投票以多数有效票获得批准，则可提交给总议会，由两院全体会议举行批准投票并就草案文本作出决定，章程通过后由国王批准并作为法律颁行；

5. 如未能达成本款第二项所及之一致意见，章程草案将被作为法律草案交由总议会研处。总议会继而将所通过之文本交章程草案所涉及之地域内各省选民公民投票表决。如经各省多数有效票通过，则按第四项相关规定颁布之。

第三款 在前款第四、五两项所述情况下，如章程未获一省或几省批准，不妨碍计划中的自治区之其余各省按本条第一款所述组织法规定之方式组成自治区。

## 第一百五十一条

第一款 在经由前条所述程序批准之自治章程内，自治区的基本组织机构是：按照保证本地域各地区代表权的比例代表制，通过普选产生的立法会议；具有执行权和行政管理权的政府委员会；主席一人，由立法会议从其成员中选举产生，由国王任命，负责领导政府委员会，作为本自治区最高代表和国家在该自治区的常规代表。主席和政府委员会成员在政治上向立法会议负责。在不妨碍最高法院职权的情况下，自治区高级法院为本区范围内之最高司法组织机构。各自治区的章程可确定自治区参与组织本区司法区域的条件和方式。这一切应根据司法权组织法之规定和司法权统一与独立的原则办理。在不妨碍第一百二十三条之规定的情况下，各级法院案件审理的终审权应属于一审机构所自治区地域内的司法机关。

第二款 自治章程一经国王裁准和颁布，只能通过章程规定之程序、经各自治区登记选民的公民投票方得予以修改。

第三款 自治区可以自治章程通过联合邻近市镇的方式划分辖区，所划区域享有完全的法人资格。

## 第一百五十二条

监督、控制自治区自治机构的权责得依如下方式予以行使：

1. 自治区有法律效力的各项规定之是否合乎宪法，由宪法法院负责监督；

2. 第一百五十条第二款所述之委托权责的行使情况，由政府事先征求国务委员会意见负责监督；

3. 自治区行政管理事务及其条例性规定，由负责行政纠纷的司法部门负责监督；

4. 经济、预算事务由审计法院负责监督。

## 第一百五十三条

政府任命一名国家代表以领导自治区地域内国家行政机构的工作，并得在必要时负责国家行政与自治区行政之协调。

## 第一百五十四条

第一款　如一个自治区未能履行宪法或其他法律为其规定之义务，或严重危害西班牙国家之整体利益，政府可责令自治区主席予以改正；在自治区主席未予理会的情况下，经参议院绝对多数批准，政府可采取必要措施迫使自治区强制履行上述义务，或保护前述整体利益。

第二款　为实施前款规定之措施，政府可向各自治区所有领导人发出指令。

## 第一百五十五条

第一款　自治区根据与国家财政协调以及所有西班牙人团结互助的原则，因行使其职权而享有财政自主权。

第二款　自治区可作为国家代表或助手，根据法律和自治章程之规定从事国家税收资源的收纳、管理和清算工作。

## 第一百五十六条

第一款　自治区的财源由以下各项构成：

1. 国家全部或部分给予的税收；

2. 国家税收的返还以及其在国家收入中分享的其他份额；

3. 自治区自己的税赋及特别税捐；

4. 地区间补偿黄金拨款及国家总预算的其他拨款；

5. 自有财产的收入和其他自有收入；

6. 信贷活动的收益。

第二款 自治区在任何情况下均不得对本地区之外的财产征税，亦不得采取阻碍商品或服务自由流通的税收措施。

第三款 得以组织法的形式规范本条第一款所列之财政职权的行使、确定解决可能出现的纠纷的规则，明确自治区和国家之间可能进行的财政合作的方式。

### 第一百五十七条

第一款 在国家总预算内，可根据自治区所承担的国家性服务与活动的数量、为西班牙全境基本公共服务所提供的基本保障，确定给予自治区的拨款。

第二款 为扭转地区间经济不平衡和体现共济原则，得建立用于投资性支出的补偿基金，其资金由总议会在各自治区之间（必要时在各省之间）分配。

## 第九章 宪法法院

### 第一百五十八条

第一款 宪法法院由经国王任命的十二名成员组成；其中四名由众议院以五分之三多数提名；四名由参议院以同样多数提名；两名由政府提名；其余两名由司法权最高委员会提名。

第二款 宪法法院成员应从大法官、检察官、大学教授、公务人员和律师中选任，他们均应是具有公认的才干并从业十五年以上的法律工作者。

第三款 宪法法院成员任期九年，每三年更新三分之一。

第四款　宪法法院成员不可兼任：任何代表性职务；政治性或行政性职务；政党或工会的领导职务及为它们服务的其他职务；现职司法和检察工作，以及任何职业性或商业性活动。在其他情况下，宪法法院成员具有司法权成员的不可兼任性。

第五款　宪法法院成员在任职期间是独立的和不容更换的。

### 第一百五十九条

宪法法院院长由法院全体会议提名，由国王任命，任期三年。

### 第一百六十条

第一款　宪法法院辖区为西班牙全国，它有权审理：

1. 关乎法律和具有法律效力的规定违宪与否的上诉案件。在作出法理解释的基础上宣布特定法条违宪，会对相关法律本身产生影响，但并不溯及此前已决案件审判的法律效力；

2. 根据法律规定的条件和方式，针对侵犯本宪法第五十三条第二款所及之权利与自由之行为提出所的保护性上诉案；

3. 国家与自治区或自治区之间的职权纠纷；

4. 宪法或组织法赋予的其他事务。

第二款　政府可就自治区机构作出的规定和决议向宪法法院提出异议。这种异议将导致中止有关规定或决议的施行，但宪法法院应在不超过五个月的时限内批准或取消这种中止。

### 第一百六十一条

第一款　下述行为为合法：

1. 政府首相、监察专员、五十名众议员、五十名参议员、自治区集体执行机构和自治区议会，可提出违宪上诉；

2. 允许个体基于保护特定利益的目的提起上诉，致力于合法利益的自然人和法人，以及监察专员、检察机关，均可提出保护性上诉。

第二款　在其他所有情况下，何种机构以及什么人有权提起上诉，得由组织法予以确定。

**第一百六十二条**

若司法机构在案件审理中认为，一个适用于本案、其效力对判决也有决定作用的法律法规可能违宪，应立即按照法定的条件、方式将其提交给宪法法院作违宪审查，但这不影响案件审理的继续进行。

**第一百六十三条**

第一款 宪法法院的判决应在国家官方公报上予以公布，如有不同意见应同时予以公布。判决从公布之日第二天起生效，不得再行提出任何上诉。宣布一项法律或具有法律效力的规定违宪，不仅关乎特定主体的权利认知，而是对任何主体都有完全的约束力。

第二款 除判决书另有规定而外，法律中未受违宪判决影响的部分仍然有效。

**第一百六十四条**

宪法法院的运转、其成员的地位，以及向宪法法院提出上诉的程序、宪法法院开展活动的条件，得由组织法规定之。

## 第十章 修改宪法

**第一百六十五条**

修改宪法的建议权得依本法第八十七条第一款和第二款行使。

**第一百六十六条**

第一款 宪法修改草案应由两院分别以五分之三多数通过。如两院不能达成一致，则应成立由同等数量的众议员和参议员组成的委员会争取达到一致。委员会提出供交众议院和参议院表决的修宪文本。

第二款 如修宪法案依前款之程序未获通过，只要文本已得到参议院绝对多数赞成，则众议院可以三分之二多数批准该法案。

第三款 总议会通过修宪方案后的十五天内，如两院中任何一院有十分之一议员提出要求，得将法案委付公民投票决定是否予以批准。

**第一百六十七条**

第一款　如提议全部修改宪法或涉及总纲、第二节、第一章的第一部分或第二章的部分修改，则应由两院三分之二多数原则通过，并立即解散议会。

第二款　新选出的两院应批准修改决定并着手研究新的宪法条文。新条文应由两院三分之二多数通过。

第三款　修改方案经总议会通过后，得提交公民投票批准。

**第一百六十八条**

在战时或第一百一十六条规定之某一种状态期间，不得提议修改宪法。

# 附加条款

**第一条**

宪法保护和尊重特殊权利地区的历史权利。在必要的时候，将在宪法和自治章程范围内对上述特殊制度进行总体更新。

**第二条**

本宪法第十二条关于成年的规定，不妨碍在私法范围内受特殊权利保护的状况。

**第三条**

加那利群岛经济、财政体制的变更，须事先听取自治区或临时自治机构的报告。

**第四条**

在设有一个以上地区法院的自治区内，自治章程可维持现有法院系统，并根据司法组织法之规定和司法权统一的原则，分配这些法院的职权。

## 过渡条款

**第一条**

在临时自治体制地区，其高级集体机构可通过绝对多数成员赞成的决议，取代第一百四十三条第二款赋予省议会或相应的岛屿间机构的主动权。

**第二条**

凡过去已经公民投票通过的自治章程草案，在本宪法公布时业已实行临时自治体制的地区，经其更高级别的集体准自治机构以绝对多数之决议，可立即依本法第一百四十八条第二款之规定行事，并将决定通知中央政府。自治章程草案按照本法第一百五十一条第二款之规定，由准自治集体机构起草。

**第三条**

第一百四十三条第二款规定的属于地方机构或其成员的自治进程的主动权，可延续至宪法生效后举行的第一次地方选举。

**第四条**

1. 关于纳瓦拉是否加入巴斯克自治委员会以及未来取代该委员会的巴斯克自治体的问题，不适用本宪法第一百四十三条之规定，而应在该地域内特殊法政系统之相关主体的倡议下，由加入该系统的多数成员共同作出决定。此外，该法政系统所做的有关实施自治的日程和安排，还得经专门举行的公民投票以多数有效票批准方为有效。

2. 若该倡议未获通过，则只能在前述法政系统之权责主体的下届任期内再次提出，在任何情况下，皆得在第一百四十三条规定的最低期限过后方能再次提出。

**第五条**

休达、梅利利亚二市，经两市市政府成员绝对多数决定，并由总议会按照第一百四十四条规定以组织法批准，可以各自成立自治区。

**第六条**

各自治章程草案均得交付众议院宪法委员会并按提交顺序研处。本法第一百五十一条所述之关于草案议决的两个月期限，从委员会结束研究陆续收到的草案之日计起。

**第七条**

在下述情况下，临时自治机构得予以解散：

1. 根据本宪法通过的自治章程规定的机构已经成立；
2. 相关自治进程的倡议因不符合第一百四十三条之规定而未能成功；
3. 该机构在三年内未履行过渡性条款第一条所赋予的职责。

**第八条**

1. 通过本宪法的两院，在宪法生效后，将行使宪法赋予众议院和参议院的职能和职权；在任何情况下，其任期均不得超过1981年6月15日。

2. 根据本法第九十九条之规定，宪法颁布即为行宪的法定条件。有鉴于此，得于宪法颁布之日起三十天内实施该条规定。在此期间，担负宪法规定权责的现任政府首相，可选择或适用本法第一百一十五条所承认的权利，或通过辞职以执行第九十九条之规定。在后一情况下，则出现适用本法第一百零一条第二款规定所及之情形。

3. 在根据第一百一十五条规定解散议会的情况下，若尚未实施第六十八条和六十九条之法律规定，则当在选举中将执行过去的有效的规定，唯宪法第七十条第一款第二段所及之不可当选或不可兼任的情形除外、同一项规定中关于选举权年龄限制及第六十九条第三款之规定亦例外。

**第九条**

在首次选举宪法法院成员三年后，得以抽签方式指定同一来源地选举产生的应免职和更新的成员。为此，把根据政府提名的两名成员和根据司法权最高委员会提名的两名成员视为同一来源的两个组。再过三年之后，得以同样方式确定前项抽签未涉及的两个组。从这时起，应实施本法第一百五十九条第三款之规定。

## 废止条款

1. 废止 1977 年 1 月 4 日关于政治改革的 1977 年一号法律；废止上述法律未废止的 1958 年 5 月 17 日国民运动原则法、1945 年 7 月 17 日西班牙人权利法、1938 年 3 月 9 日的劳动法、1942 年 7 月 17 日的议会组织法，以及 1947 年 7 月 26 日的国家元首继承法。上述各法均曾经 1976 年 1 月 10 日的国家组织法修订，该组织法以及 1945 年 10 月 22 日全国公民投票法亦皆予以废止。

2. 1839 年 10 月 25 日法律部分有效，但其中涉及阿拉瓦、吉普斯夸和比斯开省之内容均予彻底废止。基于同样原则，1876 年 7 月 21 日法律亦得予以彻底废止。

3. 所有与本宪法相违背的法律、规定均得予以废止。

## 终结条款

本宪法从其正式文本在国家官方公报上公布之日起生效。本宪法亦将用西班牙国内其他语言公布。

（Constitución española，http：//www. congreso. es/consti/constitucion/indice/index. htm.）

# 西班牙政党法

(2002年6月27日第6号法案,组织法)

2002年6月27日

西班牙国王　胡安·卡洛斯晓谕全国:
以下法案业已经过议会通过和本人批准。

## 立法说明

### 一

1978年第54号法律——政党法,作为先于宪法的制定法,尽管条文和内容简约,但却在当时民主草创的条件下初步建构了自由政党的制度架构和程序保障。目前,西班牙有关政党的法律体系由如下方面构成:宪法中关于政党法律地位的条文,议会规则和选举法中关于我国民主体制中政党功能与作用的规定。此外还包括相关法律修订后的形成的相关规范,如刑法典中对非法结社和非法筹款等行为的制约,伴随大量相关的普通法院和宪法法院的司法解释。

政党法自批准颁行以来已经施行了二十五年。此间,政党法律地位的不连贯、不完备导致政党不能充分发挥作用,这在一个日渐成熟和巩固的民主社会中显得越发明显。鉴于西班牙民主中政党的重要作用及其同宪法的相关性与日俱增,也出于如下几方面重要原因,相关改革已为当下之必需。

首先,是要清晰、系统地反映近年来所获得的相关经验。其次,是要修正以往那些基于特权考虑的条文，它们已不再适应当下现实的要求。特别是在现代社会及其内蕴的活力补充和丰富公共体系功能、开创新的政治参与和沟通渠道的情况下，相关的工具手段如社团、基金会和政党，都有必要以新的法律分别予以规范。

政党的功能主要是实现宪法主体之间的有机联结，再就是持续在意识形态中反映这种联结同宪法所提供的制度保障之间的关系。尽管政党并非宪法机构而是仅具社团性质的民间实体，但其仍是宪法框架中关键的组成部分。不管从哪个方面看，通过更加明确、更有保障和更加完整的系统化形式，来改善和强化其法律地位，都是时代的要求。如果说这一要求适用于社团，则其更应适用于政治团体。因为，政团的目标就在于：在公共议题上整合人们的心力以坚持民主的方向；驱动公共权力的运转，改善公共机构的运营，促成及时的变革。况且，在我们这样一个法治国家中，不管是谁、不论其在宪法框架中处于什么样的地位，也不论致力于什么样的事情，一切都应受到法律的限制或是得到法律的保障，作为国家行动的关键工具的政党自是理应如此。可以这样讲：一个政治主体在政治体系中的地位和作用越是突出，法治国家从改善其法律境况的过程中收获的效益也就越发可观。

此外，我们还有这样一个共识：在实现宪法所要求的满足政党组织和运作的民主要求、实现政党运作程序与宪法和法律相衔接上面，现行法律是存在缺陷的。不论是在促进政党对民主原则、宪法精神的理解（通过内部组织和外部行为来体现）上，还是在有效促成相关政党实践的程序上面，都是如此。

这些缺陷亟待通过大幅度的法律条文修改来予以改善。修法的目的，在于确保民主体制的运转、保障公民的基本自由；在于防范政党一再地、严重地侵及自由民主体制的企图；在于摒除种族主义、排外主义，以及打击有政治背景的暴力行为和恐怖组织的活动。要特别铭记在心的是，因为恐怖主义的关系，所以有一点就显得极其关键：必须明确界定和区分不同的组织及其行为；必须把那些谨守民主原则和渠道以求捍卫和发展自身理念和纲领的组织，特别是那些致力于改革既有体制架构的组织，同那些以暴力、恐怖、歧视、排外和妨碍自由人权为其政治行为起点的组织区分开来。

鉴于以上目的，一套有关禁止政党支持恐怖主义的司法程序业已确立起来。它与依据刑法典第五百一十五条和五百二十条所建构的惩治非法组织的司法程序有所不同。

## 二

现行政党组织法就是要实现上述这些目标。前者的关键条文由我国宪法第一条、第六条、第二十二条和第二十三条演绎而来，共四章十三条，其中包括 1985 年 6 月 19 日第 5 号法律修正过的两条关于大选的法条；1985 年 7 月 1 日第 6 号法律修正过的有关司法方面的法条，该修正案作出了一个过渡性条款、一个废止性条款，以及两个最终条款。

## 三

第一章从三个方面确立了组织、加入政党，以及不加入、不依从政党的积极或消极的自由原则，改进了组织政党的程序，完善了现存的法条，澄清了许多疑问，克服了一些不足。考虑到得贯彻宪法中蕴含的干预最小化原则精神，这一部分的法律内容未作大的实质性修改。

登记和注册政党、对其成立章程及其组织条款予以备案，旨在确立政党的法律地位、公开政党的组织原则和结构形式、规范其与公共机构的关系，同时，也为其党员以及同它发生关联的其他政党提供权利保障。法律规定，政党注册由官方执行注册权力的专人负责，必须在规定的较短时限内完成。超过法定期限，注册要求即可视为已经默认准许。

在所有重要阐释中，对如下问题作出特别的强调，无疑是必要的和极富价值的：法律第二条对政党发起人资格作出了限制性规定，特别是关于其不得有某些特定犯罪记录的规定；第三条第一款中关于政党名称方面的禁止性规定；第四条第一款明确的政党发起人的义务；第五条则针对注册中纠正形式（规范性）缺陷问题作出了程序性规定，并相应地对此种情形下注册时限的顺延作出规定。

关于登记中发现待注册政党有违法犯罪倾向的情况，本章最后一条重申了以往政党法的相关规定：检察官在接到内政部相关知会、通告后提起公诉并由刑事法院法官审理。一旦法官作出确认其非法行为的判决，则该政党注册要求得被拒绝。

## 四

政党法最大的变化是在第二章，而第三章许多新的条文也是由此演绎而来。为体现宪法要求，第二章制定了一系列的准则，以确保政党的组织、运作和行为合乎宪法和法律所确立的民主原则。譬如第九条所规定的"政党必须在充分尊重多元主义的基础上，以民主的方式履行其宪法职能"。

再者，为了强调党员权利，"确保政党富有成效地履行其宪法和法律职能，以及有益于增进国家的民主功能"（宪法法院1995年3月6日第56号判决），政党法第七条、第八条试图透过一些基本规范来保证政党在其内部的组织和运转中贯彻民主原则，以便将政党的组织及其结构功能统一起来。

鉴于上述两个方面，政党法设想将如下方面组合成一个有机的整体：政党政治就最重要的问题作出决策，因此必须始终保持其大众参与的本质属性；作为安排公共职位最常见的途径，选举中投票应是自由的和秘密的，这些公职也必须始终处于民主控制之下；某些特定的权利应当为组织的环境所必备且为其成员所平等享有，譬如：（权力）实体的可选举性以及党员参与选举的权利，获取有关党的组织行为、财政状况以及（权力）实体主管者信息的权利；此外就是一系列的适用于党内各种集会和会议的议事规则、操作规范。

第九条旨在竭力确保政党对人权和民主原则的尊重。为此，这里特别注意到不再使用一般概括性的法律措辞，转而代之以仔细枚举一系列臭名昭著的侵及上述两条基本原则的不端行为的具体条款。

在确认政党的民主本质、判断其是否尊重宪法精神时，相对于该党宣称的理念和目标，法律更倾向于考察它的实际行为。这一点至关重要。惟其如此，才能确保政党真正能够拒斥那些公认违法和犯罪的动机和目的。

众所周知，上述做法并非所有法律类型所能提供的唯一选择。相关法律还就那些必须无条件和严格遵守的义务作出规定，同时也进一步强化了宪法秩序以及政党必须在捍卫、推广民主中发挥积极作用（履行义务）的要求之间的关联。所以如此，是要满足如下的需要和考虑：捍卫民主，以使其免遭某些令人憎恶的动机和手段的亵渎；维护法律的完整性，确保对法治的基本的尊重；确保政府当局履行尊重公民人权的义务；促使政党自觉成为执行特殊宪法职能的手段——唯有基于这样的考虑，政党方可被赋予特殊的地位。但要看到，与其他法律相比，本法的出发点是：假设所有不以破坏民主原则、侵害公民权利为其行为依托的计划与目的，都合乎宪法的要求。正如2000年12月22日第7号组织法序言中所表述的，不论与宪法框架有多远，即便是被视作问题，它们显然都与理念禁制和意识形态限制无关。

因此，结论是，本法并没有妨碍其他法律的施行。相反，它把根植于最广泛的多元主义的自由同尊重人权、维护民主审慎地联系起来，因而占据了一个很好的平衡点。这一作用同时也为另一条原则所印证，后者即：竭力避免因褊狭的不当行为而陷于非法，必须不断摆脱罪恶的境地。这就要求采取持续的或者联合的行动，坚决揭露一切破坏民主和宪法精神，损害公民权利及其民主渠道的所作所为。

这些行为都在本法第九条第二款（1）（2）（3）三段中有所表述，它们明确了一条界线，从而将那些不论出于何种目的、追求何种目的但却谨守民主原则分际的组织，同那些相互勾结、从事恐怖、暴力、危及公民权利和民主原则的组织严格区分开来。

## 五

在明确了那些导致宣布政党非法、危及民主原则和宪法价值的行为的法律要件，确立了政党必须尊重这些原则、价值的义务后，针对政党可能的侵害行为，本法第三章重申、确立了既有的法律措施，以捍卫权利和宪法原则。很明显，相关措施都遵循这样的思路：面对关乎政党存废的持续的和严重的侵害行为，唯有司法机关才能够对政党非法行为行使管辖权或审判权。

党员与其党组织关系领域中的事务或曰政党内部私域事务，若从法律性质来看，基本上属于民事或行政管理范畴，有鉴于此，相关的法律诉讼理应分别由民事法院或行政法院管辖，并分别适用民事或行政诉讼法律。对此，法律已有明确规定且已为人们所熟知。同理，我们目前应用刑法和刑事诉讼法来处理政党相关的犯罪行为，依法作出取缔与否的重要裁决并且予以彻底执行，无疑也是非常适宜的。与此相关，在司法管辖问题上引入新设计，废止此前颁布过的但却并不成熟的一个司法程序，重新明确政党因未能尊重民主和人权而被司法解散的管辖权问题和有关程序问题，这是一个主要的和值得关注的法律变动。

依据在政党组织和活动中举足轻重的须得合乎宪法架构要求的标准，本法的组织法部分致力于解决上述重大问题。正如宪法法庭1981年2月2日第3号判决书所阐释的："关于政党合法律性问题的裁判，宪法和普通法唯一授权的管辖主体是法院。至于法院，如上所述，它可以判决（临时）中止政党活动，又或者采用最后的手段——解散政党。这些做法，乃是国家在遭受特定政党侵害（章程和组织行为危及民主国家的安全）时用以自卫的精准手段。"

法律明确指出，由于宣布政党非法或解散政党的判决攸关政党的宪法权利及宪法价值，故而得依法院组织法第六十一条之规定授权，由专门设立的最高法院特别法庭对政党严重违宪行为作出依法解散政党的裁决。该特别法庭1999年7月的一例裁决指出："就其构成而言，本特别法庭象征着最高法院总体。换言之，它是最高法院的'微缩版'——本法庭由最高法院院长，法院组织法第五十五条所列举之最高法院其他法庭庭长、最资深及最新履职的高级法官组成。所以要在这里突出这一点，目的是要强调：相较于普通法庭而言，依法院组织法第六十一条而形成的组成结构，使得本法庭拥有最权威的法律地位。"

为了规范特别法庭就政党运作及行为是否合乎民主原则所作的检查，由一系列单一法律过程组成、具有特别优先性质的法律程序得以确立。相关司法程序只能由政府或检察官办公室自主提起告诉，或者是应参议院或众议院要求提起告诉。该程序在把一系列的常规步骤（特定时空条件下以规范的形式形成的指控、证据、新的指控和宣判等）与相关司法文件相结合的基础上，将法律的确定性原则和权利保障的及时原则结合起来，努力确保可能从一开始就存在的那些不确定性不致因拖沓的司法过程而趋于恶化。除非导致自由权利受损因而可视情形向宪法法院上诉之外，特别法庭的宣判若无偏见，一般不得上诉。判决一经宣告，即具强制力。

最后，第十二条详细枚举了政党被依法解散的后果。解散政党的判决宣告后，所有该党所关联的行动必须立即停止，否则将被视为欺诈。相应地，任何继续或承袭已被宣告非法且被解散了的政党的组织和形式，都不为法律所许可。政党解散同时意味着党产清算的开始，债务清偿后所剩余额将被用在增进社会和人道福祉的举措上。

## 六

本法之组织法部分所蕴含的相关规则，因参照了其他相关法规而趋于完善。后者包括第四章中关于政党筹款的法规以及几条附加条款。其中，第一附加条款使本法得以同法院组织法相衔接，以便最高法院特别法庭可以受理相关案件；第二附加条款同选举组织法相衔接，以防范和排除选举期间选民成立相关组织，从事事实上是在继承已被解散、被中止的政党活动的非法欺诈行为。关于筹款问题，有必要强调指出，本法相关规定参照了政党资金法，以及1982年5月12日审计法庭组织法、1988年4月5日审计法庭运作法所确立之信托责任体制的相关规定。关于特别法庭的相关权限，法律对该法庭受理和解决前述选举欺诈案件有专门管辖权；或者是在当庭宣判时明确援引选举法决定是否禁止选民群体承继相关政党活动，并且处置第二附加条款指涉的抗诉要求（第十二条第二、三款）；又或者是适用本法专门的过渡条款（第二款），以处置相关政党的后继者规避法律效力的行为。

## 第一章 政党的构成

### 第一条 组织和加入政党的自由

1. 依据宪法及其组织法所确立的原则，西班牙公民有组织政党的自由。

2. 公民加入政党应是基于其自由和自愿的决定，任何人不得被强迫组织或加入某一政党。

3. 遵照本章规定且在相关法定主体缔结明确协议的条件下，政党可以组织和注册协会、联合会和同盟。

### 第二条 组党的资质

1. 组党发起者得是达到法定年龄、享有并能行使完整法定权利，且没有因非法结社或因有刑法第二十一条至第二十四条所列之严重罪行而被定罪的自然人。其中，后面一条限定不适用于那些已被依法平反昭雪的人。

2. 已经成立的政党，可以在其组织章程中确立有关其青年组织的组织结构和识别形式。

### 第三条 政党的结成及法律地位的获取

1. 组党协议必须形成发起（建党）章程的形式并且经过公证，其内容一般应包括：组党发起人的身份证明，即将组成的政党的名称，政党筹组部门及管理者，组织所在地址，体现未来政党管理原则理念的组织规章。

政党名称不应包含可能导致产生误解和歧义的措辞或表达方式，不得与法律和公民基本权利相抵触。而且，政党名称也不得与那些已经注册的政党、已被司法判决宣告为非法或中止活动的政党的名称相近或雷同，也不得与个人、既存组织实体的或已被注册商标使用过的名称相似或雷同，即便在读音上相近都不可以。

2. 政党要获取法律地位，须得通过政党注册机构注册。为此，筹组政党得向内政部提请注册，提交发起人联署的发起（建党）章程，同时提交确保满足本法所规定的各方面要求的相关文件。

第四条 注册

1. 组党发起人得完成所有的注册政党的必要程序。未注册政党的发起者若宣称自己的行为代表党的利益，则其应当以个人、合伙或者集体的形式，为该党与第三方所发生的关系承担连带责任。

2. 内政部应在筹组政党提交全部文件材料后的二十天内予以登记注册。但若内政部认为有必要引入本法后续条款确定的相关程序，这个二十天的期限则可能被中止。

3. 除上述导致注册期限被中止的情形外，超过法律规定给予内政部的二十天注册期限，注册自然被视为业已完成，筹组政党即可据此获得法律地位、公开其建党章程和组织规章、联结公共机构，以及向发生关联的第三方政党、本党党员提供相关保障。

4. 只要不被中止或解散，政党注册将长期有效。前述中止或解散的情形包括：政党依据自身章程或相关规章自行作出解散的决定，以及因司法判决政党违法因而被解散或中止活动。上述情形不应妨碍本法第十条第六款、第十一条第八款所确立的中止政党活动的领域、后果等相关规范的适用。

第五条 注册要求的审查

1. 如果发现发起章程或附随文件中存在问题，或者发起人不具备合法的资质，内政部必须告知相关政党，以便其及时改正。此种情形下，自告知之刻始，政党注册的法定时间得予以中止。问题得到适当改正后，注册时间方能继续加总计算。

2. 如果在注册呈递的文件中发现违法犯罪嫌疑且有合理的根据，内政部得依本法前述之规定，在二十天的法定注册期限内，将相关的合理推定的判断连同有效的证据一起，告知检察官办公室。

3. 在收到前款所提及的告知后的二十天内，检察官得在检视相关违法犯罪指证是否充分的基础上，决定究竟是在刑事法院采取必要的法律措施，还是将相关通告发回内政部以便其继续为相关政党完成注册。

4. 内政部就违法犯罪嫌疑问题告知检察官，自然意味着前条第二款之时限中止之规定的适用，直至检察官宣告证据不足而将相关告知发还内政部为止，或者是至刑事法院通过决议认定相关政党登记合法、或视需要采取预防性措施以暂时恢复政党注册为止。内政部给予检察官的告知和政党注册的中止应当立即告知相关的政党发起人。

5. 依据行政诉讼法，与政党注册相关的行政诉讼可在行政法院提起诉讼。

6. 针对政党注册企图延续或继承已被宣告非法并已解散的其他政党的行为，得依据本法第十二条之规定，采取反制措施。

## 第二章 政党的组织、运作及其行为

### 第六条 民主与合法的原则

政党在其组织、运作和行为当中，必须坚持民主的原则以及宪法和法律所确定的其他原则。

### 第七条 组织和运作

1. 政党内部的结构及运作必须民主化。

2. 在不妨碍其内部组织能力的情况下，政党得设置由全体党员组成的大会机关，由党员亲自参加，或者选派代表参加。作为政党的最高权力机关，党员大会得对本党通过的最重要的决定负责，其中包括本党的解散。

3. 政党各管理主体（机构）得依组织规章设立，且要经由自由、秘密投票的方式选举产生。

4. 政党的组织规章或内部管理条例必须明确：所有会议必须有足够长的公告期限，以便相关合议主体能有充足的时间准备需要处理的议题；党员要求列入议程的议题的数量必须适当，以便为民主审议预留适宜的比对思考的空间。会议决议一般得经出席会议者表决并获简单多数支持后方可通过，这应当成为一条通用的规则。

5. 组织规章必须就如何民主选举产生本党领袖作出程序性规范和安排。

**第八条 党员的权利和义务**

1. 政党党员得是达到法定年龄、有完全行为能力的个体，他们得全部享有平等的权利和义务。

2. 政党组织规章得提供党员享有权利的清单，后者无论如何得涵括如下内容：

（1）参加政党活动的权利，参与党的管理和党的代表机构活动并行使投票权的权利，依据党的规章参加党的大会的权利；

（2）与党内职位相关的选举权和被选举权；

（3）对党的构成及其相关组织管理主体的情况、党的管理部门决策情况、党的行动执行情况以及党的财务状况，享有知情权；

（4）对党的管理部门作出的、自己认为违反了法律或组织规章的决定，有质疑和反对的权利。

3. 开除出党以及其他剥夺党员权利的制裁性措施，唯有在当事人、制裁者双方共同出席的情况下，始得依循规范的程序做出。相关党员的如下权利得予以保障：被告知引发制裁的事件缘由的权利、事先被告知将要给予的制裁的权利、要求就相关制裁决议提供正当理由或合理解释的权利，以及视情形需要提出党内申诉的权利。

4. 政党党员得履行政党规章所要求的义务，后者无论如何得涵括如下方面：

（1）认同党的宗旨，并合作致力于实现党的目标；

（2）尊重法律和组织规章的规定和精神；

（3）接受和遵守党的管理机关正式通过的决议；

（4）缴纳党费，以及依组织章程规定每个党员都应承担的其他献金。

**第九条　政党行为**

1. 在尊重诸如人权和民主原则这些宪法价值的条件下，政党可以自由行动。政党应履行国家、社会以民主的形式所赋予它们的宪政职能，并且应对多元主义抱持充分的尊重。

2. 政党行为危及民主原则应被宣告为非法，特别是在自由体制因政党行为而趋于恶化或招致破坏之时，或是民主体制因政党一再重复如下可能导致民主体制瘫痪或消亡的严重行为时：

（1）有组织地侵害基本权利和自由，推动如下行为，为之辩护或为之开脱罪责：危害个体的生命和安全，或者因思想、宗教、信仰、民族、种族、性别和性取向等原因而对个体加以排斥或迫害。

（2）鼓励、支持暴力或为之辩护、开脱，将暴力当做实现政治目的的手段，或是当成恶化社会民主、多元主义和政治自由的权利生态的手段。

（3）协助或者政治上支持恐怖主义组织的活动，以此作为其实现颠覆宪法秩序或严重危及公共安全目的的途径，企图将公共机构、特定的社会个体或群体或是全体国民置于恐怖氛围之中，或是有助于强化恐怖、恐怖暴力以及由此而生的恐怖威吓的效果。

3. 若其行为中加入了或者是反复出现了如下情形，则该政党将被视为存在前条所述的不法状况：

（1）明确或暗示对恐怖主义的政治支持，以期在民主与和平的管道之外达成政治目标，为恐怖主义行径作辩护，或者对恐怖主义侵害的后果及其意义予以开脱和淡化；

（2）有计划地支持暴力行动，激化或塑造恐怖主义赖以存活的社会性动荡和对抗性文化氛围，对反对暴力的人们施以威吓、阻挠和社会隔绝并抵消其社会影响，企图将他们置于威压强迫、恐怖畏惧之中，排斥或基本剥夺他们的自由权利，特别是其言论或意见表达的自由、自主参与公共事务的民主权利；

（3）在党的管理机构中、在选举名单中经常出现拒绝公开抵制恐怖主义目的和行径且被指与恐怖主义罪行有瓜葛的人物，或者党内有为数甚多的成员同时名列与暴力、恐怖主义相关联的组织、团体，而该党又不采取措施对此类成员加以制约和排除；

（4）利用政党活动为工具、利用政党自身的手段，或是用明显与恐怖、暴力相关的符号象征、信息元素等在相关方面取而代之，以致力于代表暴力、恐怖力量或是引导暴力、恐怖活动；

（5）基于有利于恐怖分子或配合恐怖分子的考虑，私相授受政党因法律体系特别是因立法选举而得来的权利和权力；

（6）经常性地配合那些认同且以自身活动有组织地支持暴力和恐怖主义的社团、群体，或是支持和袒护恐怖主义、恐怖分子；

（7）透过本党所掌控的公共机构，向前款所提及的社团、群体提供经济的、行政的或其他任何形式的支持；

（8）促进、支持或是参加相关活动，这些活动的目的在于：酬谢、表彰或认可恐怖分子、暴力行径，以及参加、配合他们的人或行为；

（9）向那些与恐怖主义相关联的扰乱秩序、威胁恐吓或强迫压制提供支持。

4. 在对前条所提及的各种行为作出评价和评估时，在就一个政党是否改头换面以便接续和重复其此种历史行径作出判断时，需要综合考虑如下方面：该党的相关决策、文件和政治交往情况；该党管理机构、议会党团和市政（地方议会）党团的情况，这些管理机构和党团引发公共事件、号召公民行动和游行示威、发起倡议和作出承诺的情况；该党成员及其候选人在体制内外提出计划和建议的情况，以及他们一贯的、显而易见的政治态度。同样地，政党及其成员受到行政制裁，其领袖、候选人和当选公务人员犯有刑法第二十一条至二十四条所明列之罪行，但该党却并未采取相应的倾向于开除出党的纪律惩治措施的情况，也应纳入考虑的范围。

## 第三章 政党的解散和中止

### 第十条 解散或中止

1. 只要党的成员基于各种原因和组织规章所确立的程序形成一致决议，就可以解散政党。视具体情况，适当的司法当局也可以依据本条第二款和第三款所列举的条目作出判决，以中止政党的活动。在收到政党决定自行解散的通告或司法机关判决解散政党的通告后，政党注册机关将予以备案。一俟备案完成，政党解散即具有法律效力。

2. 在如下情形下，经适当的司法主体同意，可以（司法）解散政党：

（1）政党从事于刑法典所明列的非法组织的活动；

（2）政党持续不断地严重违反本法第七条、第八条对党内组织行为运作所作出的民主性和规范性要求；

（3）政党的行为一再严重地违反民主原则，或者竭力恶化或破坏自由体制、以第九条中所列之方式抵消或瘫痪民主体制。

3. 政党的司法中止唯有在刑法明定的情况下才是适当的。同时，依据刑事诉讼法、本法第十一条第八款的相关精神，它也被公认为一种具有预防性的措施。

4. 本条第二款第一段中所列举的情形，依法院组织法，得由来自刑事法院系统的适当的法官依据刑事诉讼法和刑法典作出事实判断。

5. 本条第二款（2）（3）两段中所列举的情形，得优先依据本法随后一条中将要确立的有关程序，由法院组织法第六十一条所规定的最高法院特别法庭来作出事实认定。

6. 若出现得同时依本条第四款、第五款所规定之程序对同一政党不同行为分别作出认定的情况，不同司法主体在各自的司法过程中不得彼此干预，直至各自分别形成司法结论、案件需要审结为止。而在另一方面，若政党已经分别或同时依前述第 4 款、第 5 款规定受到从事非法活动的指控，则其在全部检控过程中将不得自行宣告解散。

**第十一条 程序**

1. 依据本法中前条第二款（2）（3）段所确立的精神，政府、公共检察官办公室有权（向司法部门）指控政党非法并继而予以解散。参众两院可以督促政府指控某政党非法。此种情况下，政府得召开内阁会议，以本法第九条相关规定为基础，对特定政党的相关行为分别作出审慎的研判，并有义务就该政党不同的违法事实分别提出指控。参众两院的专门委员会有关政党违法问题的调查和审议，得与此程序保持同步。

2. 前款所提及与指控政党违法相关的行为，最终应诉诸司法告诉。后者得向依据法院组织法第六十一条授权组织的最高法院特别法庭提出。提出司法告诉时，得一并提交支持政党非法指控的证据和文件。

3. 最高法院特别法庭得立即知会司法告诉所指控的政党，通知其八日内到庭接受调查。一俟被诉政党出庭或者未克于法定时限内出庭，特别法庭应审查案件和诉讼请求是否存在如下情况，并就是否继续审理案件做出法庭指令：

（1）若指控并非由法律所要求的适当个体提出，或者是指控不充分；

（2）若指控的内容和形式不合法律要求、不相符；

（3）若指控明显地毫无依据。

在上述情形下，特别法庭得在十日内将相关问题详细告知被诉政党，以便其就指控事实作出答辩。

4. 若法庭决定继续审理该案件，且被诉政党也已出庭，则后者得于二十日内就相关指控作出答辩。

5. 若政党在其声明或答辩中提出要求，或者法庭认为有必要，则须留出必要的举证时间。举证的时限及相关程序得依照民法典第二册第五章、第六章之相关规定。

6. 相关举证得告知被诉政党，后者可在其后二十日内就相关证据作出应辩。在二十日期限满后，无论被诉政党是否作出应辩，诉讼都将进入审判阶段，判决得在二十日内通过。

7. 最高法院特别法庭通过的判决，或宣布解散政党、或驳回起诉，若无偏见，不得上诉。视具体情形，对可能侵害自由和权利的相关判决，可以上诉至宪法法院。判决一经宣告即已生效。法庭解散政党的法令颁布后，内政部政党注册机构得相应注销该政党资格，由此而产生的法律后果由本法第十二章予以确定。若起诉被驳回，除非有新的举证，且较之前次起诉的相关举证更能充分地支持对政党有非法行为的指控，否则不得再度提起诉讼。

8. 在诉讼过程中，应起诉方或相关政党之请求，特别法庭可以采取民事诉讼法规定的相关预防性措施。相应地，采取这些措施的程序也得依照民事诉讼法之规定进行。特别是出于保护公众利益的目的，在法庭认为无论其作为范围抑或结果影响都比较适宜的情况下，可以暂时中止政党的活动，直至法庭作出判决为止。此种情形下，法庭可以指令政党注册机构对相关政党的司法中止状态作个别的注明。

**第十二条 政党司法解散的后果**

1. 政党司法解散将产生法律所明定的后果，特别是如下后果：

（1）解散政党的判决一经送达，被解散的政党得应立即停止活动。不遵守这一规定所引发的更多法律责任，得依刑法典之相关规定予以追究；

（2）任何滥用法律的行为、不当利用法律地位的行为，都不得妨碍既定的政党解散的执行。组建新党或者利用已经注册了的政党继续、继承已被解散的非法政党的活动，将被视为不当的和欺诈的行为；

（3）司法解散政党还将相应开启一个资产清算的法律过程。对被解散政党的资产清算将由审判庭所任命的三位清算师负责执行，资产、债务相抵后如有结余，将由财政部予以接受并将之用于人权和社会公益事业。

2. 在判决执行过程中，审判庭的责任是：确保法律所规定的政党司法解散后果的各个方面都得到关注和执行。

3. 特别是，在发现相关政党继续或继承被解散政党及其活动时［如第一款（b）段所指］，审判庭有责任判定并宣告其不当或非法。在对有承继关系嫌疑的新旧政党作评估时，审判庭得重点考虑两党之间在组织结构、管理运作等方面本质上的相似性，领袖人物、代表人物和管理者的复合度，资金、资源来源方面的相似性，以及它们在背景和生态问题上（如支持暴力和恐怖主义的意愿）的一致性。审判庭将前述情形与自己业已掌握的情况相印证，以判断继续或继承非法的、被解散政党及其活动的情形是否属实。其他各政党、内政部和检察官办公室也可以敦促审判庭通过决议，以确认或否决相关政党被指继续或继承的嫌疑，并得由政党注册机构依本法第四条、第五条之规定处理其注册问题。

4. 审判庭得以明晰有说服力的理由，驳回那些明显滥用法律、不当利用法律地位或滥用司法程序的要求、事由和辩护。

## 第四章　政党经费

**第十三条　经费**

1. 关于政党筹款及其经费的管理，得依 1987 年 7 月 2 日第 3 号组织法办理，该法特别就政党经费问题作出了规范。

2. 依据前述法律，以及 1982 年 5 月 12 日第 2 号审计法庭组织法、1988 年 4 月 5 日第 7 号审计法庭运作法，政党得就实现法律所要求的掌控好公众献金的目的，以及配合审计法庭审计活动等，承担正式的法人责任。

**第一附加条款　1985 年 7 月 1 日第 6 号法院组织法修正案**

1985 年 7 月 1 日第 6 号法院组织法第六十一条第一款加入如下新的第六小节："（6）宣告政党非法并对其施以司法解散时，得依 2002 年 6 月 27 日第 6 号政党组织法进行。"

**第二附加条款　1985 年 6 月 19 日第 5 号选举法修正案**

1. 1985 年 6 月 19 日第 5 号选举法第四十四条加入如下新的第四款：
"4. 事实上继续或者继承已被宣告非法并已司法解散了的政党及其行

为的选民群体，不得提出自己的候选人。出于此一目的，该选民群体同该政党在组织结构、管理运作等方面本质上的相似性，其领袖人物、代表人物和管理者的复合度，资金、资源来源方面的相似性，以及它们在背景和生态问题上（如支持暴力和恐怖主义的意愿）的一致性都得予以审查。"

2. 1985 年 6 月 19 日第 5 号选举法第四十四条加入如下新的第五款：

"5. 当以前述第四十四条第四款之规定公告或排除选民群体所提出的候选人时，按照本条之规定，当事者可提出上诉，但以下情况除外：

（1）上诉案件与本条第一款之规定关联，依法院组织法第六十一条之规定，得由最高法院特别法庭管辖；

（2）依据政党法第十一条第一款之规定，有权宣告政党非法的法律主体亦有权提起上诉。"

### 第三附加条款　增补条文

在其第三章中就政党注册过程作出规范的法律，即 1992 年 11 月 26 日第 30 号公共管理体系和公共管理程序法，同样适用于本法及其实施细则所未涉及的相关事项。

## 专门过渡条款

1. 本法开始生效时，在内政部政党注册机构处于注册过程中的政党，得依本法办理且保有本法所赋予的法律地位和完全责任能力。如有必要，在不影响前者的情况下，相关政党得在一年内修改党的章程，使之合乎本法要求。

2. 在本法生效之后，为执行第九条第四款之规定，那些在本法生效前后迅即成立政党且意图规避法律要求、继续或继承非法政党及其行为的做法，将被视同为欺诈。法律规定必不受此种做法之妨碍。并且，对于此种行为，还得由最高法院特别法庭依本法第十条、第十一条之规定作出评估并予以反制。

## 专门废止条款

所有与本法相抵触的法律,特别是1978年11月4日第5号政党法以及1976年6月14日第21号法律的相关条文,都将被废止。

**第一最终条款　颁布实施**

为实施和完善本法,特此授权政府制定一切必要的相关细则,特别是与政党发起章程、补充文件和政党注册等本法第一章要求相关的规则。

**第二最终条款　法律生效**

本法将在其由《国家官方公报》出版发行之日起生效。

是故,

　　我号召西班牙人和西班牙政府,务必遵照和执行本法。

马德里,2002年7月27日

R. 胡安·卡洛斯(签署)

代首相　B. 马里亚诺·拉霍伊(副署)

(12756 ORGANIC LAW 6/2002 of 27 June on Political Parties, http://noticias.juridicas.com/base_datos/Admin/lo6-2002.html)

# 西班牙工人社会党章程

(塞维利亚,2012年2月3—5日第38次全国代表大会修订)

## 总　纲

### 第一章　组织的原则

**第一条**

党的名称是西班牙工人社会党,简写为 PSOE,党的标识要素包括铁砧、墨水瓶、钢笔和书、拳头和玫瑰,常用组合为一个中有白色 PSOE 字样的红色正方形,以及另一个中有白色拳头和玫瑰图样的红色正方形。

**第二条**

西班牙工人社会党是一个代表工人阶级、反对剥削、致力于建设一个自由、平等、团结与和平发展的社会的政治组织,党的目标和规划体现在党的原则、宗旨和决议当中。

**第三条**

党的活动基于如下的原则:

1. 党员在党内生活中的参与民主和共同责任。

2. 尊重每一位党员的信仰自由和言论自由,保障党内讨论的全部自由,党员可以通过不同区域内党的组织以及依据本章程建立起来的渠道,表达不同倾向的观点、维护彼此相近的意见。

3. 党员得服从党的相关组织的决定。

4. 党实行联邦制,组成全国性的政党的各区域的政党组织皆享有章程所赋予它们的自治权。

5. 党的统一是必不可少的，统一的思想体现在它的最高纲领、大会决议以及党员面对社会所采取的一致行动当中。

6. 在最高纲领和实际行动之间有许多问题有待解决，如制定过渡性和局部性的纲领，为了实现纲领而确定长期的战略目标和近期任务。所有这些的问题的实现，必须基于党内依党章规定之渠道而进行的讨论和争论。

7. 由各级组织的代表机构在其各自的权力范围内，做出决议以确定党的立场，提出指导方针、建立执行机构，并在全体党员的支持和协作下付诸实施。

**第四条**

1. 各种意见派别只能在党的联邦体制范围以内形成。

2. 党员及相关组织可在一致遵守章程、纲领和党的决策机构决定的条件下，形成党内不同的思想派别。

3. 联邦委员会审议来自执行委员会的议案。向联邦执行委员会提出的申请，至少应得到百分之五的全国或地区党组织党员的支持。

4. 各派别必须让自己所在的党的执行机关了解自己活动的情况，特别是要提供反应体现自己的工作以及相关思考的文件材料。

5. 党的会议必须在党的办公驻地召开，参加或涉入派别活动的党员，要注意不得向党外流露同党的代表大会及其他领导机构决议相悖的言论。

## 第二章 党内选举程序

**第五条**

党内代表机构的选举得遵循如下标准：

1. 执行机构的选举：

（1）党的地方和选区执行委员会得以多数决胜的选制选出；

（2）省、岛屿、自治区或联邦执行委员会将通过如下方法选举产生：

——党的总书记由党的代表大会全体代表以一人一票、直接和秘密投票的方式选举产生，总书记候选人的提名须得到百分之二十以上大会代表的联署支持，但联署提名每位候选人的人数不得超过代表总人数的百分之三十；

——各地区的执行委员会，在当地党组织业已当选的总书记提议的基础上，以多数决胜的办法选举产生。

2. 代表大会的代表和省、地区、联邦委员会成员的选举：

（1）代表大会代表、代表会议参会者以及市、省、群岛、自治区或联邦委员会的成员，应从闭合的完全名单中选举产生，代表大会不可以成为各地方党的执行机构成员聚集的会议；

（2）如果存在两个名单，得到至少百分之二十有效票的少数派会得到相应比例的代表名额，任何情况下得到多数选票的名单将有权获得超过半数的代表席位；

（3）如果存在两个以上的名单且一个也没有得到绝对多数选票，则得票最多者将有权获得超过半数加一席的席位数，其余席位则由其他选票超过百分之二十的候选人名单按得票比例分配；

（4）代表大会代表、政治会议列席人员和党的委员会的代表候选人名单应该在性别构成上维持平衡，男性与女性代表的各自比例应不低于百分之四十、不多于百分之六十，在总体上双方人数之差不多于五名，当一方人数比另一方少五名时，应在数量上进行调整，以期维持上述性别的平衡。

# 第一部分 入党和党员

## 第一章 党员

**第六条**

1. 年满十八岁的西班牙公民只要声明愿意与党合作并参加党的活动就可以申请加入工人社会党。

2. 党员或党的同情者的身份，得由相应的登记注册而获得。

### 第七条

党员应当参加特定的社会运动，若加入工会组织则应首先参加劳动者总同盟。中坚党员的行动应当遵守和维护由当地党的代表机构决定的党的战略方针。

### 第八条

若党员品质恶劣、心中没有党的纲领、明目张胆地损害党的形象、严重违反党的纪律、破坏纪律、侮辱或诽谤其他党员、任意践踏党的章程，将会受到处罚，直到开除党籍。这一切都应遵循党章规定的程序，由相应的权力机关来决定。

### 第九条

党员不能支持或参加下列活动：由其他组织发起已被党组织明确禁止参加的活动；或是与联邦委员会、党的代表大会决议相违背的示威游行及其他政治活动。

### 第十条　党员资格的丧失

1. 出现如下任何一种情形，都将自动导致党员资格的丧失：

（1）死亡；

（2）提出退党要求；

（3）未依照党章规定缴纳党费；

（4）追随所属不同机构的社会主义团体集体放弃其党员身份；

（5）加入其他政党或登记为其他政党的选民；

（6）附议或支持其他政党或联盟对工人社会党籍的当选官员的不信任案；

（7）附议或支持反对党的领导机构所采纳决议的动议；

（8）被法院宣判有欺诈罪行，不论后者是否为终审判决。

2. 前述所有情形具体应由联邦执行委员会根据既定规章予以宣布。

## 第二章 中坚党员

**第十一条**

1. 中坚党员拥有如下权利：

（1）得到党组织在政治上或技术上的培训，以便为更好实践社会主义和完成党组织交付的任务而奋斗；

（2）有足够的信息渠道去了解党的各级组织制定的决议，知晓对组织生活产生影响的党内外所有事务以及相关组织活动；

（3）参加社会党所属的派别和团体，并在其中自由表达思想；

（4）通过口头的或书面的形式，在党内自由地讨论和批评，并在党内自由地交流情况；

（5）依党章规定，在不抵触党代表大会或领导机构决议的条件下，自由、公正和负责任地公开自己的价值判断、思想观点和意见表达；

（6）在党内外的某些选举中，在无否决或异议的情况下，有权成为选举人或候选人，但党章对党龄限制或其他不适宜之情况另有规定者除外；

（7）在尊重事实和人格的基础上，按照规定的时间和地点自由地发表意见，对自己选出的人以及党的负责人进行问责和监督；

（8）在面对来自党外的恶意攻击时获得党组织的保护，在党内可通过公正和平等的活动，使自己得到保护；

（9）经相应执行机构许可后，使用党的物力和人力，以履行自己的义务、行使自己的权利；

（10）在党内有薪酬的职位出现空缺时，有权参与竞争，以避免任意指定党工或雇员的现象，但有严格保密要求的职位除外，同样地，有权被选为相应级别的评议委员会或审查委员会的成员，有权知晓党内与此相关的会议；

（11）本党赞成男女平等的民主原则，因此在党的任一机构中男女成员所占比例应介于百分之四十至百分之六十之间，包括党的委员会的领导和发言人、党内团体任命的职务；此等比例也适用于候选人的性别构成，不满足本条款规定的那些名单应属无效或不能为党的有关机构批准；任何例外都必须具备合理的理由并得到党的领导机构允准；

（12）有权参加按照规定建立的部门组织、互联网络组织。

2. 中坚党员的义务如下：

（1）对所承担的党的工作以及党在自己所在地区开展的活动负有责任；

（2）维护党的利益，维护党、党的代表大会通过的原则声明、纲领、决议和章程，维护党的领导机关的合法决议，不能参加其他政治组织；

（3）对党组织的其他党员给予物质上和精神上的支持，尊重其意见、立场和人格，进行必要的合作，不因思维方式的不同而歧视他们；

（4）严格遵守法律、党章，服从党的各级权力机关在其适当活动范围内制定的路线、决议和指示；

（5）在执行地方行委员会或选区委员会的监督下，同承担相同任务的党员紧密合作，共同开展政治、社会活动和工会工作；

（6）向其所在党组织和有关机构提供情况；

（7）通过规定的组织渠道反映与组织任务相关的一切情况；

（8）积极参加党组织所开展的一切组织活动和政治活动；

（9）接受民主推选的或组织任命的政治代表的职务，有正当理由或特殊情况者除外；

（10）党员从其所在的党组织区域迁移至别处，必须申请接转关系到新的党组织，并主动申明所享有的权利；

（11）参加集中利用党费、捐资而开展的经济合作活动；

（12）在各种选举活动中充当本党的计票人或监票人。

**第十二条**

1. 党员若六个月以上不交党费，就失去其党员资格。届时将以书面形式通知其本人，将其身份由党员降至党的支持者，直至交足党费为止。但确因失业或其他不可抗力而未缴党费者除外。

2. 入党请求遭质疑者，可以登记为党的支持者。

## 第三章　党的支持者

**第十三条**

1. 党的支持者的权利如下：

（1）从党组织那里获得政治的或技术的培训，以便为社会主义奋斗及顺利完成党组织交给的任务；

（2）通过党的组织渠道，获得关于各级党组织所作的决定和党组织所从事的所有活动的信息；

（3）在尊重党组织在合法范围内所做出的决议的基础上，有权保留自己的声明、价值观念和自由、平等地发表意见；

（4）根据党的规定参加党的会议和成为党的网络组织的成员；

（5）依同等规则、利用初选程序，在党内选举中进行咨询或是被咨询，但须有六个月的党龄。

2. 党的支持者的义务是：

（1）无论处于何种工作和行为领域中，皆应有较强的责任心；

（2）维护党的利益，维护党、党的代表大会通过的原则声明、纲领、决议和章程，维护党的领导机关的合法决议，不参加其他政治组织；

（3）遵守党的组织在其相应范围内所做的决议；

（4）按照党组织的要求提供信息与合作；

（5）积极参加党组织开展的一切政治活动；

（6）在各种选举中充任本党的计票人和监票人。

3. 支持与党的决议相对立的任何活动、采取违背党员义务的决定和行动者，都应取消其支持者的资格。

## 第二部分  与协会和团体合作

#### 第十四条  协会和团体合作协议

1. 西班牙工人社会党可以同文化团体、专业性团体、娱乐团体、合作社、研究中心、技术组织和在社会运动（生态、和平等）内部开展工作的学术团体、公民运动（居民协会、消费者协会等）、大学、争取社会权益的团体（老年人、青年人等）签订合作协议。前提是：这些团体的章程和目标不能与工人社会党的思想原则及其代表大会的决议相矛盾。

2. 前述合作通过同所在地区的执行委员会签订协议来实现，双方具体规定合作组织的任务和权利，其中包括参加代表大会、联邦委员会、地方委员会和民族地区委员会。

3. 在联邦委员会、民族地区委员会、地区委员会或省委员会所举行的第一次会议上提出合作协议并由多数人决定通过。不管在什么情况下，都可以向上一级机关申报，后者以多数表决结果作出决定。

## 第三部分  党的基本结构

### 第一章  党的基本结构

#### 第十五条

西班牙工人社会党是实行联邦体制的政治组织，是在地方、岛屿、县或省组织的基础上建立起来的。在此基础上，还组建大区或民族地区一级党的委员会。

#### 第十六条

每一个大区或民族地区的党组织可以各自决定自己的名称，但应在其后面加缀西班牙工人社会党的简写字样。

**第十七条**

每个地区的党组织的名称、组织构成和章程都应在提交给联邦委员会后的六个月内予以审批通过。

**第十八条**

党在大区和民族区域内的领导机构是代表大会、理事会（或委员会），以及党的执行委员会。

**第十九条**

1. 党的任何组成机构之违反党章、违反联邦委员会或联邦执行委员会规定的行为，皆得因联邦执行委员会的决议而告停止，且不具合法效力。

2. 在面临特定的组织和政治矛盾迹象时，党的联邦执行委员会可以采取自己认为适当的措施以恢复常态化。对于此等事项，党的相关规范、结构、体系和程序等皆得有所因应。

## 第二章 党的组织

**第二十条**

1. 党的组织的职责得同党员义务的履行相一致，并且确保党员对党的工作及任务的参与。

2. 选区及地方党的组织为党员大会和执行委员会。

3. 选区或地方的联合会的领导机构是党的代表会议和党的执行委员会。

4. 选区、地方党的执行委员会是党组织的执行机构，得由党员大会选举产生并向其报告工作。选区、地方党的执行委员会一般每六个月开会一次，选举其领导机构，并且制定年度的工作计划。

5. 在地方党组织下辖选区党组织的情况下，地方党的执行委员会由党员代表会议选举产生并向党的地方委员会报告工作。

## 第二十一条

1. 工人社会党地方组织的结构是：

（1）在有党的组织机构存在的所有地方皆得组建唯一的地方党组织；

（2）存在多个选区组织的地域内，得整合各选区组织组成地方组织。

2. 在征得党的联邦执行委员会同意后，大区党的执行委员会可以在所属地方组织体系内设置选区组织，后者的活动地域最小得是其所在大区所属的某个完整选区或新划选区。

3. 在大区或民族区域党的执行委员会的建议下，党的联邦执行委员会可以设立工人社会党的地方组织结构，以期更好地关照地方上某些选区、农村教区、自治地区以及新划选区所看重的利益。

## 第二十二条

1. 在选区和地方党组织的基础上组建党的省级和岛屿组织，相关事项依据其所在民族地区或大区的党组织各自的章程和规则处理。

2. 党的省级和岛屿组织的任务是，在其所属区域内贯彻党的总政策，并且根据上级机关的总的指导方针，执行必要的旨在解决本地区问题的政策。

## 第二十三条

1. 居住在国外的西班牙人，经本党联邦执行委员会批准后，可以在继续保留其属于社会党国际的国外兄弟政党党籍的情况下，再行加入西班牙工人社会党。

2. 旅居国外的西班牙工人社会党党员及其组织，得受其自行制定的、业经党的联邦委员会批准的章程的约束。

3. 党的联邦代表大会、联邦委员会得保障国外西班牙工人社会党党员、组织的代表席位。

4. 党的代表大会所制定的联邦层面的规章，得在党员权利和义务平等的原则基础上，确定和确保旅居国外的党员参加代表大会的方式、权利。

## 第三章 行业及部门组织

**第二十四条**

西班牙工人社会党在如下六个领域中建立行业部门组织：教育、环境、公民参与、卫生健康、社会信息化，以及以企业家、自由职业者等为主体的经济社会领域。

**第二十五条**

1. 在事关行业领域的问题上及行动中，行业部门党的组织直接吸收相关党员，参与工人社会党信息的沟通、政策的讨论和建议的形成。

2. 在其自身所处领域中，行业部门组织可以发起讨论、向党提出建议，并在政治议程和选举活动中为党作出自己的贡献。

**第二十六条**

1. 行业部门组织可以在联邦、大区或民族地区、省及岛屿层面上组建。

2. 行业部门党的组织的关键环节在于省级岛屿的层级及其党员的直接参与。就本质及功能而言，相对于前者，联邦、大区或民族地区的行业部门组织只具有协调、咨议和支援的性质。

**第二十七条**

1. 不同地域中党的行业部门组织的结构得包括如下要素：全体党员会议、协调委员会及协调员。

2. 行业部门党组织的领导机构在省和岛屿一级是全体党员会议，在民族地区和大区一级是省和岛屿以及组织全体党员依据地域和比例代表制原则选举产生的代表会议。

3. 联邦一级行业部门党组织代表会议的全体成员，得由民族地区和大区相应组织的全体会议依地区和比例代表制原则选举产生。

4. 行业部门的全体党员会议依据前述条款选举自己的协调委员会并从中选出协调员，后者同时是行业部门党组织在协商和执行机构的代表。

## 第二十八条

行业部门党的组织得举行例会,以讨论相关政策文件,适当的时候可以同所属地区党的审议和执行机构进行沟通、提出建议。依据党的规章及其所赋予这些行业部门组织的功能,行业部门成员有公认的党员资格、充分的意见表达和完全的选举权利,但一定不能操控党的选举、控制代表会议及其执行机构。

## 第二十九条

1. 在政策制定和执行中,行业部门党的组织得享有代表本行业部门的意见表达和表决权利。

2. 行业部门党的组织在党的代表大会上得有自己的功能性代表团,后者得通过在其各自对应的各领域中按比例分配代表名额的方式来实现。

3. 联邦执行委员会可以尝试将与党内地方组织等同的权利赋予行业部门的党组织。

## 第三十条

在事关其成员的党员地位以及其组织过程的所有问题上,党的行业部门组织都得倚重党组织的书记处并得同其保持密切的职能关系,而书记处也当在行业部门党组织的相关问题上承担义不容辞的责任。

# 第四部分　党的联邦机构

## 第一章　联邦代表大会

### 第三十一条

1. 联邦代表大会是党的最高权力机关,有如下基本的权责:

(1) 确立党的基本原则和计划,制定党的政治路线和战略策略;

(2) 讨论和裁决联邦执行委员会、联邦委员会以及联邦道义和权利保障委员会的有关决议;

（3）选举联邦执行委员会、联邦道义和权利保障委员会，以及联邦委员会的六十五名成员；

2. 联邦代表大会的组成成分如下：

（1）省和岛屿代表会议选举产生的代表；

（2）西班牙青年社会主义组织在其各自的代表会议上选举产生的代表；

（3）各行业部门组织依据前述第二十八条所及之规定产生的功能性代表团。

3. 代表的总人数由联邦委员会确定，不低于五百人，不多于两千人。

4. 每个省、岛屿党代表的全体会议都可以决定是否组成单一的大区代表团或民族地区代表团参加联邦代表大会，但不得因多数的决定而影响那些不愿参加前述代表团的少部分代表自行与会。

5. 与西班牙工人社会党缔结合作关系的团体可以派出代表团参加联邦代表大会，其代表人数由党的联邦委员会依据各联合团体人数的多寡而定，这些代表有发言权但无表决权，但与工人社会党建立合作关系时已达成协议因而获得大会表决权的代表团不受此限。

6. 联邦代表大会一般在在前次会议后的三至四年内召开。

**第三十二条**

1. 联邦执行委员会、联邦委员会和联邦道义与权利保障委员会官员的选举，以及联邦代表大会就前述各委员会的工作所通过的意见、决议，皆得公开投票，党的代表大会代表以个体身份参加表决。

2. 联邦执行委员会由如下选制选举产生：

（1）总书记由全体大会代表以个人身份投票直接、秘密选举产生，总书记的候选人由选举委员会依据本章程前述第五条第一款之规定加以确定；

（2）联邦执行委员会成员在当选总书记向选举委员会提名的基础上，由全体代表个体一人一票直接、秘密选举产生。

3. 联邦道义与权利保障委员会的选举由全体代表一人一票、直接和秘密选举产生，投票的对象是大会代表事先分别向选举委员会提交的完全和封闭的候选人名单。

4. 联邦委员会的成员，由联邦代表大会代表依据一人一票直接、秘密投票的原则，从提交给选举委员会的各个完全和封闭的候选人名单中选举产生。

5. 在讨论议案时，所有代表皆有发言权和表决权。任何未被纳入大会议程之中的修正案，只消在各专门委员会中获得百分之二十以上的表决结果，都可以在大会全体会议上加以阐述。

第三十三条

1. 联邦代表大会由联邦委员会负责召集，后者至少应在会议开幕的六十天之前确定会议的时间和地点。联邦委员会得在开会前，向党的所有基层组织发送自己所准备的会议日程、提案草案，以及联邦委员会、联邦执行委员会和联邦道义与权利保障委员会的工作报告。

2. 省、岛屿的党组织在各自的代表会议的基础上，可在收到前述草案、议程和报告后最多三十天内，对它们提出局部修改的建议或是任何替代议案，以及任何其他尚未纳入日程的提案和建议，但后者得获得不少与百分之二十会议代表的支持。

3. 在预定的代表大会日期的前十五天，联邦委员会得透过联邦执行委员会，向所有省、岛屿党组织以及全体大会代表发送有关提案修正以及建议提议情况的报告。

4. 作为联邦代表大会或代表会议结果的决议以及关乎各行业部门的政策，皆得由党的联邦领导机构负责出版并且送达所有的基层组织。

第三十四条

1. 若因局势发展需要，或是有特定的事项亟待解决，则可以召开党的非常代表大会，召开此类会议可以不必太过拘泥于前述有关代表大会的相关规定。

2. 在必要时，或是过半数的党员有开会之要求时，联邦非常代表大会可由联邦委员会或联邦执行委员会召集，会议的日期、地点及议程由负责召集大会的有关机构确定。

3. 联邦非常代表大会只能就为开会而事先确定的议题做出决议。

## 第二章　联邦委员会

**第三十五条**

联邦委员会的组成如下：

1. 当然委员：

（1）联邦执行委员会成员；

（2）民族地区党组织的总书记；

（3）大区、国外党组织及相关组织中的总书记；

（4）行业部门组织在联邦层级的总协调人；

（5）西班牙青年社会主义组织的代表，由其总书记及另外五名成员组成；

（6）工人社会党籍的众议院议长或工人社会党众议院党团主席；

（7）工人社会党籍的参议院议长或工人社会党参议院党团主席；

（8）工人社会党在欧洲议会中代表团的主席；

（9）工人社会党籍的西班牙省市自治同盟的主席，如其不然，则应由拥有工人社会党籍且在该同盟当中职位影响力最巨者充任。

2. 选任委员：

（1）联邦委员会的六十五名委员得由联邦代表大会选举产生，其余的联邦委员会委员由各大区或民族自治地区党组织按本地党员人数比例分配名额并由其代表大会选举产生；

（2）单省大区或民族地区选举一名联邦委员会委员，多省大区、民族地区选举三名联邦委员会委员，在前述基础上，党员人数每增加三千人则相应增选一名委员，最后余数不足三千但超过一千五百人以上者，亦得增选一名委员；

（3）任何情形下，依据党员人数选举产生的联邦委员会委员人数皆不得少于本大区、民族自治区内所辖省的数量；

（4）每个外国党组织及类似机构皆得有一个联邦委员会委员名额，在此基础上，所辖党员人数每增加两千三百名则相应增加一个名额，最后余数不足两千三百但超过一千二百人者，亦得增选一位委员。

3. 前述联邦委员会委员分配的比率在下一届联邦代表大会之前不容变更。联邦委员会的委员可由其选举主体随时加以撤换。联邦委员会委员必须向选举他的党组织报告工作，必须及时、全面和准确地执行该党组织的章程及其领导机构的政策，并就相关事项向所属地区的党的代表大会作报告。

4. 党的自治大区的前总书记以及工人社会党的前主席，可以参加联邦委员会的会议。

5. 与西班牙工人社会党结成合作关系的组织和团体的代表，可以依据相关合作协议之规定，出席党的联邦委员会会议。

**第三十六条　联邦委员的权责是：**

（1）在联邦代表大会决议的范围内，在两届大会之间制定党的政策；

（2）检查联邦执行委员会的工作；

（3）必要时可以要求追究联邦执行委员会的责任，问责的程序是：在获得百分之二十的委员支持的基础上动议提出对联邦执行委员会的不信任案，该不信任案必须在表决投票中获得绝对多数的支持方能通过；

（4）组织或领导全国范围内的相关选举；

（5）监督西班牙政府的工作，推动立法工作；

（6）确保担任公职的工人社会党人在工作方式上与党保持一致；

（7）根据党的联邦代表大会的决议，制定党在选举政治中的基本路线，协调并且批准各民族地区党的竞选纲领，使之同党的全国竞选纲领相一致；

（8）在党的联邦提名委员会的建议下批准本党的候选人名单，联邦提名委员会由联邦委员会在其于联邦大会结束后的第一次会议上选举产生，

在下一届联邦代表大会之前,是党的专司选举提名的常设机构;

(9) 确定党的结盟政策,并且解决在这个领域中党的各地方组织同联邦执行委员会之间的矛盾;

(10) 根据联邦执行委员会的建议,批准有关联邦党的章程规定事项的规则以及制定其他一切必要之规定;

(11) 批准大区、民族地区或是省级党组织的章程;

(12) 在适当的条件下,通过专门讨论党的政治路线的研讨会的决议,决议通过后即具有约束力;

(13) 讨论联邦道义和权利保障委员会提交的报告,受理该委员会依据党章规定而移交的纪律案件;

(14) 制定联邦委员会自身的运作规则;

(15) 补足联邦执行委员会和联邦道义与权利保障委员会的职位空缺,当联邦执行委员会职位空缺影响到总书记权责之履行时,或是有过半数的联邦委员会成员同意时,联邦委员会可以召集联邦非常代表大会以选举新的联邦执行委员会;

(16) 通过党的预算;

(17) 决定党的特定的高级职位及其相应的募捐数额,决定每次特别募捐的额度,每年度检视联邦执行委员会接收的每月由中坚党员缴交的资费的最小额度;

(18) 提名本党籍政府首脑的候选人;

(19) 接受联邦道义与权利保障委员会报告的有关事项;

(20) 批准党内意见派别的章程;

(21) 决定是否批准有关方面在发生规则不兼容情形时提出的破例(豁免)请求;

(22) 根据联邦执行委员会的建议,批准选民名册并且召集党内初选;

(23) 召集党的联邦代表大会;

(24) 就政策问题和行业部门事项倡议和召集党的会议。

### 第三十七条

1. 联邦委员会每年至少开会两次，由联邦执行委员会召集。在每年最后一次的联邦委员会会议上，联邦执行委员会得就其一年的工作向其作报告。在联邦执行委员会认为有必要或是有三分之一以上的联邦委员会成员提出要求，可以召集联邦委员会的特别会议。

2. 联邦委员会的常规会议应至少提前二十天公告会期。在情况紧急时可以以电话、书面通知等有效途径召集特别会议，出席者比率至少要占到全体委员总数的三分之二以上，特别会议才具有合法效力。

3. 当联邦委员会委员席位出缺时，应由相应的民族地区或大区委员会补选，但由联邦代表大会选举产生的六十五名委员不在此列，他们出缺时应由联邦委员会依据联邦执行委员会的建议予以补选。

4. 除非因新一届联邦代表大会改选，或是因被大区、民族地区党组织撤换而失却席位，联邦委员会全部成员皆为常任委员。

## 第三章　联邦执行委员会

### 第三十八条

联邦执行委员会依据党的领导机关——联邦代表大会和联邦委员会所制定的方针和政策，就其认为必要的事项做出决议，以配合这些方针政策的贯彻实施。

### 第三十九条

联邦执行委员会是党的政策的执行机构和指导机关，该委员会特别拥有如下方面的权责：

（1）党内生活的组织工作；

（2）党的国际交往，如其可能，组织国际性的代表和交互合作网络；

（3）处理同西班牙其他政治和社会团体、组织的关系；

（4）负责党的运营管理方面的各种问题，如资产的购置、管理、转让，以及资产评估等；

（5）在全国范围内，为实现党的目标而开展各种必要的活动；

（6）追踪关注政府工作和立法进展；

（7）监督出任公职的本党籍人士的政治行为，分析和评估其是否合乎党的目标、是否履行了相应的权责；

（8）解决党内争端，包括向联邦道义和权利保障委员会提起上诉；

（9）想方设法以确保协调党在各领域中的不同的政治目标，比较研究以预先确定不同政治事务的轻重缓急；

（10）支持工人社会党政府推动的政治行动，配合其引导公众意见的努力；

（11）通过党的预算草案，包括常规预算以及用在全国范围内选战之中的特别预算，以备联邦委员会审批；

（12）向联邦委员会建议政府首脑的人选；

（13）就众议院和参议院中各委员会的组织向议会党团提出建议，并就议会党团领导层的构成提出意见；

（14）在其认为有必要时，召集行业部门党组织的会议，并且协调党内各部门中有关行业部门的党的工作；

（15）任命《社会主义者》杂志的主编；

（16）在其认为有必要时，有权获得地方党组织的财政和资产审计的信息，并在获得授权后对相关运营活动加以干预。

**第四十条**

联邦执行委员会自行决定其开会的频次。该委员会的决议获得与会委员简单多数的支持即可通过。业已通过的决议获得合法性的条件是，该委员会的所有成员皆已知晓会议的召开且因而无法对通过决议的简单多数提出异议。联邦执行委员会可以组建处理特别事项的专门委员会并授予其相应的决策权限。所以，联邦执行委员会得因此而制定相关的、适宜的规则和规范。

**第四十一条**

1. 联邦执行委员会由联邦代表大会有投票权的代表以多数选制直接

选举产生，其具体构成如下：

——党主席；

——总书记；

——副总书记；

——地域书记；

——组织书记；

——平权书记；

——外交政策书记；

——经济与就业事务书记；

——体制协调及大区政策事务书记；

——负责政治参与、公众网络和创新事务的书记；

——城市和地方政策书记；

——政治理念和活动项目企划书记；

——社会政策书记；

——教育和文化书记；

——计划编制和推广书记；

——执行书记；

——干部培训书记；

——欧盟事务书记；

——合作与移民事务书记；

——移民书记；

——二十名各代表团的代表。

2. 工人社会党在参众两院党团的主席、在欧洲议会中代表团的主席可以参加联邦执行委员会的会议。西班牙省市自治同盟的主席或领袖亦可出席联邦执行委员会会议，但通常其本人得拥有西班牙工人社会党党籍，如其不然，则应由该组织的执行委员会中影响力最巨的工人社会党籍的委员出席。

3. 地方党组织的协调人或总协调人、大区级党的代表大会主席或委员会主席亦可出席联邦执行委员会的会议。

4. 联邦执行委员会的诸位书记皆得被分派到事务领域不同的秘书处中，履行联邦执行委员会确定的功能与职权。

5. 依据联邦委员会自身的规范和程序，它是一个拥有广泛权力的常任机构。

6. 联邦执行委员会在其第一次会议上任命所属的专司党的行政、资产管理、人力资源管理以及账目审计职能的部门，并授予足够的权限。这些部门得向联邦执行委员会负责并请示，可以参加联邦执行委员会的会议和活动。

第四十二条

1. 联邦执行委员会采行集体责任制，但这并不意味着对其成员个体所应承担责任的免除。

2. 联邦执行委员会的审议情况得予以记录存档，在每次会议中，若有所决议的话，则与会相关的各种提案和不同的意见都应记录在案。

3. 联邦执行委员会的每一位成员都应被安排专门负责某个秘书处的工作。联邦委员会在联邦执行委员会的建议下通过后者自己的内部规程。

第四十三条

1. 主席是党的官方代表，主持和协调联邦执行委员会会议以及此外所有由其负责组织的党的活动。

2. 总书记协调党的战略和政策，是联邦执行委员会当然的负责人，掌握党的政策、协调联邦执行委员会的工作。

3. 副总书记全面协助总书记的工作，特别是协调各秘书处之间的工作，并得于总书记出缺时代理总书记。

4. 各书记依据相关规则所赋予的各自的权责，就其工作向联邦执行委员会和联邦代表大会负责。

第四十四条

联邦执行委员会除主席、总书记、副总书记和诸位执行书记之外的其他成员,皆得优先侧重于执行委员会中某种自己有专长的工作。

**第四十五条**

联邦执行委员会出缺时,得由联邦委员会在总书记的建议下完成补选。

**第四十六条**

联邦执行委员会督察党内关系,印制并向全党发放党员证,并得终止欠交六个月党费者的党员资格。

**第四十七条**

联邦执行委员会可以指派联邦代表,后者在相关书记的指示下,以联邦委员会的名义行使所被授予的权限。应联邦委员会要求,联邦代表得出席联邦委员会会议并报告其工作。

## 第四章 区际委员会

**第四十八条**

区际委员会是党的联邦机构中负责党的大区融合政策的机关,主要是协调和处理大区之间、大区同国家之间的关系。

**第四十九条**

1. 区际委员会由联邦执行委员会的总书记召集。

2. 区际委员会由联邦执行委员会总书记、副总书记、负责地区政策的书记、所有民族地区和大区党的总书记、西班牙青年社会主义组织的总书记、各自治区工人社会党的主席、工人社会党议会党团领袖,以及西班牙省市自治同盟拥有工人社会党党籍的主席(如其不然,则该组织执行委员会中影响力最巨的工人社会党籍的委员)组成。

3. 区际委员会从其成员中选举产生一名总协调人。

4. 联邦执行委员会的相关负责人得应召出席与其所掌管事务相关的区际委员会会议。

## 第五章 联邦提名委员会

**第五十条**

1. 联邦提名委员会由联邦执行委员会从其自身成员中指派委员组成，后者应得到联邦执行委员会的多数支持方能当选。当相关选举事务关涉到其所属选区时，大区、民族地区以及岛屿地方党的总书记，以及西班牙青年社会主义组织的总书记、联邦提名委员认为有必要予以开示的选区的书记，皆得出席该委员会的会议。

2. 联邦提名委员会就各式各样的选举预先向选举委员会提交供其最终确定的提名名单草案。

3. 在政治环境要求或是党的利益需要时，应大区或民族地区党的执行委员会请求，联邦执行委员会可以指示联邦提名委员会中止特定地区的党内初选。

## 第六章 联邦道义和权利保障委员会

### 第一节 联邦道义和权利保障委员会

**第五十一条**

1. 联邦道义和权利保障委员会由一名主席、一名书记和三名党的联邦代表大会选举产生的委员组成。

2. 联邦道义和权利保障委员会的成员不得兼任联邦或大区执行委员会的委员。

3. 联邦道义和权利保障委员会自主、独立和有权威地行使其职能，对相关问题作出劝告、警告或是处分决议。联邦道义和执行委员会的决定不得再作进一步的上诉。

4. 所有党员特别是认为自己的合法权利遭到侵害的党员，都可向联邦道义和权利保障委员会提出申诉；如其所受侵害系道义和权利保障委员会所致，则可向联邦执行委员会提出上诉；若不获联邦委员会支持，还可向其他相关党的权力机关上诉。

5. 在党的大区层级上，只设置党的道义委员会。

**第五十二条**

联邦道义和权利保障委员会的权责为：

1. 透过相关规范确立起来的资源支撑，以保障党章所承认的、党员个体与整体所享有的各种权利。

2. 就发生在党员之间、党员与党的机关之间，以及党的机关之间的争端，向联邦执行委员会作报告。

3. 应党内各种派别之要求，发表不具约束力的意见。

4. 监督基于初选体制的党内选举过程。

5. 监督和掌握党员的经济状况，以及本党籍选任或委任官员的经济活动。

6. 确保本党党员出任公职时遵守有关职务回避或不得兼任的规定。

7. 确保遵守有关信息保护的政策，解决在这一领域中可能出现的问题。

## 第二节  纪律处分程序

**第五十三条**

1. 党的地方、选区执行委员会，或是省和岛屿的执行委员会，负责自主地或是应党员、相关党的组织的书面要求相应展开对党员违纪案件的调查。

2. 轻微违纪的行为由大区或民族地区党的执行委员会处理，如有对处理结果不服者，可向联邦道义和权利保障委员会上诉。

3. 严重或特别严重的违纪案件得提交联邦执行委员会处理，对处理结果不服，只能向联邦道义和权利保障委员会提起申诉。与党内生活相关的挑战党纪的行为，由联邦执行委员会负责解决。

第五十四条

1. 党员违纪在满足如下要件时，联邦执行委员会可以自主或是应大区、省和岛屿党的执行委员会请求，决定将其开除/清理出党：

（1）采取明显的违背党的组织决议的行动；

（2）有严重的违法行为，且联邦执行委员会认定其应受此等处分；

（3）触犯本章程第十条之相关规定，情节严重且证据确凿，以致失去党员登记资格者。

2. 凡有前述情形，即得相应启动纪律处分程序。

## 第三节　财产公开和事项通报

第五十五条

1. 所有党员在其最终被批准列入各种候选人名单之前，皆得提交有关个人财产和事项的公开报告，不能履行该义务者得被排除在候选人名单之外。业已被选任或委任的本党籍公职人员，还得在其卸任之时、或是经常性地在其任期之内提交有关任职情况的报告。

2. 在联邦、大区或民族地区、省级和岛屿党的执行委员会中任职者，必须向各自所属的组织部门提交有关个人财产和活动事项的报告。

第五十六条

委员会可在任何时间要求公职人员提供其财务状况，或与它们相关联的经济活动的信息。未能提供所要求的资料或是不在此方面向委员会提供合作将被视作违纪，经警告仍不改正者，将面临暂停相关党员权利的处分。

第五十七条

公共官员及相关党员在面临对其财产及行为的诽谤或是偏见、歪曲时，可以向联邦道义和权利保障委员会提起申诉，以便委员会在查证事实的基础上为其品质和诚信进行辩护。

## 第七章　账目审计

**第五十八条**

1. 党的账目每年都要接受外部的审计,以监督资金和资产管理工作。

2. 中央执行委员会认为必要时,可安排对任何地域中党的组织的账目进行外部审计。

## 第八章　党员登记和普查

**第五十九条**

党的组织书记负责监督普查党员的过程,并更新、整理和保存党员普查的相关数据,其作用在于,在规定的时限内向党的相关部门提供信息,以有助于党的选战组织,以及有关党员登记、退党和迁移组织关系等其他党章规定事项的展开。

## 第九章　党的代表会议

**第六十条**

1. 在两次代表大会之间,西班牙工人社会党至少得召开一次党的代表会议,制定特别议程、协商特别重要的行业部门政策问题,参与会议的各行业部门和地区的党员、代表得拥有发言权和表决权。

2. 党的联邦委员会依据联邦执行委员会的建议召集党的代表会议,召集会议的公告得明确参会代表的数目及其在各行业部门和各地域中分配的比例和办法。

3. 代表会议所适用的召集形式和议事规则,可以参照联邦代表大会会议的相关规定。

## 第十章 党务行政和党产管理

### 第一节 联邦执行委员会的特别授权

**第六十一条**

在党的管理和财政领域,为确保相关运作和行为正常进行,缔结某些契约、协定是必需的,联邦执行委员会是唯一合法的负责此类缔约行为的权力主体。

**第六十二条**

前述授权及其权限得有充分的保障,以便联邦执行委员会在相关事务特别是借贷、抵押和财政支出等方面能有足够的运作空间。同样,拥有自治权的议会党团组织也应被赋予相类似的权限及相应的保障。

**第六十三条**

前述相关事务方面的授权得在新的代表大会召开时自动取消,并得于此后重新获得相关授权。

### 第二节 党 产

**第六十四条**

为了实现对党所持有资产的管理的充分控制,相关的购置、出售、担保或抵押行为皆得由中央执行委员会分别依据相关授权之规定予以特别审批。

### 第三节 预算编制

**第六十五条**

1. 联邦执行委员会负责批准党的详细的预算,并将其提交给联邦委员会最后通过。

2. 联邦执行委员会批准党的全国性选举（选战）的经费预算。

## 第四节　联邦党的筹款、支出和账目

### 第六十六条

联邦执行委员会依据联邦委员会的要求，制定党内不同主体（包括联邦委员会）筹款、支出和账目管理的相关强制性规定。

### 第六十七条

1. 联邦执行委员会可以要求就全党特定领域管理所发生的资财账目、党的某些特定机构的财务问题等提交报告并提出不具约束力的指导意见。

2. 对于自己认为可能有问题的账目，必要时联邦执行委员会可以要求进行外部审计。

### 第六十八条

在不影响相关官员履行其规定的职责时，联邦执行委员会可视情形需要，直接干预党内任何机构的账目管理活动。

## 第五节　党　费

### 第六十九条

1. 党员每年所缴党费的额度在联邦执行委员会建议的基础上确定。

2. 基于本人的合理要求和正当目的，经党员大会的同意和联邦执行委员会的批准，地方和选区党的组织可以根据那些赡养或本人领取退休金的党员特殊的生活状况，返还其党费的一定比例。

3. 除前款规定以外，联邦执行委员会还可以适度减免失业党员或是处于经济不稳定状态党员的党费，减免额度参照被减免党员的要求而定。

### 第七十条

联邦执行委员会可以建议联邦委员会批准关于征缴特别党费的决定。

### 第七十一条

联邦执行委员会可以建议联邦委员会批准,依据确定的数量标准和复核机制,向党代表征收特别费用。

## 第六节　公职提名程序

### 第七十二条

以西班牙工人社会党的名义提名立法选举、大区和地方选举及其他公职选举的候选人或其名单,得依据如下之原则规定:

(1) 被提名的机会向所有本党的党员及支持者平等开放;

(2) 注重候选人的代表性及其社会计划;

(3) 择优的原则,确保提名最优秀的人参选;

(4) 逐步替代更新的原则,以较好地实现公共职能并避免积累体制的、组织的代价;

(5) 遵守政党民主的原则;

(6) 注重广泛掌握有关候选人个人背景、专业素养和政治理念的信息,并建立起客观评估候选人优秀品质的相关机制。

### 第七十三条

除非其兼任的职位同其主任职位存在固有关系、派生关系,西班牙工人社会党党员不得同时持有一个以上直选的公共职位,由此,亦不得同时承担不同性质的公共责任。

### 第七十四条

公职候选人提名管理得注重如下几方面问题:

(1) 依据立法选举、大区和地方选举不同的性质,遵循各自不同的提名程序;

(2) 协调好在提名过程中党的不同机关之间出现和存在的竞争关系;

(3) 充分发挥选举委员会保障和监督提名过程的组织作用与结构功能。

## 第七节　西班牙工人社会党的联邦议会党团

**第七十五条**

1. 西班牙工人社会党的联邦议会党团得一贯支持工人社会党执掌的政府，并得负责向社会公众充分、深入地解释本党所掌握的机构所推进的相关改革。

2. 西班牙工人社会党的联邦议会党团得就其工作向联邦委员会提交年度报告。

3. 上述条款经适当变通后适用于各公共机构（议会、大区政府、议会，以及省、岛屿等地方的政府和议会）。

4. 工人社会党在众议院的党团主席参加中央执行委员会会议时有发言权，但无表决权。

**第七十六条**

1. 西班牙工人社会党的联邦议会党团成员必须遵守和执行党的联邦代表大会的原则声明和决议，以及党的领导机关的决定和指示。

2. 在党的领导机关并未通过相关决议和决定的情形下，联邦议会党团成员得遵守议会党团的纪律，后者建立在尊重议会党团经讨论并以多数表决通过的决议的基础上。

**第七十七条**

工人社会党议会党团成员无论因任何情形离开本党，皆得信守其退党即应向议会党团主席辞去议员职务的承诺。

**第七十八条**

在所有情形下，本党联邦议会党团的成员皆得受行动一致和投票纪律的约束。若有不尊重这一要求者，党团、联邦执行委员会皆可向联邦委员会检举之。若其行为被联邦委员会认定造成了严重后果，后者有权将其逐出党团并对其展开调查，而后将案件及相关文件转交联邦道义和权利保障委员会议处。

**第七十九条**

支付给联邦议会党团成员的议员津贴和薪资，自动进入联邦执行委员会专门设立的账户，后者将统一向议会党团拨付财政经费。

**第八十条**

尽管联邦议会党团成员的活动得紧密依托联邦委员会和联邦执行委员会，但出于组织目的考虑，其关系仍得归属其各自所在的组织。

**第八十一条**

并非西班牙工人社会党党员的议员，若希望加入本党联邦议会党团，只要其接受本党章程第七十六、七十八条之规定，经本党联邦议会党团秘书长建议，可由联邦执行委员会批准加入党团，但在任何情形下都不得代表本党议会党团。

**第八十二条**

本党的联邦议会党团得从其成员中选举产生常务委员会及其一名主席、一名秘书长和一名副秘书长，以及其他负责制定规则的人，联邦执行委员会就这些职位的人选提出建议。

## 第八节 自治地区议会党团及地方议会党团

**第八十三条**

1. 自治地区议会和地方议会的本党党团在涉及本地区的问题上，得分别服从同级党的组织和机关的领导，执行和遵守该级组织及其机关的决议。

2. 本党自治地区议会和地方议会党团亦得同时遵守前述西班牙工人社会党联邦议会党团的相关原则。

**第八十四条**

在每一个省级或大区的选区中,都得建立起议员同选区、选民相联系的议员办公室,本党的欧洲议会议员、联邦议会议员、自治地区和大区议员,同相应层级党的公民参与书记及其工作委员会密切合作,以便加强本党籍议员同其选区中的社会公众和社会运动的对话和联系。

**第八十五条**

1. 民族地区或是大区中党的组织,根据自己的特殊情况,在其所属地域内制定和实施社会主义性质的计划。而且,在社会主义整体规划的框架内,它们还拥有各自党章所赋予的完全的自治权和直接的政策权利。

2. 民族地区或大区党组织的竞选纲领、结盟政策及立法工作,皆得同联邦执行委员会协商确定,两者间如有意见分歧,则应将其提交给党的联邦委员会议处。

3. 民族地区或大区党组织在确定自治地区议会主席和政府首长候选人之前,必须向联邦党的相关机构通报。

4. 民族地区或大区党组织通过党的自治地区协调办公室来协调议会和立法工作。

## 第九节 西班牙社会主义青年组织

**第八十六条**

1. 西班牙青年社会主义组织是西班牙工人社会党的青年组织,是故其全部成员及领导机关皆得接受和执行党的联邦代表大会的纲领和决议、接受联邦委员会和联邦执行委员会的决定。

2. 西班牙青年社会主义组织成员年龄的上限为三十岁,下限为二十五岁。

**第八十七条**

1. 西班牙青年社会主义组织中的西班牙工人社会党党员,拥有党章规定的权利并得履行相应的义务。

2. 党的地方和选举委员会得动员二十五岁及以下的青年和青年党员加入青年社会主义组织。

**第八十八条**

1. 青年社会主义组织拥有自治权利，在本党财力和物力支持下选举和召开自己的联邦代表大会，选举各级领导机关，但该组织的各项决议须由西班牙工人社会党领导机关批准，以避免同党的相关决议发生矛盾。

2. 青年社会主义组织的总书记/书记，在西班牙工人社会党在相应地域的组织的执行机关中充当本组织代表，拥有发言权和表决权。

3. 青年社会主义组织的代表在参加民族自治地区、大区、省或岛屿党的代表大会或会议时有发言权和表决权。分配给它的代表名额，以在工社党的监督下、依照党的党员统计程序而进行的组织成员普查的数据为基础。不同地域中党组织和青年社会主义组织的书记向所属青年社会主义组织的成员颁发证书。任何情形下，出席党代会的青年社会主义组织代表的人数，皆应占到代表总数的百分之二以上、百分之五以下。

4. 出席党的联邦代表大会的青年社会主义组织代表人数，应占到代表总数的百分之二以上。

5. 鉴于青年社会主义组织参加党的代表大会和代表会议且独具特殊影响，该组织的成员普查只能由党内负责普查工作的委员会依据相同标准，连同工人社会党的党员普查一起进行。

6. 青年社会主义组织在不同层级党的代表大会、代表会议中的代表问题上如有不同意见，得由党的联邦执行委员会中负责组织工作的书记在听取和尊重该组织联邦执行委员会意见的基础上作出决定。

**第八十九条**

1. 青年社会主义组织和工人社会党有着为青年制定社会主义的政策的共同的责任。

2. 出于上述考虑，在青年社会主义组织和工人社会党的联邦执行委员会中，皆当组建由双方总书记/书记共同领导的、各自拥有四名组成人员的青年委员会。青年委员会在工人社会党的选举中可以由自己相对特殊的诉求。

## 第十节 《社会主义者》

**第九十条**

《社会主义者》为西班牙工人社会党的机关报，报头标注有"巴勃罗.伊格莱西亚斯创建"字样，其出版周期由党的联邦执行委员会决定。

**第九十一条**

《社会主义者》由党的联邦执行委员会负责直接领导和管理，其总编也由联邦执行委员会任命。

## 附加条款

**第一附加条款**

社会主义者联合过程中出现的政党的组织合作，得由当时任期届内的联邦代表大会特别决议批准组建的机构负责管理。

**第二附加条款**

大区或民族自治地区党组织得在联邦代表大会召开后的六十日内，依据后者的相关决议，召集自己的代表大会。出于种种考虑，在八月份召开此类大会是不适宜的。

**第三附加条款**

有关本章程第七十三条所规定内容的例外情形，应由联邦执行委员会或相关的地域党组织机构提出原则性建议，并得经过联邦委员会的批准。

第四附加条款

本章程所确立的有关行业部门组织以及青年社会主义组织在不同地域层级参加党的会议代表的权重以及在党的机构中任职的比率，皆不得修改。

第五附加条款

除党的总书记担任西班牙政府首脑或是大区、自治地区党的总书记担任所在地区政府首长之外，党内任何领导职务皆不得由一人连任三届以上。

第六附加条款

除本章程所确定的责任和职能不匹配的原因之外，党员不得同时兼任党内多个组织和执行职位，除非将要兼任的职位同其主要职位之间存在固有的派生关系。

第七附加条款

在所有需要党内选举的情形（代表大会、代表会议，以及全国、大区和地方性初选）中，皆得使用联邦党员普查的资料。党员普查得在相关管理机构宣布启动选举程序的当日封存其资料库，后者可接受以相关地方或选区组织为单位的集体咨询。

第八附加条款

在所属地域内存在地方族群分疏的民族自治地区或大区党的组织中，可以设立自己的地方性政策协调机构，后者的组成及其选举得由其各自的党章分别予以确定。

第九附加条款

关于本章程第二十条和二十一条之规定，将由联邦执行委员会通过必要的适用规则。

第十附加条款

联邦执行委员会得基于本章程制定必要的规则，以适用于互联网络中的党的组织。

# 过渡条款

**第一过渡条款**

本章程第二十条第三款及第二十一条第一款第二项所及之地方组织整合问题，得在联邦执行委员会指导下实现，后者在事先将有关报告送达民族自治地区、大区或省级党组织的条件下，并在诸目标选区新一届执行委员会选举完成、选区党组织因而组建起来的六个月以后，始得着手此项工作。

**第二过渡条款**

在本次联邦代表大会做出相关决议后的十八个月内，将要选举党代表、召开代表会议、制定新章程并组建新的省级组织的地方，它们所要创建前款所及的地方性联合组织以及重建地方党的结构，得由相关的党的联邦机关会同民族自治地区或大区党的机构一起设定。


**终结条款一**

本章程业经 2012 年 2 月 3 日、4 日和 5 日在塞维利亚召开的西班牙工人社会党第 38 次代表大会决议修改。

**终结条款二**

授权联邦委员会对本章程作可能的和适度的修改，以使之贴合本党第 38 次代表大会题为"新时代政党的典范？"的第 4 号决议所明确的要求，并作相应的格式调整。

**终结条款三**

授权联邦委员会批准为贯彻第 38 次联邦代表大会决议而召集的组织协商会议上通过的对于本章程的修正案。

**终结条款四**

除其他相关规则而外，本章程将主要依托如下规章制度的支撑：

——联邦委员会规则；

——联邦执行委员会运行规则；

——联邦代表大会规则；

——党的组织和运行的通用准则；

——关于政治合作与结盟的规则；

——关于选任公职的规则；

——关于议会工作的规则；

——联邦机构管理规则。

(Estatutos Partido Socialista Obrero Español, http://www.psoe.es/source-media/000000515500/000000515853.pdf)

# 西班牙人民党章程

(瓦伦西亚,2008年6月第十六次全国代表大会修正)

## 序 言

2004年10月1—3日在马德里召开的党的第十五次会议通过了"建设更强大的党"的决议。决议对党的章程进行了修改,以使其能够实现如下主要目标:

拓宽公民参与党活动的渠道,建立起党同公众更热切和紧密的关系;使党的组织适应变化了的时代,更具有可操作性,更加简捷、灵动和富有弹性,并且能够克服种种疏离和分化。

强化党的地区组织结构并使之适宜于特殊的政治协调要求,以因应把西班牙建设成世界上最为去集权化和拥有高度稳定政治体制的国家之一的目标,并适应为此而向自治区大量下放权力的政治过程。这一目标和过程给我们带来一个西班牙历史上最为重要的自由与繁荣的时代,此间,我们优先考虑的问题当集中于全体西班牙人的平等、合作和团结。

面临当前各种全新的挑战,西班牙人民党第十六次全国代表大会建议围绕如下问题进一步修改党章:

1. 党要向全社会开放

西班牙有超过四百五十万的移民,占到西班牙人口的百分之十左右,但他们几乎被排除在近年来增加人口的统计数字之外。

迄今为止,西班牙人、欧盟公民只能寄望于人民党。我们希望能够沿着新一代人在上一次党的全国代表大会上开辟出的新路,使党向所有合法居住在西班牙的人开放,使后者能够加入本党、与党建立亲密的关系。

2. 通过党的议会工作机构，促进本党当选议员更好地履行代表公民的责任；同时改进党的运作，充分发挥信息技术和沟通渠道的潜力，更好地服务于党员的意见表达。为此，我们建议：

成立议会办公室。这些办公室将作为实体机构存在，以强化本党籍自治区立法代表、参议员、众议员和欧洲议会议员同其所代表的选民之间的联系，同时方便他们就自己的活动向公众报告和负责。

为所有的自治区和省级组织建立在风格和结构上同党中央门户网站相类似的网站，在存在两种官方语言的地区，该门户网站信息应能实现以双语链接和访问。

成立维护本党成员权益的机构。为了持续改进党的运作方式，我们建议成立上述这样一个机构，一方面作为接受本党成员意见和要求的接收器，另一方面又作为将这些意见和要求反映给党的高级领导机构的发射器。

3. 通过反映西班牙地方政治体系变化的党的新建特殊机构——地区委员会的制度化，深化宪政自治，同时鼓励党内辩论、确保党的政治上的团结和凝聚。

党的地区委员会得由党的主席、总书记和党的各自治地区主席组成。

同时，为了与西班牙宪法确认的国家—地方结构形式相一致，建议改变党的地区主席和书记的称呼为地区党的主席和书记。

4. 创建新的顾问团体——西班牙侨民委员会，推动西班牙国外侨民参与国政、奉献国家。

国家统计数字表明，旅居国外的公民近年来呈几何指数增长，2008年时已达一百二十万人。

因此，极有必要透过特定组织执行党在侨民当中协调政治行动和海外投票的工作，以履行党服务于旅居海外的本国侨民的相关承诺。

党的西班牙侨民委员会得由人民党党主席、总书记、人民党各海外组织执行委员会的主席，以及由人民党党主席指定的其他人员组成。

5. 简化和优化当前党的全国组织的结构，以适应人民党未来将要面临的各种挑战。

6. 恪守党对于社会的伦理承诺，修订丧失党员资格的相关条件，以及在党员被确证有故意犯罪的行为时自动停权的相关程序。

7. 加强党内民主，推动党主席的选举过程更加透明。

上述修订简易的目的，概言之，是为了使人民党能够更真实地反映西班牙社会的发展，强化其有关地区自治原则以及平等、团结和地区融合等宪法价值之承诺的恪守，并且拓展渠道、加强党内生活对于党的成员的吸引力。

# 初始条款

## 总　则

### 第一条　活动领域、法律地位、党名和地址

1. 西班牙人民党是一个全国性政党，依西班牙王国宪法第六条组建，受 2002 年 6 月 27 日第 6 号政党法及其他有关法律规制，其运作得执行本章程及其他党内相关制度的规定。

2. 人民党愿意随时提供有关党的资产和财务状况的详尽报告，以便与关于政党财务管理的 1987 年 7 月 2 日第 3 号组织法精神、规定相一致。

3. 人民党的简写为 PP，其标识为人民党简写字母以及覆衬于其上的展翅飞翔的海鸥形象。该标识可由党的全国委员会通过决议予以修改且无须实现修改本章程，但必须在修改后顺次召开的全国代表大会中予以追认。

其他譬如相关简写等技术性细节问题的变化，皆取决于社团形象设计的需要，由相关执行委员会通过，并于事后提交党的全国执行委员会批准。

在使用党的标识时，地方党组织除卡斯蒂利亚以外，还可以附加使用自治区章程所确定的官方语言信息。

4. 人民党的全国总部位于马德里基诺亚街 13 号。党的总部地址可以在全国执行委员会决议下变更且无须事先修改本章程。

地方党组织总部的地址得由相应层级党的执行委员会决定，变更地址得告知其上级党的组织并通知本地所有党员。

### 第二条　意识形态

人民党将自身界定为服务于西班牙总体利益的改良主义者的政治训练中心，其党员以投身政治活动、致力社会进步为基本目标。人民党有明确的欧洲定位，深受西方传统的自由、民主、宽容和基督教人道主义的启发，维护人的尊严及其天赋的自由权利，主张多元自由并存基础上的民主与法治，促进市场经济、地区团结、现代化、社会融合，以及机会平等、公民参与政治生活以主导社会的首要地位和作用，倡导建构一个和平和普遍尊重人权基础之上的国际社会。

### 第三条　政治承诺

人民党再次承诺保障权利、尊重少数群体、促进社会融合、维护团结、反对以暴力和牺牲生命实现政治目的，并致力于环境保护。人民党希望以此作为自己的整体目标。人民党还将致力于参加欧洲、拉美和国际政治组织的活动，特别是欧洲人民党和中间派民主国际（CDI：the Centrist Democrat International）的活动。人民党的上述政治承诺，是一个面向世界的应对 21 世纪里我们社会所面临重大挑战的公开宣言。

# 第一部分　党员、入党和党的纪律

## 第一章　党员及其权利义务

### 第四条　党员

1. 所有成年人，不论是旅居国外的西班牙人，还是按现行法律合法居住在西班牙的外国人，都可以加入西班牙人民党。

西班牙人民党党员不得同时为其他西班牙政党的党员。

没有西班牙国籍但合法居住在西班牙的外国籍本党党员，在回到母国参加政治组织时，只要内心仍然认同人民党的意识形态，则无须退出人民党，但参加母国政党组织时则必须同本党联系，以确认该党政治理念是否与本党存在亲和关系。

旅居国外的西班牙籍本党党员，亦可参加驻在国内同本党意识形态相近的政党组织，此种情形必须在加入该党前预先同本党联系，以确认该党政治理念是否与本党存在亲和关系。

2. 人民党党员可以是中坚党员，也可以是普通的支持者。

3. 意欲加入本党者得依本党全国执行委员会通过的格式填写入党申请表，得获得两名本党党员的签名担保，意欲成为中坚党员者，得表明愿意承担政治捐献的数目及直接登记的意愿。此外，使用两种官方语言的自治区的地方党组织，其党员申请表格、文件得采用双语形式；居住在国外的西班牙侨民申请入党，得注明其接受人口统计时的居住地址。

入党申请由党的省级执行委员会备案，若接纳申请人入党的选区或地方组织属于单一省份架构的自治区，则由自治区党的执行委员会备案。由基层地方党组织接受的入党申请无须作更多处理，得在最多十日内送达省级党的执行委员会。申请人亦可以要求变更自己所属的市镇、选区党组织，此种要求也由省级委员会作相应的处理。

省级党的执行委员会、单一省份的自治区党的执委会应彼此之要求，可以授权接纳居住在外省的人士的入党申请，以及处理接受该申请后相关的变更其归属的基层组织的要求。

党的所有分支部门皆得向有入党兴趣的人士提供党员申请表格，后者也应在党的门户网站上下载。

域名地址为 pp.es 的省级党组织门户网站应提供在线填写临时入党申请表格的服务，以方便感兴趣者表达自己的入党意愿。临时表格的内容应包括申请人的身份证件号码及身份证件信息、居住地址、电话和电子信箱地址。网上入党请求得被转发给相应的省级党的总部，由党的省级组织书记或其代表召集申请者填写正式的入党申请表。

新党员可以从党的任何部门获取一份本党章程，以及该党员所在地区党的各级组织章程和规范的文本。为此，各地区党组织的书记得在其所属全部下级组织每一次的代表会议结束后，得及时提交它们最新修订后相关章程和规范的拷贝。

4. 省级或单一省份自治区党的执行委员会，得在接到入党申请后的第一次例会上讨论是否予以批准。如果要拒绝某份入党申请，得在作出拒绝决定后的十日内告知申请者本人。我们鼓励被拒的申请入党者在收到告知后规定的十五日内向大区级党的执行委员会上诉，后者得在收到上诉后的第一次例会上加以讨论。鉴于预见到被拒者可能上诉，省级或单一省份自治区的执行委员会也同样有权在规定时间内就相关问题对上级组织施加影响。

5. 在全国登记党员普查时，可以要求获得完全（中坚）党员资格。要求成为中坚党员的前提是支付第一次的政治捐献。党的总书记签发类别为中坚党员或党的支持者的党员证，该证在签发后六十日内送达省级或单省自治区的党的总部，再由专人送达党员本人。

省级党组织的书记得将最新党员普查的数据和结果复制并送交大区党的书记以及地方和选区党的组织。

如其党员身份证件丢失、被盗或损坏，党员皆可以致信党的总书记，要求予以补发。

6. 遵照1999年11月13日第15号个人信息保护法，党的总书记得尽可能全面、细致和谨慎地保护和维护（更新）党员的文件资料。

党的上级组织在任何时间都可使用下级组织的党员文件资料。

7. 年龄介于十八岁至二十八岁之间的要求加入人民党的申请人，如果个人提出要求，可以通过党的新世代组织入党。为此，人民党的入党申请表格得包含相应的特别栏目，以备申请者选择参加党的新世代组织之用。

尽管有前款之规定，但党的总书记还是得每月定期向党的新世代组织通告新入党党员中并未同时加入新世代组织的人数比率。

8. 为适用本条之规定，党的全国评议会得在本章程生效后的一年内通过全国性党的入党和党籍管理规则。

### 第五条　入党申请

入党申请书包含如下内容：

1. 认同人民党政治理念和政策规划的基本原则。

2. 承诺遵守党的规范和条例。

3. 接受忠诚于党和党的领袖的义务，服从党的组织的决议和指导，尊重党的工作和保守党的文件。

4. 公开承诺在公共生活中诚信处事，不损及党的形象。

### 第六条　中坚党员的权利

为党作出政治捐献的党员平等地享有如下权利：

1. 透过党的章程所设定的途径和形式，积极参与、自由行使意见表达的权利，就党正在规划采行的决议和计划发表意见和建议。

2. 选举党的代表大会代表时的选举权和被选举权。

3. 作为提名候选人参加党的管理部门的选举。

4. 出于中坚党员自身发展以及完成党交付政治任务的需要，接受必要的训练和充分的技术支持。

5. 影响和主导自己的代表在公共机构中的政治活动，通过党内机构向这些代表发表意见和作出评价。

6. 被告知党的活动。

7. 在有本党参加的公职选举中，依据所选职位的能力要求，竞逐党的提名候选人。

8. 对于损及其权利、声誉和形象的政治行为，有权要求人民党介入调停和发布相应的公告。

9. 经常性地收到党内自己所属的组织的决议，以及党外各有关公共机构政策情况的通报。

### 第七条　中坚党员的义务

1. 所有中坚党员皆承担相同的义务：

（1）公开及私下地尊重党的声誉和党的形象，以及党的组织、部门和党员整体的声誉和形象；

（2）遵守法律、法规以及形成党内法规的其他规则，遵守党的管理部门和有关组织通过的路线、指示，并调整自己的政治行为，使之与人民党的原则、目标和规划相一致；

（3）响应、配合党的号召，勤勉负责地承担和执行党所分派的工作和职责；

（4）在审议过程中，在必要时，保守党的秘密特别是自己所属的党的管理部门和相关组织的有关决议，注意自己的行为方式以尊重党内民主的原则；

（5）在自动脱党、离开所属党组织或是因党纪处分及其他本章程所及之原因离开本党时，向党交还自己所承担的、关乎党的利益的体制中正式代表的职位；

（6）在当选或被委派担任公职或民意代表时，按照本章程第五十条所及之党的全国评议委员会所确定的形式，公开就个人财产及行为等情形发布经过公证的声明，该声明由党的全国权利和保障委员会秘书保管；

（7）在党有所要求的时候，以党的代表或监察员的身份参与选举过程；

（8）在选战中精诚合作；

（9）宣传人民党的意识形态和政治计划；

（10）定期缴纳党费。每年的党费缴交标准，由党的全国评议委员会在总书记的建议下于头一年的第四个季度中确定下来。

2. 在出任公职和党的领导职务时，中坚党员得尊重如下准则：

（1）不可以跨地域同时担任一个以上党的主席和书记职位，或是兼任地区、大区和全国层级的民意代表。

依宪法和本章程精神的实质，如下职位被视为是可以兼任的：

——地方和省级机构的职位；

——地方议会和政府的职位；

——全国议会和政府的职位。

（2）参议员可以同时担任基层党的主席、秘书长或其他职务，可以在省、大区政府或是议会中任职，但不得再同时出任后两种职务。

党的议会党团规则须得反应并贯彻本条款规定之内容，不允许有同时兼任党团内不同部门职务的情形。

（3）议会议员和欧洲议会议员不得同时兼任单一省份的自治区、党的自治组织的主席，不得兼任市镇长以及省、区和岛屿议会的议长。

3. 党的全国执行委员会本身或透过其所成立的相关执行机构，要确保解决党的体制中与本章程此类规定不一致的地方，解决在接受和批准某些特别情形时可能出现的问题，以保证党的整体利益。

### 第八条 支持者

1. 支持者是因为意识形态、政治理念的关系而自主、自愿地决定配合、参加和支持人民党的政治议程的人。

支持者可以参加所有人民党召集的公共集会，可以接受政治训练、被告知党的政治行动、作为计票人和监票人参加选战，并且视其能力合乎规定要求的情况，作为党的提名人选参加各种选举或是参与各种调查研究。

2. 支持者有义务维护党的形象，尊重党的组织及其盟友，遵守党的章程，并且遵守构成人民党党内民主法治体制的其他规则、规范。

### 第九条 丧失党员资格

1. 人民党党员在去世、或者明示退党后，或是在如下情形中，得自动终止其党员资格：

（1）公开声明其不愿意遵守宪法秩序或是党的章程的态度；

（2）作为其成员参加其他政党或政治组织并促进其活动，非经允许应其他政党之邀参加任何形式的选举活动；

（3）在有人民党参与的选举中，支持有利于其他政党竞逐选票宣传和游说活动；

（4）作为中坚党员，超过十二个月不交党费或是缴纳在党的规定情形下应当缴交的政治捐献；

（5）撰写文章、采取宣传行动，或是在公共集会、广播电视访谈以及其他媒体上公开表示不同意党的意识形态、基本原则和目的，且情节严重者；

（6）无论从何种角度看，作为其他政治代表性团体（政党类）成员的角色突出于其作为本党党员的角色；

（7）在涉嫌刑事犯罪的诉讼程序中被认定有罪者；

（8）无西班牙国籍而又丧失其合法居留西班牙之权利者。

2. 有关党员丧失其资格的公告及附加的原因，得由省或单省自治区、自治区或全国执行委员会审查做出，并得立即以书面决定的形式知会丧失党员资格者本人。

上述决定可以在十五个工作日内向党员所在地方适当层级的党组织的权利保障委员会上诉，上诉时得提供或申请其本人认为适宜的证据。上诉案件的裁定结果得在一个月内做出。若不服该结果，仍可在十五个工作日内向全国权利和保障委员会上诉，后者得于三个月内作出裁定。

若取消党员资格的决定系全国执行委员会作出，则该上诉案件得在相同规定的期限内提交党的全国权利和保障委员会审理。此种情形下，做出相应裁定的时限为六个月。

3. 在上述程序进行当中，上诉者得自动中止其作为党员的权利，基于党的利益考虑，也不再适宜继续履行党内职务。此种中止权利的状态得于最终的上诉裁决结果生成之后结束。

4. 无论何种情况下，宣告丧失党籍或中止党员权利的情况，得与党的全国权利保障委员会沟通，且得确认确有导致此种丧失权利或限制权利状态的事实证据，相关记录得保存于党的中央档案部并对有兴趣者开放。

5. 在依本条第一款第四项之规定剥夺党员资格时，党的执行委员会得以令人信服的形式知会相关党员并尽其可能地确认其真实意愿，相关党员得在至少十五日内就如下几方面问题作出回应：

——补交党费和捐献；

——提出合理可以暂免履行义务的要求；

——如果不交费的原因系不再寻求公职，则表明其是否愿意转变身份成为党的支持者。

在规定时限过后，执行委员会可采取任何适当的措施，并立即告知有关党员。

## 第二章 党的纪律

### 第一节 违纪行为

**第十条 界定及类别**

1. 人民党的纪律旨在处理任何违纪行为，依据本章程和业已确立的相关程序和规则解决相关违纪问题。

2. 违纪行为是指党员对党的纪律特别是本章程所列禁制的有意触犯或无意疏忽。

3. 违纪情形分作极其严重违纪、严重违纪和轻微违纪三类。

**第十一条 极其严重的违纪情形**

1. 触犯如下规定将被视为极其严重的违反党纪：

（1）损害本章程所确认的任何党员的基本权利和义务；

（2）利用公职从事任何形式的腐败活动；

（3）不服从党的管理机构、代表大会及党团组织的领导和指示；

（4）公开发表或宣扬违背党的管理机构、代表大会及党团组织依民主程序合法有效地通过的各项决定的言论；

（5）以任何方式企图或是操纵下级组织，以妨碍其自主作出决定；

（6）在党内组建或引入组建有组织的意见派系，并参与其活动；

（7）在履行公职时违反党的原则和安排，或是违背本章程第七条所规定之不适任情形；

（8）在答应保守相关机密后，将本党及其党团组织的协议、决议和决定泄露给第三方；

（9）一再在党有需要时拒绝作为计票员、监票员参与选举活动，或是拒绝积极参加选战。

2. 如下行为亦被视为极其严重的违纪：

（1）在党团组织中招降纳叛或是利用其他政党的叛党者以确立、保持或改变公共机构中本党团之多数的行为；

（2）正在接受党纪处理者又一次触犯党的纪律；

（3）此前两年之内因严重违反党纪而被最终裁决处理者有一次严重违反党纪；

（4）出于赢得党内选举的目的组建或加入有组织的派系，公然活动且声名狼藉以致损害了党的利益和形象。

3. 极其严重违反党纪的行为得适用如下处分：

（1）为时四至五年的中止党员资格；

（2）中止党员资格期间不适任党职或代表党的职务；

（3）开除出党。

本款第一、第二两项之规定并不互斥。

**第十二条 严重违纪**

1. 如下行为被视为严重违纪：

（1）透过任何形式宣扬有损党的声誉的信息，质疑党和党团组织掌握公共机构或代表公众的适宜性；

（2）未经党的执行委员会主席允许，在不同地方代表党发表不适当的政治声明或公开声明；

（3）放弃自己所履行的党所赋予的职责，或是在选举期间明显擅离职守；

（4）假冒或是僭越行使实际上未获授信的权责；

（5）在公共场合或大众媒体上以口头或书面的形式编造丑闻，意图诋毁或是败坏任何党员的声誉；

（6）无充分和正当理由，连续六个月不参加党组织召集的会议，且事先被告知可能的后果并明了相关的影响；

（7）未经所在组织或党团上级有关组织的明确允准，擅自承担其他政治团体、法人实体的法律责任或政治安排；

（8）在两年内连续两次以上被有关委员会认定犯有轻微违纪行为；

（9）不服从党的领导机构、代表会议和党团领导和指示，但未造成严重后果；

（10）违反出席党的会议的代表的选举规则。

2. 严重违纪行为得适用如下惩戒措施：

（1）为期一至四年的中止党员资格的处分；

（2）在此期间不得担任党职或是从事代表党的工作。

前述两项惩戒措施并不互斥。

**第十三条　轻微违纪**

1. 如下行为被视为轻微违纪：

（1）在行使党所信任托付的职责时疏忽大意；

（2）无故不出席党组织的会议但有未有前一条第六款所规定之严重情形；

（3）无充分理由，在党的工作中拒绝党所要求的配合与协作；

（4）在党的会议上挑战会议的规则，或是漠视同时出席会议的其他人的意见和要求；

（5）有口头或书面的诋毁或藐视其他党员的举动，但无更进一步的严重侵犯。

2. 轻微违纪得受到如下惩戒：

（1）为期一个月至一年的中止党员资格；

（2）在此期间不得担任党职或是从事代表党的工作；

（3）口头或书面警告。

本款第一、第二两项之规定并不互斥。

**第十四条　处分的程度和等级**

1. 对前述各条款所及之违纪行为的处分，视该行为当时的情境以及所产生侵害的严重性，得等比对应和适用不同的惩戒程度和等级；违纪的情节及其消极影响，分别由不同层级党组织的权利保障委员会认定。

2. 侵害—处分大致的对应关系是：

（1）极其严重的侵害，停权上限为五年；

（2）严重侵害，停权三年以上；

（3）一般侵害，停权三个月以上。

3. 执行处分的时间自违纪之日起计算，若此间有新的纪律文件不再将被处分的行为视为违纪，则执行处分的时限自然中止。

### 第十五条　被处分者的复权

1. 被处分者在规定的时期内接受处分至终了后，自动恢复其作为党员的完全权利。

2. 如果所受处分系开除出党，则可以在接受处分六年以后申请重新入党。此种情形下，得特别向相关的党的省级执行委员会提出请求，该执委会得向大区权利保障委员会报告，后者于一个月内予以批复，然后再由前述省级执委会按照批复的意见予以相应的处理。若省执委会和大区权利保障委员会意见相左，则应将问题提交大区评议委员会解决。

3. 在特殊情况下，岛屿省的省执委会或大区权利保障委员会随时可出具支持性报告，从而适当缩减原定为六年的申请再入党时间。

## 第二节　处分的执行

### 第十六条　纪律程序、过程和预防性措施

1. 纪律处分的程序得建立在听证、指证、质证和辩护的原则基础之上，如下党的机构可以在其权责范围内启动纪律处分程序：

——各级执行委员会主席；

——各级选举委员会主席；

——各级权利保障委员会主席；

——全国委员会主席，人民党新世代组织全国执行委员会的合适

成员。

2. 启动纪律调查之后，权利保障委员会得依据有关标准从其成员中任命一位指导者，后者按照有关规范确立起来的方式主导调查过程。

委员会得接受并记录不同的意见，调查有关各方得在十五日内就相关问题提出意义并提交有关证据，委员会得制作和发布适当的调查记录。

其后是进行听证和质证，对任何业已提交的证据皆可提出反驳。听证结束后，调查指导者提出处分建议并封存所有文件交付权利保障委员会，后者负责做出最后的处分结论。

3. 调查指导者在完成前款所及之工作后，不再参加权利保障委员会此后对其所调查纪律案件的审议，亦不参加最后形成的处分决定的表决。

4. 权利保障委员会的所有决议都得尽其可能地建立在事实和党的法规的基础上。

5. 纪律案件处理的时间一般不得超过两个月，如遇特殊情形，得在调查指导者的建议下延长一个月，但需经过权利保障委员会批准。超过这一时限，如未能达成任何处理结论或决议，则案件调查不得导致本章程第十四条所规定的处分类别及处分时限的中止。

6. 有犯罪行为被终审定罪者得被自动中止其党员资格与权责，但这一自动中止不影响其后权利保障委员会形成进一步的纪律处分的结果。

预防性措施是一种党员资格与权责的临时性中止，采取此类措施得顾及如下规则：

（1）若犯罪行为担任党职或公职的人所触犯且属于极其严重或严重违反党纪的范围，党的大区、省和单省大区的权利保障委员会或是主动或是应大区执行委员会的要求，可以作出预防性中止权责的决定。

（2）预防性中止党员资格和权责，必须在大区权利保障委员会的合理建议、全国权利保障委员会的背书下做出决议。在其后的纪律处分过程中，主导调查第一阶段的权利保障委员会得作为唯一适宜的决议主体。

（3）尽管有上述规定，但在紧急情况下，党的主席和全国权利保障委员会书记可以同意暂停被诉讼党员的资格与权责，但必须在紧接其后召开的第一次全国委员会。

（4）所有中止党员资格与权责的决定，都得由层级适宜的权利保障委员会以绝对多数的表决结果通过方可有效。

（5）除上述各项所及之情形，权利保障委员会还可以在动议通过的前提下，随时对认为有必要采取预防性措施的违纪事件实施调查和处分过程。

已采取的中止党员资格与权责措施，并不影响其后的其他纪律处分的实施。

7. 在得知担任公职的党员存在应受谴责的道德问题，或者有可能导致党的声誉受损的行为时，党的机构得在相应的层级范围内派出权利保障委员会的指导者，仔细调查相关信息，并在此基础上向有关机构提出处置建议。

## 第三章　公众参与党的活动

### 第十七条　政策论坛、门户网站和选民服务

1. 任何公民都可以通过党在议会中的政策论坛机构、党的门户网站和选民服务活动参加党的生活。

2. 国会党团成员，在岛屿、省、自治区议会以及欧洲议会中的本党议会办公室或总部，在由党的执行委员会从议会成员中任命的协调人的指导下，得致力于公众个体或集体的、诉诸议会本党或其他政党组织的意见、要求和建议。

国会议员办公室得依托当选议员的定期和亲自参与。出于此一目的，得经常性地制定和公布选民关注问题的议程表。此外，在不同地区，依据地方和党的组织的不同需要，地方议员办公室也得在相关建议基础上订立和公布当地公众关注的议程。

3. 政策论坛是一种能使不同意见和观点汇聚，是所有公众皆得以参与进来的积极政治手段。通过政策论坛，人民党可以向社会宣导自己的

立场和建议，也可以吸收意见和建议并将其作为改进本党决策的基础。

政策论坛应在每一个行政区划领域中举行，向公众发出政策讨论的邀约，人们可以亲临本党议会机构或是透过互联网络远程参加。

各地党的执行委员会得向每一个政策论坛组织派出论坛协调员，该协调员负责就政策讨论的问题撰写决议报告并且提交给前述的执行委员会。

4. 域名为 pp.es 人民党全球门户网站，亦构成公众与本党保持信息沟通和对话关系的基本手段。

所有大区、省和岛屿的人民党的门户网站，亦得调整其结构与风格，并与人民党 pp.es 门户网站相一致。

在人民党所属任何网站空间内，都必须为政策论坛和议员办公室保留特定的空间。

5. 党在不同地方的领导机构都得确保其所属的公众建议—服务机构公开运转，在省和岛屿地方，此种机构之功能必要时得由本党籍议员的办公室予以行使或补充。

授权公众建议—服务机构接受公众的意见、建议，并将有关建议转发人民党的有关机构，以便在适宜的时候启动相关的政治和体制过程。

6. 在任何情况下，党都必须对所有的意见、建议和诉求保持最大的弹性和持续的关注，并且透过前述各种途径、手段以助益于党的政策活动。

人民党应当同各种公民社会组织保持紧密的政治沟通关系。

## 第二部分　党的组织和结构

### 第一章　总　则

**第十八条　党内组织的原则**

人民党的组织结构遵循如下基本的原则：
（1）以为政党本质上是效力于公民和社会的工具的政治理念；

（2）畅通同党对话和讨论的渠道，并以之为党内民主的主要途径；

（3）确保党员参与机会的平等，并且将每一位党员都视作党的重要的政治和社会的节点；

（4）党员、组织得接受党的团结的原则，得忠诚于党且得尊重党内多元的意见；

（5）党员得恪守其基于本章程所作出的种种道德承诺，党的组织得尊重和保护党员的权利；

（6）党的纪律的界定基于党员的道德承诺及个人责任的担当；

（7）同公民及其权益代表组织保持持久的联系；

（8）充分利用信息技术手段，将其作为党内沟通以及党同公民政治沟通的首选途径；

（9）透过人民党新世代加强同年轻人的联系。

## 第一节　地方组织的基础及原则

### 第十九条　地方组织的原则

1. 人民党的全部政治行动，都依赖于全国范围内组成本党的去中心化的党的地方组织。人民党确认：充分的自治和自组织能力，对于本章程第二十三条所及之协调和高效地行使地方党组织的权利以及确保党的团结，是非常必要的。

2. 人民党视各地区的政治情势特别是该区域政治的决定因素，有针对性地指导发展党的组织。每一个自治区的党组织都应当整合成为加著该地区名称的单一人民党地方组织。

3. 人民党得经由其地方组织，在其所在区域的所有市政区域或社区内创建基层党的评议会并赋予其相应的权限。

### 第二十条　党的组织体系

1. 人民党由全国性、大区、省级或岛屿地方三个必要层级的组织组成。

有鉴于此，人民党在休达和梅利利亚自治市的组织得被视作大区级组织。

2. 省级、岛屿地区或单省大区的党的执行委员会，可以组织选区的党的评议会。

3. 党的岛屿地方组织的组建，得合乎岛屿地区的实际情形，并依据其所订立的组织章程来确定所设党组织的组织层级及口径。

4. 地方基层组织的发展得根据市政或自治社区中党的评议会的指导意见，旨在实现区域内党的行动的更高效率，以及不同的基层党组织之间更明确的分工、协作与整合。在任何情形下，都要确保党的地方组织在各自的评议会的协调下，保持功能正常且不可替代。

5. 在人口和党员数目较多有对党的组织的要求时，省级、岛屿地方或单省大区党的执行委员会可以决定组建党的基层评议会。

6. 党的地区管理机构由群体性机构和个体性机构组成，其成员必须是有完全资格的中坚党员。群体性机构，包括全国、大区、省和岛屿的代表大会，个体机构包括主席和总书记。

除非本章程另行规定须绝对多数通过的情形，集体性机关的决议得以参加者的简单多数赞成方能通过，不允许代行表决权。

只要通过决议，集体性机关可以在其所代表的区域内的任何地方开会。

7. 全国代表会议为前后两届全国代表大会之间的咨议机构。

8. 选举委员会、权利保障委员会和区际委员会为党的特殊机构。

9. 在党主席的建议下，执行委员会可以设立研究组和工作组，以研讨提交给党的领导机构的政策提案和规划。研究组得开放公众参与并且同相关专家密切合作。

**第二十一条　组织规则**

党的所有地区性组织皆得依其内部的组织规则而运作。此外，还得设立协调机制并且研究选择能够实现最佳效率的方式。在任何情况下，本章程所授予前述党的组织的这些权利皆不得予以但书和废止。因此，这些组织相关的上级组织的执行委员会得确认这些权利，如果还有无法解决的问题的话，则应由党的全国执行委员会负责作出相应的解释。

**第二十二条　党的行政机构**

1. 党务管理部门是党的行政机构，其基本使命是贯彻、执行党的权力机关的决定，并同该权力机关的路线保持一致。党务管理部门在全国、大区、省和岛屿层级上组建，是由总书记、副总书记（必要的话）、协调人、秘书和技术人员组成的党内官僚组织，具体构成由本层级党的章程决定，当地党的新世代组织指定的代表也参加党务管理机构。

2. 秘书和技术人员是党组织内担负官僚行政指责的专业人员，他们由地方组织的总书记在组织的建议下任命或解职，直接向全国党的中央管理机构负责，并由后者解决体制上的不适问题。秘书和技术人员得行使总书记和地区组织赋予的权责和功能。

3. 前述党务行政机构不得参加党内选举，除非有全国执行委员会特别授权。

## 第二节　党的大区组织

**第二十三条　大区党组织的构成**

1. 根据本章程第十九条和二十条之规定，在每一个自治大区和休达、梅利利亚自治市，得设立党的大区组织，冠名以"人民党……"（后接大区名称）。

2. 在不影响省、单省区和岛屿党的组织自治的前提下，大区党组织的结构和功能以党员支部等基层地方组织为基础。

3. 大区组织应遵循如下原则：地方代表原则，每大区内自治组织单一排它原则，认同、导向和加强全国党的合作、团结与统一原则，服从党的全国评议会制定的基本路线和政策的原则。

4. 大区党主席是该级组织内最高的个体性党务机构，向同级党的管理机构和代表大会负责。

5. 大区组织的规则,其评议会和执行委员会的运作,以及如何体现地区党的特色等,得依循该级组织代表大会所制定的自治章程。同样地,单省大区和岛屿党的组织相关机构及其运作的规则,也应遵循类似的章程。

## 第三节 国外党的组织

**第二十四条 国外党组织的建立**

1. 旅居国外的党员可以依据本章程相关规定组建国外党的组织,组织得冠名以"西班牙人民党在……"(后接所在国名称)。

2. 国外党组织的结构与功能,得同所在国特点和党组织发展的水平相适应,并得经人民党全国执委会决议批准。

3. 经全国执委会批准,国外党的组织也可以是协调性机构。

4. 在征询国外党组织的意见后,该组织的总书记得向党的全国执委会提请批准任命两名权责相同的党代表,在任何情况下,党代表得是其所在国党组织的主席。

5. 国外党组织得依据本章程成立执行委员会,这些执行委员会的主席可以参加党的全国评议委员会。

## 第二章 党的代表大会

**第二十五条 党的代表大会**

党的代表大会是党的组织体系中的最高权力机构,可以正常召开,也可以非常召开,取决于如下具体的情形:是依据任期按部就班地召开,还是依据临时授权以期应对当下特殊的情境。

**第二十六条 常态化的代表大会**

1. 党的常态化的代表大会,无论是在怎样的地域范围及层级内,都得每三年召开一次,并得遵循如下原则:

(1) 任何地域范围和层级的代表大会皆依托相应的党的评议委员会并

由其决议召集。在任何情况下，公告开会的日期同会议实际召开的日期之间得留有最小的时间间隔：全国代表大会为两个月，大区和省级代表大会为四十五天，其他较小地域、层级的代表大会为一个月或一个月以下逐级递减。开会的决议得包括会议时间和地点、将要辩论的议题以及相关个人、群体或党的主管机构的参考资料；

（2）评议委员会批准大会的日程和规则，并且充任负责大会组织工作的委员会的代表。不论参加者究竟有多少，大会都得在召集决议所规定的地点按时召开且因此而具有合法性。

2. 大区、省和岛屿的代表大会，得在全国代表大会结束后的四个月内举行，但全国执行委员会基于党的整体利益考虑而有异议者除外。常态化的地方代表大会的召开频次与常态化的全国代表大会的频次等同。

3. 大区、省和岛屿评议委员会召开代表大会的决议并非最终决议，它仍须党的全国执行委员会批准。

### 第二十七条　非常代表大会

1. 召开党的非常代表大会得预先加以讨论，由评议委员会设立会议的日程、地点并以三分之一的绝对多数通过之。非常代表大会无须预先告知辩论主题，发布开会决议同会议实际召开的最小间隔日期为：全国非常代表大会一个半月，大区、省和岛屿非常代表大会一个月，其他较小地域、层级的代表大会为十五天及以下逐级递减。

2. 在特别紧急的情形下，党的全国非常代表大会可以在公告后的三十日内召开，但得于会议通知中阐明缘由并列明所面临的紧急情势。

3. 非常代表大会所通过的决议以及所作出的组织变动，应为常态化的代表大会所确认和接受。

### 第二十八条　代表大会成员

1. 不论何等地方层级的代表大会，皆得由如下成员组成：

（1）当然代表：评议委员会的成员和大会组织委员会的召集人，后者人数不超过十人，且得合乎适当的条件；

（2）选任代表：选任代表的总数至少为当然代表的四倍以上，其名额由代表大会相应层级的评议委员会或大会组织委员会在所属地区各组织之间分配，其中至少百分之七十五的名额为保障名额，其余至多百分之二十五的名额则经由直接选举按照得票率高下产生。

在前述标准之外，召集大会的委员会（评议委员会或大会组织委员会）还可以在所属地域内的各组织中间平均分配少量的附加名额，后者数量不超过规定总代表人数的百分之二十，具体产生方式参照前述之规则。

2. 新世代党员在代表大会中应当相应拥有相当比例的名额，在所有成立了党的新世代组织的地方，他们也可以自行选举本组织的大会代表。

3. 大会代表选举得在选区和基层地方、省或岛屿、大区的会议召集者的主持下，采用公开名单多数决的选举方式进行。

4. 在大会的安排下，国外同人民党有友好或同盟关系的政党，可以受邀派员以观察员身份参加大会。

5. 来自不同地区、行业部门的组织和机构的代表也可以参加大会。

**第二十九条　大会的权力**

1. 代表大会在其所属地域范围内的党组织中拥有如下权力：

（1）如有必要，通过对前一次常态化的代表大会以来执行委员会和评议委员会工作的评价；

（2）在不触及上级组织所属权力的条件下，通过对本区域内党的组织和管理规章的修正案；

（3）审查同本级党组织相关的财务状况，并在此基础上通过有关账目，或是予以批评、谴责；

（4）就其所属地域范围内党组织基本的政治领导设立标准；

（5）讨论人民党的有关文件，丰富党的政治理念，明确党的选举诉求或是影响党的战略与管理。

2. 全国代表大会拥有如下专属权力：

（1）批准业经党的全国评议会同意了的同其他政党组建同盟、联盟或协作关系的决议；

（2）听取全国权利保障委员会的报告，批准由该委员会或地方权威机构分别做出的开除党员出党的有关决议；

（3）解散或是合并党的部分组织，基于此目的，在这两种情形下，都得特别召开党的代表大会并得以大会代表三分之二多数决以通过决议，任命一个清算委员会以终结被处置组织登记资格及其资产往来，并将清算所余转给新组建的党的组织或是其他相关组织机构；

（4）若有相关改革会影响到党的机构的任期，得就此作出决定。

3. 依据本章程第二十六条，有关大会的规则、审议的形式、政治沟通的方式、达成共识的程序等问题，皆得事先经评议委员会的通过。

### 第三十条　党内民主和选举程序

1. 全体党员的投票权利：

（1）依据本章程的特别规定，所有人民党党员皆拥有自由、平等、秘密和普遍的投票选举全国、大区、省或岛屿党的主席的权利；

（2）选举时按期缴纳党费的中坚党员可以参选全国或是各地区党的主席。

2. 大会代表的选举过程：

人民党全国、大区、省和岛屿组织主席的选举人的挑选，由以公开名单多数决产生的委员会主持，并得遵循如下的标准：

（1）希望选举主席者得在大会公告后十五日内向组织委员会提出申请；

（2）宣布参与选举全国党主席者，得提交至少一百名中坚党员的支持文件；希望选举省或岛屿党主席者，所要求的支持人数略少于全国党主席之需，具体由相应层级的管理机构予以确定；

（3）若同一代表名额出现两个以上的参选者，组织委员会则应在一周内公示预选参选者，并于三周内举行预选；

（4）组织委员会得在选举中坚守党组织中立原则，并确保选举过程的公开透明；

（5）所有预选竞逐者，皆可在选举日前的四十八小时内，在投票点同其支持者集会，也可以出现在尚无具体投票意愿的所有党员投票者中间；此间，党组织的当然代表名额可以分配给任何一名候选人；

（6）在投票中，所有选举人都可以支持两名以上的候选人；

（7）赢得投票区内大多数选票者当选党的大会代表；

（8）获得至少百分之二十的大会代表支持的候选人（本人是大会代表），得在大会上予以公告。

3. 主席和代表大会领导机构的选举：

在全国、大区、省和岛屿党的代表大会上，得遵循如下标准，以完成主席和其他承担党的管理职能的职务的选举程序：

（1）候选人在相应层级的代表大会的全体代表会议上公开亮相，宣讲其政治计划并展示其适于所竞逐职位的各方面的素质和能力；

（2）代表大会遵循如下标准，以一轮选举多数决的形式从候选人中选出适宜所选职位的人：

——全国代表大会分别以名单制选出主席和三十五名全国执行委员会成员，以及全国评议委员会中的三十名选任成员；

——大区、省和岛屿代表大会分别以名单制选举产生主席和二十二名执行委员会成员；

——大区、省和岛屿以下的其他区域组织，得在相应层级的党的领导机构的提名下，依据自己的有关规范和名单制，选举产生自己的主席和执行委员会成员；

——依据党的体制的要求，提交给代表大会的主席候选人名单只能是业已取得正式候选人资格的名单。

4. 人民党的首相候选人：

人民党的主席由全国代表大会选举产生，同时成为人民党的首相候选人。在人民党主席出现辞职、死亡或不能履职的情形下，若无法召开非常代表大会补选，则应由党的评议委员会依据全国执行委员会的建议任命本党首相候选人。

## 第三章 党的领导机关

### 第一节 评议委员会

**第三十一条 评议委员会的规则**

1. 党的评议委员会是党的代表大会闭会期间的最高领导机构。

2. 党的评议委员会通常每四个月至少开会一次，在委员会主席提议下，经执行委员会同意或是其全部成员五分之三以上之要求，可以召开非常会议。

3. 除非情况紧急，会议召开得于五日之前发布公告，公告得采用书面形式，注明议事日程。

**第三十二条 评议委员会的权责**

1. 评议委员会在其所属的地域党组织的范围内行使如下权责：

（1）促进实施党的代表大会的决议和计划，掌控执行委员会的相关运作；

（2）接受和讨论有关党的组织、战略和计划的报告与建议，并将认为适宜的问题提交给上级组织以引发其关注；

（3）确保党章、党纪和其他党内规范得到遵守，通过本层级党组织的相关规则、规范；

（4）有权了解党的执行委员会在党内管理方面所作的任何变动，研究和配合党主席、总书记所推行的每一项事务；

（5）召集党的代表大会；

（6）按照当地党的组织章程，在有权利保障委员会机构建制的情况下，对该权利保障委员会成员有任命和免职之权。

2. 除上述权力外，全国评议委员会还特别拥有批准同其他政党组建同盟和协作关系的权力，以及本章程第三十条第四款所及之指定人民党的首相候选人之权。

3. 全国评议委员会在其成员绝对多数同意的情况下，可以委托部分权力给党的其他领导机构，但得特别明确委托的权限及委托的时间。

**第三十三条 评议委员会的构成**

1. 评议委员会的构成得由其所统属地域的广狭决定，并得遵循如下标准：

（1）全国评议委员会得由如下成员组成：

——全国执行委员会的成员；

——全国代表大会选举产生的三十名成员；

——本党籍的国会众议员、参议员和欧洲议会议员；

——大区、省和岛屿党的主席；

——本党籍自治区、自治市的行政首长和议会议长；

——登记人口五万以上的大区、省和岛屿的首府城市中本党籍的行政首长和议会议长；

——人民党新世代组织的总书记、大区主席，以及由该组织的全国执行委员会选举产生的十五名成员；

——本党籍的政府部长；

——本党籍的欧盟委员会部会长；

——自治区党的总书记；

——国外党的组织的执行委员会主席。

（2）各大区的评议委员会构成得根据其自己的章程确定，一般应如下成分：

——大区党的执行委员会成员；

——省、岛屿党的主席和书记；

——大区本党籍议会议员；

——其选区分布在本大区各省的本党籍国会议员；

——省、岛屿政府的本党籍行政首长，省会城市和登记人口五万以上的城市的本党籍市长；

——本大区内党的新世代组织主席和书记，以及十五名以上的由该组织执行委员会选举产生的代表。

（3）党的省级评议委员会构成由其自己的章程所确定，一般得包括如下成员：

——省级党的执行委员会成员；

——党的基层地方委员会的主席；

——选区在本省的本党籍国会议员；

——本省在大区自治议会的本党籍议员；

——本党籍省议员；

——省会城市和登记人口五万以上的城市的本党籍市长；

——本省党的新世代组织主席和书记，以及十五名以上的由该组织执行委员会选举产生的代表。

（4）岛屿党的评议委员会及其他党的组织机构的构成，由其各自的章程来确定。

2. 各级党的选举委员会和权利保障委员会的成员，在其层级相应的地域范围内，是党的评议委员会的当然成员。

3. 在所属地域各省及岛屿人口与特色的基础上，大区评议委员会得尽其可能地关注省评议委员会同本党籍各市长之间的合作体制。

4. 党主席可以邀请任何成员加入评议委员会或是向委员会作报告，他也可以任命向自己负责的、不具发言权和表决权的与会代表。

5. 党的主席也可以邀请本党籍相应层级地区的议会党组的执行书记或党鞭参与评议委员会会议，但他们没有发言权和表决权。

## 第二节　执行委员会

### 第三十四条　执行委员会的体制及其构成

1. 执行委员会是各级党的代表大会闭会期间，在所属地域不同党的组织中行使党务管理职能的行政机构。

2. 党的全国执行委员会得由如下成员构成：

——党主席（全国）；

——党的总书记，如果合适的话，也可是党的副总书记；

——全国代表大会选举产生的三十五名成员；

——本党籍的众议院议长、参议院议长和总议会议长；

——本党籍自治区和自治市的政府首长；

——党主席依据本章程第四十一条第一款第 J 项之规定而指定的五名成员；

——党的全国选举委员会主席和权利保障委员会主席；

——党的新世代组织的全国主席和总书记；

——自治区党的主席；

——某些联络人或书记人员，视其所处职位的重要程度以及是否有自己的意见表达渠道；

——人民党籍的国际组织的主席或总书记，视其组织同党关系的紧密程度及是否有自己的意见表达途径而定；

——依据本章程第二十四条之规定而设置的两名国外党组织的代表；

——人民党的司库。

3. 选举委员会主席和权利保障委员会主席，为其所属层级党的执行委员会的当然成员。

4. （1）大区、省和岛屿党的执行委员会的构成由其各自党章规定，一般包括如下成员：

——主席；

——总书记；

——党的省主席；

——大区、省或岛屿代表大会选举的二十二位成员；

——本党籍大区议会议长、政府首长，若适宜的话，也应包括所属省、岛屿地方议会或其他代议机构的本党籍议长。

——党的新世代组织在大区、省和岛屿地方的主席、总书记。

（2）大区、省和岛屿党的领导机构自行制定规则，以确定如下人员参加本层级党的执行委员会的形式：本党籍省议会、市政议会、省府所在城市议会的议长，选区在本地域的本党籍国会议员；同时，也得制定相应规则，确定基层地方市政议会议长等人参加基层党的执行委员会的方式。

5. 全国执行委员会和大区、省、岛屿党的执行委员会一般每个月开会一次，由委员会主席召集。在其全体成员五分之三多数的要求下，可以召开非常会议。非常会议所作的有关决议，也得适用于所属其他层级党的执行委员会依其规则而召开的正常的例会。

6. 除非有紧急情形，执行委员会开会得至少提前七十二小时以书面形式发布公告，说明会议的议程。

7. 在出席人数达到执行委员会一半多一名的条件下，执行委员会主席宣布会议合法，并可以指派一名负责会议记录的书记，后者无发言权和表决权。

### 第三十五条 执行委员会的权力

1. 党的执行委员会在其所属区域党的组织内行使如下权力：

（1）组织、协调和控制党的行动，并采取必要措施执行该区域党的代表大会和评议委员会所作出的决议；

（2）形成并向相应地域层级的代表大会和评议委员会提交建议和报告；

（3）提出党的整体战略及相关政治计划、政治宣言，确立党在各种制度性群体机构中的政治行动路线，通过党的相关规则，任命和解除党在这些群体性机构中的议长或高级首长的职务；

（4）任命权利保障委员会、选举委员会的总书记、副总书记、协调员和秘书，任命司库，批准涉及党的内部结构与功能的有关改革、精简、合并或强化的方案；

（5）建议任命并派出临时委员会，以暂时接管所属地域层级的党组织，或是应对严重事态，所有情形下，接管的临时期限不得超过六个月，此后必须在两个月内举行党的机关的选举；

（6）接受党的党务管理人员的辞呈并且提名替代人选；

（7）解决党内不同的地方党组织之间的矛盾；

（8）促成所有纪律处分过程对党的权利保障委员会开放；

（9）在公开说明日程及其理由的前提下，召集任何党的组织、部门的会议；

（10）制定和通过党的正常与非常的预算计划、选举预算，通过对这些预算的任何修改，同时，通过对党的收入的所有指导案；

（11）制定预选、大选的方案，如果被视为适宜的话，向专为行使大选之组织和执行权利的委员会派出代表；

（12）依据本章程第九条第二款所及之权力，对犯有该条所列极其严重违纪行为的党员予以谴责或是宣告其丧失党籍；

（13）在党主席辞职或死亡时，在自身成员中选举产生继续领导本党的主席人选并相应向全国评议委员会提出建议；

（14）赋权和批准党的个体性领导机构的全部政治、法律和管理活动；

（15）批准下级组织召开代表大会；

（16）任命党在不同政府机构、企业、协作组织和公用事业部门中的代表；

（17）在听取省级执行委员会报告之后，大区执行委员会可以授权和批准其在所属区域范围内动议解散市政层级的党组织并予以重新选举。

2. 党的全国执行委员会可以设立从事特殊工作或研究活动的各种委员会。

**第三十六条　执行委员会的内部机构**

1. 全国执行委员会内部由分派了不同权责的部门组成，分别协调和管理委员会的全体或部分成员，并从整体上考虑党的政治的和物质的要求。

2. 其他地域层级的党的执行委员会依据自己的规章设立其内部机构，分别协调和管理权责分工与全国执行委员会所设立机构相对应的事务。

## 第三节 咨议机构

**第三十七条 党的代表会议（Conventions）**

1. 党的代表会议实质上是党的咨议机构，由党主席负责召集，每年对党的执行委员会提议的政策和决议进行讨论和评估。全国代表会议可以提供指导、建议并对党的政策作出评价。

召开党的代表大会的当年，必须召开党的代表会议。

全国代表会议得由如下成员组成：

——全国执行委员会成员；

——本党籍大区议会议员；

——本党籍自治地区、自治市议会成员；

——省、市镇和岛屿议会议长；

——人口超过一万五千人的市政区的市长或议会议长，在人口超过一万五千人以上的单一市政区划的省份，每超出此一基数一万人，可以再选派一部分相同数量的代表；

——全国执行委员会决定的一部分中坚党员，以及由各大区、省和岛屿党的评议委员会依据全国评议委员会确定的规则而任命的代表；

——大区和省党的新世代组织的主席和书记。

2. 党的各地域层级组织，可以依据全国评议委员会制定的规则，召开自己的代表会议，通知如下人员参加会议：从事党务管理的党员、担任政府公职或处于政府反对派地位的党的成员，以及致力于选举计划实施的相关党员等。

**第三十八条 旅外西班牙人委员会**

旅外西班牙人委员会作为人民党国外事务的咨议机构而组建，负责明确界定旅外西班牙人民党人以及西班牙公民整体的政治偏好，就有关移民与国际协作问题提出政策建议，并且鼓励西班牙人参与驻在国的选举。

旅外西班牙人委员会得由如下人员组成：人民党全国主席、总书记、旅外的西班牙人民党组织执行委员会主席，以及由人民党全国主席委任的所有人员。

## 第四节 主 席

**第三十九条 创党主席**

人民党的创党主席为 D.曼努尔·弗拉加·伊瑞巴尔尼，是党的象征，他参加党的会议时为会议当然的主席，他是党的全国执行委员会的当然委员，并可以受托代表党主席和党的执行委员会主席履行其他权责。

**第四十条 荣誉主席**

1. 在全国党的主席的建议下，全国代表大会开会时可以任命曾担任党主席、并为党作出突出贡献的人为人民党荣誉主席。

2. 党的荣誉主席将为全国执行委员会的当然委员，并可以受托代表全国党的主席履行其他权责。

**第四十一条 党的全国主席**

1. 党的全国主席是党在全国各地组织的共同的领袖，拥有如下权力：

（1）作为党的政治的和法律的代表，主持党的执行委员会、评议委员会，在表决出现相持情形时拥有裁决权；

（2）采取适当措施，敦促各地区或其他适当的党的正式领导机构贯彻执行全国党代表大会的决议；

（3）建议全国执行委员会任命总书记、副总书记、协调员、书记和司库；

（4）建议全国执行委员会任命全国选举委员会的主席和成员，建议任命全国权利保障委员会的主席，以及本章程第四十八条第三款所及的构成权利保障委员会次级委员会的两个委员会的成员；

（5）协调党的政治行动，必要时授权发布声明，以维护党的利益或者减轻党所受到的影响和伤害；

（6）促进党的纪律处置过程的公开化，宣布对那些对伤害党的言行负有责任的党员采取临时性中止党员资格的措施；

（7）在因病或缺席不能履职时授权总书记代行其权责；

（8）就不同党的活动领域之间的分权、增减权力以及相关变化，向执行委员会提出建议；

（9）在最近一次的党代表大会或党员大会开过以后，基于优化党的组织结构的特殊目的，可以从党的执行委员会中任命五位委员负责有关党的组织或部门的合并事务；

（10）建议执行委员会免除任何一位成员的职位权责并从其他委员中选择替换者；

（11）在全国执行委员会因辞职或死亡原因而出现空缺时，任命新的成员加入委员会；

（12）委托总书记或其他执行委员会成员代行自己的任何权责；

（13）建议全国评议委员会设立党的研究机构并任命其负责人，但后者无论如何得是本党中坚党员。

2. 在紧急情形下，如果被认为是必要的和适当的，则全国党主席可以暂时行使任何群体性机构的权力以处置紧急事态，直至全国执行委员会或评议委员会开会后就其掌控前述权力的目的向它们报告，并由后者最后批准他所采取的措施。

## 第五节　总书记

### 第四十二条　总书记

1. 总书记得由党主席在党的代表大会选任的执行委员会委员中提名，并建议全国委员会予以任命。

2. 总书记的权责在于：

（1）在党主席的领导下，执行党的执行委员会、评议委员会会议通过的决议、决定和方针，总书记可以参加前述相关会议，但无表决权；

（2）通过副总书记和不同地域党组织的协调人来协调党的行动；

(3) 指导党的服务性工作并担任相关工作人员的领导；

(4) 采取适当措施确保党员的知情权，保障其彼此之间的通畅沟通，并且有助于党员积极参加党内生活；

(5) 在不影响本党籍议会党团主席或议长权限的条件下，跟踪执行党的选战计划；

(6) 联通所有区域层级的政府与本党活动的信息渠道。

3. 总书记可以经常性地代行党主席之责，相应地，副总书记也可以短期或长期地代理总书记之职。

**第四十三条　内部组织**

1. 党的全国执行委员会得在党主席的建议下组织由党的副总书记、协调人和秘书参加的党的内务机构。

2. 副总书记、协调人和书记们指导和协调全国执行委员会指定的行动领域中的活动，搞好该领域中的服务工作并确保其高效率。

3. 对依本条第一款之规定而创设的内部组织的职位与权限的调整、精省与合并，得在党主席的建议下，由执行委员会负责。

4. 依本条规定所设立的内部组织的职位的任职者，得在党主席的建议下由执行委员会任命。

**第四十四条　指导委员会**

1. 指导委员会是在党主席领导下，依据全国执行委员会指定的方针，具体负责党的日常任务管理与协调的组织部门。

2. 指导委员会的构成如下：

——党主席；

——总书记；

——副总书记；

——本党籍众议院、参议院议长和总议会议长。

指导委员会开会时可以定期地邀请本党籍的大区政府的主席参加。

协调人、书记、党的新世代组织的主席及其他任何由全国党主席所指定的人都可以被召唤参加指导委员会会议。

3. 指导委员会得在全国执行委员会方针的指引下行使如下权责：

（1）执行全国执行委员会的决议；

（2）遵照执行党主席和总书记的指示；

（3）推动全国性党组织、大区和省级党组织的政治行动；

（4）促进各领域、各部门和各地域党的组织管理与协调工作；

（5）确保党的活动的合理开展；

（6）向全国执行委员会或全国评议委员会提出建议；

（7）协调同各地区议会党团的关系。

4. 指导委员会由党主席主持，适当情形下可由总书记主持，每周举行例会。

5. 各地方特别是大区、省党组织也应在其章程中规定设立相类似的机构，以管理党内各部门之间的工作，协调其关系以及所处组织同区域内外其他党的组织和部门的关系。

**第四十五条　司库**

司库的任命，得依据本章程第三十五条第一款第四项以及第四十一条第一款第三项之规定，其功能地位得符合法律规定，并由党的执行委员会的要求加以确定。

## 第四章　特别机构

### 第一节　选举委员会

**第四十六条　选举委员会**

1. 选举委员会是负责与选举提名的所有事务相关的特别机构。选举委员会存在于国家、大区、省和岛屿地方组织的层面。该委员会得包括党主席、一位书记和六名相应的党的执行委员会的六位成员，以及党的新世代组织的执行委员会所任命的一位代表。

2. 党的选举委员会通过和调整党的提名，但调整得向选举委员会说明建议调整的原因，并将调整情况提交给所提名单被修改的（特定层级的）选举委员会。

3. 除主席和书记外，选举委员会的成员不得被提名为候选人，除非在讨论通过提名名单前的两个工作日内放弃其选举委员会成员的资格。

4. 选举委员会在作提名选择时可向有关党职人员征求建议，也应促进党内不同地方党的组织对相应地域层级中党的提名过程的参与。

5. 每一个岛屿党组织也得设立选举委员会，后者的权力得参照省级党的选举委员会。

6. 选举委员会可以指定各候选人在各自选区中的法律代表。

7. 在确定申请参选的条件时，不同的选举委员会皆得考虑如下的标准及问题：

（1）依据本章程第六条所及之全体党员的平等原则；

（2）天赋、才能、执行力，特别是此前依据党的规章制度履行权责和义务的情况；

（3）党的特定的功能需要，以及其他诸多制度化组织、群体的推荐和要求。

**第四十七条　选举委员会各自的职责**

1. 全国选举委员会准备和通过本党的欧洲议会议员候选人，通过参加立法选举和自治选举以及省府城市市政选举的本党候选人，指定自治大区政府首长、议会议长及省府城市市长的本党候选人，批准大区选举委员会通过的本区参议员候选人。经全国党主席授权，可以向大区选举委员会派出自己的代表。

2. 党的大区选举委员会可以准备和提名本大区立法议会议员的候选人名单，提名代表本区的参议员候选人，通过参加人口两万以上市镇的市政选举的候选人。

3. 党的省级选举委员会准备和提名参加省立法议会选举和省府城市市政选举的候选人，通过参加人口少于两万以上市镇的市政选举的候选人。

4. 基层地方选举委员会准备参与市政选举的候选人名单。

5. 尽管有第四十六条第五款之规定，但也可设立群岛地区的选举委员会，后者权力与岛屿选举委员会之权力等同。

## 第二节 权利保障委员会

### 第四十八条 体制构成

1. 权利保障委员会是确保党员权利行使的机构，是贯彻党内规章对党员进行纪律教育和必要时处置违纪党员的机构，全国和大区党的组织得设置权利保障委员会。

2. 基于上述特质，党的权利保障委员会得为一党内特设机构和群体性机构，其人员构成如下：党主席、一名书记、同级党的评议委员会任命的十位成员（其中必须有六名执业律师），全国权利保障委员会在审理有党的新世代组织成员牵涉其中的纪律案件时，必须有一名新世代组织的代表加入委员会。

3. 在全国权利保障委员会之下得设立一个常任的次级委员会，具体负责监督本党籍担任公职的人有无违纪言行以及有无不恪守其政治承诺的情形。该次级委员会的主席和书记得由党的全国权利保障委员会委员担任。至于该委员会的其他两名成员，得经全国执行委员会主席建议，由权利保障委员会从适合其所规定条件的人员中选择和任命。

### 第四十九条 管辖权

1. 全国权利保障委员会管辖事关国会议员、欧洲议会议员或所有属于党的领导机构成员的案件，并确保党内所有人无一例外地得在案件处理中平等控辩，此种权利是不可放弃的和不可让渡的。在（被认为是）特殊的情形下，大区权利保障委员会可以放弃某些案件的聆讯并将其上交给全国权利保障委员会，以确保此种平等权利。

2. 大区权利保障委员会有权审结任何党纪案件，甚至于作出开除出党的处分决定。

3. 若针对党员的指控明显合乎本条第一款所及之特殊情形的规定，则大区权利委员会得拒绝受理该案件并将其移交给全国权利保障委员会，即便案件关涉人员并不具备国会议员、欧洲议会议员或所有属于党的领导机构成员的身份。

4. 全国权利保障委员会受理和终审裁决纪律处分上诉案件，后者包括发生在基层地方、岛屿、省和大区党组织层面的所有有争议的案件及其裁定。

5. 任何党员若认为依据党章规定，其权利受到党的组织的决定或行动以及其他党员的行为的侵害，可以向大区权利保障委员会提出申诉，后者最多得在四个月内予以处理，若该党员不满意处理结果，可于十五个工作日内向全国权利保障委员会上诉。

6. 对于大区权利保障委员会的决议或处理结果，可在处理通知送达后的十五个工作日内，依循党的规章所确定的程序，向全国权利保障委员会提起上诉。

7. 全国权利保障委员会对全国党的章程拥有专属的解释权。

**第五十条　全国权利保障委员会所属委员会的权责与职能**

因应本章程第四十八条第三款之规定，全国权利保障委员会的次级委员会得遵循如下标准、行使如下权责：

1. 对相关案件的管辖权范围遍及全国。

（1）依本章程第七条第一款第六项之规定，确保本党籍公职人员公开发布个人财产和活动状况的声明；

（2）准备好这些财产和活动状况的声明，将其提交给全国评议委员会审查；

（3）确保角逐党职和公职的候选人恪守其遵守选举程序的承诺；

（4）保存前述各项所及的相关声明和文件。

2. 在事先直接征询过相关党员意见的基础上，该次级委员会得建议全国执行委员会批准其运作规则，如果有关权责问题明显需要授权批准，则该次级委员会得作出评估，将其提交给全国权利保障委员会并由后者发起议程。

### 第五十一条 党员保护人

党员保护人构成联系党员和党的领导管理部门的渠道，党员可以找保护人陈述其意见、建议和申诉。

党员保护人由全国执行委员会从全国权利保障委员会成员当中指定。

大区党的执行委员会可以任命自己的党员保护人，后者得在其各自所属党组织地域范围内与全国党的党员保护人合作。

党员保护人得每半年提交工作报告，后者得呈交给党主席和总书记。

## 第三节 区际委员会

### 第五十二条 区际委员会

1. 区际委员会是人民党特殊的咨议性机构，负责对相应党的有关地区发展、增强党内大区间组织团结的政策予以讨论、协调和引导。

区际委员会的成员包括人民党主席、总书记、各自治大区的党主席，以及人民党执政的自治城市、自治地方（社区）的党主席。

区际委员会至少得每三个月召开一次会议，党的全国主席可以决定召开特别会议。

党的全国主席参加并主持区际委员会会议。

同时，党主席可视情形之需要，周期性地召集区际委员会，以协助党的指导委员会的工作。

2. 区际委员会得行使如下权力：

（1）讨论会对自治地区当局权力口径产生影响的联合提案；

（2）制定并建议党的全国执行委员会通过在自治地区政治行动的基本路线；

（3）在尊重并且忠诚于国家体制的条件下，提升国内地区间的合作，以实现共同的目标和一致的利益。

3. 经允许后，区际委员会可以设立自己所属的临时或常设的特别委员会，在事关地区自治以及满足区际合作需要的问题上，襄助人民党掌控其定位和运作。

这些特别委员会得由总书记或是其代表主持，其委员得视情形之需，由事务相关的党的地区主席担任。

它们同时也因所关涉的事务而成为全国党主席主导的诸多委员会的一部分。

## 第四节　政府和公共机构中的党团或党组

### 第五十三条　部门、机能与地位

1. 人民党的党团（组）是党在全国、大区、省和岛屿及其地方各个层面的政府和各种机构中，将所有候选名单上的候选人整合在一起实现和协调政治行动的重要途径。

2. 政府和公共机构中的党团、党组不得吸纳在选举时作为候选人加入其他政党阵营的当选者。

3. 人民党在政府和公共机构中的党的团组得使自己的行动合乎党的领导机构的要求。在人民党同其他政治力量联合组成某些特殊机构时，其中本党的党团、党组同样也得适用此中规定。

4. 有关各种党组、党团的组织和结构的规则，由其各自在结成团组之初自行制定并得在两个月内获得党的执行委员会的最终批准。

5. 依据前述所及之各自的规则，党的主席得出任议会党组的主席，本党籍的议会议长得同议会党团保持行动一致，后者得注意和不同的社会团体发展关系并且主导咨议委员会的工作。

6. 党的团组的会议得经常举行，会议应党主席、相关管理部门之要求举行，团组自身三分之二以上多数要求也可以开会。

7. 治理各种党在政府和公共机构中各种团组的主体可以就物质资源的管理、相关党务官员的任命和解职等向党的执行委员会提出建议。

8. 人民党的议会党团联合会协调各大区议会党团同总议会、众议院和参议院欧洲议会党团的关系。

9. 议会党团联合会协调人民党在岛屿和市政层面的选举，其构成与功能由全国评议委员会制定规则予以界定。

10. 议会议长委员会负责管理党在议会中的日常事务，并充分利用议会中用于日常沟通的手段，来制定、协调各级议会联合行动的路线和立场，该委员会由所有自治地区、地方议会的议长同国会的议长、参议员以及欧洲议会议员组成。

11. 市镇长和市政议长委员会确立和协调不同的基层地方治理系统中党的联合行动的路线，以实施党的选举计划，其组成和运行的规则由人民党议会党团联合会制定。

12. 政府和公共机构中党团、党组的成员，得经常性地就其履职的工作和行为向其所属层级的党的评议委员会作报告，同时，他们也得至少每年一次向其所对应的执行委员会各自以特定形式组织起来的党员报告工作。

## 第五章　党的财经体制

### 第五十四条　资金获取和使用体制

1. 人民党拥有完全的法律行为能力，是完整的资产持有者和权利主体，可以任何合法的名义要求、提供或处置相关资产和权利。

2. 党的经费来源有全体党员所缴的党费（其具体的比率由党的全国执行委员会确定）自愿的捐助，公共机构所提供的资金，国家向政党及所有公共组织拨付的津贴，党产经营所得，有组织的募捐所得，以及本党接受的遗产赠与等等。

3. 党员缴费的最低限额由党的全国委员会确定，后者同时也得协调建立起一套地区、地域组织平等参与募集和公平分配党的经费的体系和架构。

4. 人民党党员所缴党费的百分之零点七得用于支持有合作关系的非政府组织发展。依据全国执行委员会规划的目标和途径，由党的中央办事机构具体负责相关规则和方案的实施。

**第五十五条　预算和支出**

1. 所有区域性党组织的财政年度以自然年份为基础，至每年的12月31日为止，但得由党的主席建议、总书记和财经委员会主管的授权和批准。

2. 每个区域性党组织的年度预算皆得经由执行委员会批准，审批的时限要求是新财政年度开始后的四十五个工作日之内。若预算年度内有选举日程，则要同时附加一个特别的选举预算，后者的内容得包括本党选举收入和支出的预计情形。

# 第五部分　人民党新世代组织

**第五十六条　性质、成员及其组织构成**

1. 新世代组织在人民党内部组建、有自己选举产生的机构，是积极促进青年参与党内生活、充分实践宪法第四十八条有关为青年自由和有效参与政治、社会、经济和文化发展创造条件的精神的组织。

2. 年龄介于十六岁至二十八岁且未加入其他政党的年轻人，皆可以加入人民党的新世代组织。

新世代组织的成员在年过二十八岁之后，仍为人民党的党员，同其他党员一样行使、履行本章程第一部分所确定的权利和义务。

3. 新世代组织自行制定自己的章程和规则，可以自行变通某些党的政治和组织标准去达成其目的。各地域范围内的党组织得在媒体、物质上向新世代组织提供支持。

# 附加条款

**第一条**

授权给全国评议委员会，在全国执行委员会的建议下，批准其依据党的第十六次全国代表大会决议要求对党章所作的系统性变化或修辞性更改。

**第二条**

授权给党的全国评议委员会批准对本章程及相关规则所作的必要的补充、演绎。

**第三条**

新世代组织将保持其现有的规章，并且维持其目前参加党的联合机构与党内选举的层级。

授权新世代组织的全国评议委员会对其章程进行必要的修改，以便于同党章的有关规定相适应。

新世代组织的全国代表大会通过即将提交党的全国评议委员会审批的党章草案。

**第四条**

1991年人民党同纳瓦拉同盟签署了共同推进稳定、持久和全面的政治合作与制度整合的协议。由此，根据两党合作协议之安排，由两党同盟任命的执委会自然成为人民党全国执委会的一部分。

同样的，依据本章程第五十二条之规定，两党同盟的代表在党的大区一级委员会中，也当作如是安排。

**第五条**

尽管前述第三十条当中对党主席以及党的管理机构的选举作出了规定，但在省和岛屿层次上，两名以上的公告候选人仍可以在本层级大会代表中联署提名全国代表大会的代表。

## 过渡条款

本章程第三十条所及之程序，得依现行的全国党的章程之规定程序被批准后方能适用，所以并不对其批准和适用之前所召集的全国代表大会产生效力。

## 终结条款

本章程得于人民党第十六次全国代表大会全会通过后生效。

各地党组织的章程皆得于最多六个月内作出相应修改，以与本章程保持一致。

（ESTATUTOS APROBADOS POR EL XVI CONGRESO NACIONAL DEL PARTIDO POPULAR，http://www.politicalpartydb.org/app/download/6402415552/SPAIN_PP_2012.pdf？t＝1361054211.）

# 后　记

　　编译西班牙、葡萄牙主要政党的规章制度是为了便于读者更全面和详细地了解这两个国家的政党以及尤其是政党内部规章制度和政党制度，因此我们选择了这两个国家的关涉政党和社会团体的宪法部分条文，政党法和主要政党的章程。并不是所有国家都有专门的政党法，像那些最早产生现代政党的国家，如英国和美国就没有。西班牙和葡萄牙属于现代政党后发国家，这种国家一方面有制订专门政党法的必要，另一方面具备了制订专门政党法的条件，因此我们可以在这两个国家发现比较完备的作为国家法律的政党法和比较完备的成文的政党内部规章制度。因此阅读本书不仅可以更好地了解这两个南欧国家的政党和政党政治，还可以比较详细地观察两个政党法规范本。

　　本书材料主要从两国政党和政府网站收集而来，基本可以保证是比较新的内容。这些材主要从西班牙语和葡萄牙语翻译过来，少部分内容参照了英语译本。本书各部分都由李军翻译，朱昔群校稿。由徐锋和朱昔群撰写导言。

　　感谢中央编译出版社苗永姝编辑，因为她的工作，本书才得以最后面世。

朱昔群<br>
2015 年 8 月

图书在版编目（CIP）数据

世界主要政党规章制度文献.葡萄牙、西班牙／俞可平主编；
李军，朱昔群分册主编. —北京：中央编译出版社，2015.12

ISBN 978-7-5117-2835-7

Ⅰ.①世…　Ⅱ.①俞…　②李…　③朱…　Ⅲ.①政党-规章制度-文献-葡萄牙　②政党-规章制度-文献-西班牙
Ⅳ.①D564

中国版本图书馆 CIP 数据核字（2015）第 269261 号

## 世界主要政党规章制度文献.葡萄牙、西班牙

出 版 人：刘明清
责任编辑：苗永姝
责任印制：刘　慧
出版发行：中央编译出版社
地　　址：北京西城区车公庄大街乙 5 号鸿儒大厦 B 座（100044）
电　　话：（010）52612345（总编室）　　（010）52612335（编辑室）
　　　　　（010）52612316（发行部）　　（010）52612317（网络销售）
　　　　　（010）52612346（馆配部）　　（010）55626985（读者服务部）
传　　真：（010）66515838
经　　销：全国新华书店
印　　刷：北京环球画中画印刷有限公司
开　　本：787 毫米×1092 毫米　1/16
字　　数：350 千字
印　　张：24.25
版　　次：2015 年 12 月第 1 版
印　　次：2018 年 6 月第 2 次印刷
定　　价：145.00 元

网　　址：www.cctphome.com　　邮　　箱：cctp@cctphome.com
新浪微博：@中央编译出版社　　微　　信：中央编译出版社（ID：cctphome）
淘宝店铺：中央编译出版社直销店（http：//shop108367160.taobao.com）　　（010）52612349

**本社常年法律顾问：北京市吴栾赵阎律师事务所律师　闫军　梁勤**
凡有印装质量问题，本社负责调换。电话：（010）55626985